Golfo de Vizcaya

F R A N C I A

Adour

Garona

San Sebastián
Oñate
es Vascos
S^a de Urbasa
Ega
·Pamplona
Arga
Aragón
RIDJA

PIRINEOS OCC.
Pic d'Aniu 2504
PIRINEOS CENTRALES
Monte Perdido 3355
Aneto 3404
P I R I N E O S
PIRINEOS ORIENTALES
Canigó 2785
Cabo de Creus

S^a de Guara
S^a del Montsec
Noguera Ribagorzana
Noguera Pallaresa
Segre
Sierra del Cadí
Fluvià
·Gerona
Ter

·Moncayo 2313
Jalón
LOS MONEGROS
Cinca
Segre
LLANOS DE URGEL
Montseny 1712
CATALÁN

S I S T E M A   I B É R I C O

Zaragoza
DEPRESIÓN IBÉRICA
Gállego
Ebro
SISTEMA COSTERO
Llobregat
·Barcelona

M E D I T E R R Á N E O

uero

Martín
Guadalope
Ebro

Tajo
Jiloca
Guadalaviar
Alfambra
Sierra de Albarracín
Sierra de Gúdar
EL MAESTRAZGO
Delta del Ebro

Serranía de Cuenca
Cabriel
S^a de Javalambre 2020
Mijares

I S L A S   B A L E A R E S
MENORCA

ISLAS COLUMBRETES

Golfo de Valencia

·Palma
MALLORCA

Turia
Valencia·
·Albufera
Júcar

Jucar

CABRERA

M A R

Cabo de la Nao

IBIZA
·Ibiza
FORMENTERA

NA
CHA

Sierra de Alcaraz
Mundo
Segura
SISTEMA SUB-BÉTICO
·Alicante

Segura
Sangonera
·Murcia

Mar Menor
Cabo de Palos

OS

de los Filabres

·Almería
Golfo de Almería
Cabo de Gata

OCÉANO ATLÁNTICO
16°
14°
ALEGRANZA
GRACIOSA

I S L A S   C A N A R I A S
LANZAROTE

E
18°
Roque de los Muchachos 2423
LA PALMA
Pta. de Anaga
FUERTEVENTURA

Pta. de Fuencaliente
Santa Cruz de Tenerife

GOMERA
Teide 3718
TENERIFE
Las Palmas de Gran Canaria
Pta. de Jandía

GRAN CANARIA
Pico de las Nieves 1949
HIERRO
36°
2°
5
18°
Long. O. 16° de Gr.
Punta Maspalomas
14°

Estudiando español

Línea uno

von
Barbara Jaeschke, Ratingen und Javier Navarro González, Cabrerizos (Salamanca)

Beratende Mitarbeit:
Rüdiger Eisenlohr, Heidelberg; Karin Oechslein, Grafing; Roswitha Strickstrack-García, Langenhagen; Ursula Vences, Köln.

Tonträger zu *Línea uno*:

Audio-Kassette mit Lektionstexten und Liedern, ISBN 3-12-535603-2.
Audio-Kassette mit zusätzlichen Hörverstehensübungen und Liedern, 3-12-535604-0*. Die Texte, auf die sich die Hörverstehensaufgaben beziehen, sind außerdem im Lehrerbuch (3-12-535602-4) abgedruckt.
CD (Inhalt identisch mit 3-12-535603-2), ISBN 3-12-535606-7.
CD (Inhalt identisch mit 3-12-535604-0), ISBN 3-12-535608-3*.

* Lieferung ausschließlich an Lehrerinnen und Lehrer. Schulstempel erforderlich.

Nicht in allen Fällen war es uns möglich, die Rechteinhaber ausfindig zu machen. Berechtigte Ansprüche werden selbstverständlich im Rahmen der üblichen Vereinbarungen abgegolten.

1. Auflage   € A 1 [10] | 2006 2005

Alle Drucke dieser Auflage können im Unterricht nebeneinander benutzt werden. Ab dem Druck 2002 wird als Währung der Euro verwendet, woraus sich geringe Änderungen v. a. in Unidad 4A ergeben. Hinweise hierzu sind auf den Internet-Seiten des Verlages verfügbar.
Die letzte Zahl bezeichnet das Jahr dieses Druckes.
© Ernst Klett Verlag GmbH, Stuttgart 1997. Alle Rechte vorbehalten.
Internetadresse: http://www.klett-verlag.de

Redaktion: Josefa Jimeno Patrón, Monika Türk

Umschlaggestaltung: Christian Dekelver, Weinstadt
Zeichnungen: Marlene Pohle, Stuttgart; Hanjo Schmidt, Stuttgart
Grafik und Kartografie: Günter Bosch, Stuttgart
Satz und Repro: Kittelberger GmbH, Reutlingen
Druck: SCHNITZER DRUCK GmbH, Korb. Printed in Germany.
ISBN 3-12-535600-8

Estudiando español

Línea uno

Lehrwerk für den Spanischunterricht von

Barbara Jaeschke
Javier Navarro González

Ernst Klett Verlag
Stuttgart Düsseldorf Leipzig

Inhaltsverzeichnis

* Die beiden Módulos sind (außer Módulo 1 in Baden-Württemberg und Módulo 2 in Bayern) fakultativ, ihr Stoff wird in *Línea dos*, soweit von den Lehrplänen gefordert, erneut behandelt.
‹ › Alle Teile in Spitzklammern sind fakultativ.

> ¡Hola, liebe Schülerinnen und Schüler!

Ich bin Ramona Rana Ramírez. Wie alle Spanierinnen (und Spanier) habe ich zwei Familiennamen. Mehr darüber und viele weitere interessante Dinge über Spanien und andere spanischsprachige Länder werdet ihr im Laufe dieses Buches erfahren – und ich werde euch dabei begleiten. Zur ersten Orientierung gleich einige Hinweise:

Die **Zeichen**, die ihr an verschiedenen Stellen im Buch findet, bedeuten Folgendes:

– 🎧: Der Text ist auf der **Kassette** und **CD** (Klettnummer 535603 bzw. 535606) enthalten. (Ist das Zeichen rot, heißt das, dass der Text sich auf der **Lehrerkassette** befindet, die jedoch nur eurem Lehrer oder eurer Lehrerin zur Verfügung steht.)

– G § (+ Zahl) hinter der Überschrift einer Übung: Im **Grammatischen Beiheft** (Klettnummer 535605) findet ihr im Paragraphen mit dieser Nummer genauere Erklärungen zu der grammatischen Struktur, die jetzt besonders geübt werden soll.

– ✏: Diese Übung macht ihr am besten **schriftlich** in euer Heft.

– 👥 oder 👥 : Die Übung eignet sich besonders für **Partner-** oder **Gruppenarbeit**. Darunter sind auch sog. Partner- oder Tandembögen, in denen die richtige Antwort mit abgedruckt ist. Hier könnt ihr euch also selbst oder gegenseitig kontrollieren, ob ihr den Stoff gut beherrscht. Am besten deckt ihr dazu die Lösungen zunächst ab, damit ihr nicht in Versuchung kommt, gleich nach der korrekten Antwort zu schielen.

– ➠ : Hier könnt ihr etwas **über euch** oder eure Umwelt erzählen.

– 🎬 : In so gekennzeichneten Übungen dürft ihr eurer Fantasie freien Lauf lassen. Meist sollt ihr – in der Regel in Gruppen – eine kleine Geschichte oder Szene **erfinden** (und sie dann euren Klassenkameradinnen und -kameraden vorspielen).

– 📖 : Bei diesen Texten müsst ihr nicht jedes Wort verstehen. Wie ihr mit Texten umgeht, die **unbekannten Wortschatz** enthalten, erfahrt ihr u. a. auf den Seiten 31 und 51.

Zwischen den Lektionen bzw. Lektionsteilen befindet sich meist ein sog. **Entremés** (Zwischenspiel oder „Appetitanreger"), in dem ihr einen Teil des Stoffs der folgenden Lektion **vorbereiten** könnt. (Eure Schlussfolgerungen könnt ihr im Grammatischen Beiheft überprüfen.) Manchmal findet ihr dort auch **Lerntipps**, z. B. zum schon erwähnten Umgang mit unbekanntem Wortschatz.

Am Ende jeder Lektion steht ein fakultativer „Nachtisch" (**Y de postre**) mit Cartoons, Erzählungen, traditionellen Liedern oder auch einem Popsong.

Im Vokabelteil gibt es zuerst ein kurzes Kapitel zur **Aussprache** der spanischen Wörter; es schließt sich das **lektionsbegleitende Vokabular** sowie das **Diccionario** an. Dies ist ein alphabetisches Verzeichnis aller im Buch enthaltenen Wörter. Dort findet ihr ggf. auch diejenigen Wörter aus den Übungen, die ihr nur erkennen und z. B. mit den Lerntipps von S. 31 bzw. 51 verstehen solltet. In der Rubrik **Para hacer los ejercicios del libro** könnt ihr nachschlagen, wenn ihr eine Übungsanweisung nicht richtig verstanden habt und in **Otras expresiones útiles en clase** stehen weitere für den Unterricht nützliche Ausdrücke.

Und nun viel Erfolg … y ¡hasta luego!

🎧 *Vacaciones en España*

En la frontera

Una fiesta popular:
la fiesta de San Fermín en Pamplona

El río Ebro en Aragón

Un día en
Barcelona:
la Sagrada Familia, una iglesia, y…

…el museo
Picasso

En Valencia: una paella en un
restaurante, ¡Hummmm!

Y, por fin, la Costa del Sol.
En la foto, el hotel, la playa y el mar.

Una fiesta con Luis, un amigo,
Maribel, una amiga, y... la guitarra

Una excursión: la Alhambra en Granada

En el cine con
Maribel y Luis:
una película de
Fernando Trueba

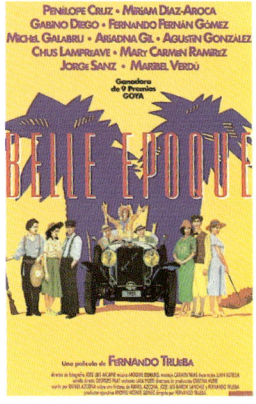

En Granada, la noche es un espectáculo:
flamenco en
un restaurante.

¡Adiós, Maribel!, ¡adiós, Luis!
España es fenomenal.

Ejercicios

1 Un viaje (Eine Reise)

Suche auf der Landkarte im Bucheinband die im Text erwähnten Orte. Welcher Route sind die Reisenden gefolgt?

 2 Postales de España (Postkarten aus Spanien)

Ejemplo
(Beispiel):

¡Hola Martina!:
España es fenomenal: el
río Ebro, la Sagrada Familia, el cine y la noche.
Un abrazo,
Katrin

▶ *¡Ahora tú!* (Jetzt bist du dran.)

a)

b)

c)

d)

3 Recuerdos de España (Erinnerungen an Spanien)

Forma frases. (Bilde Sätze.)

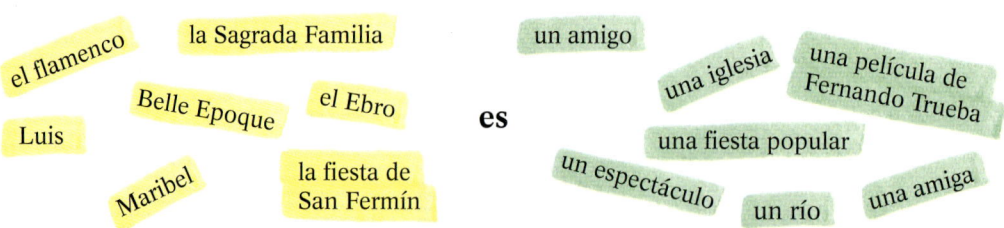

el flamenco   la Sagrada Familia   un amigo   una iglesia   una película de Fernando Trueba

Belle Epoque   el Ebro   **es**

Luis   una fiesta popular

Maribel   la fiesta de San Fermín   un espectáculo   un río   una amiga

✎ **4 ¿Masculino o femenino?** *(Maskulinum oder Femininum?)* *(G § 1)*

a) *Schreibe die folgenden Wörter in dein Heft und sortiere sie nach ihrem Genus. (Mache eine Liste für die maskulinen und eine für die femininen Substantive und setze den bestimmten Artikel dazu.) Nach welcher Regel funktioniert das?*

fiesta   amiga   museo   paella   costa   playa   amigo
  película   río   flamenco   iglesia   espectáculo

b) *Mache das Gleiche mit den folgenden Wörtern. Funktioniert es hier genauso?*

mar   restaurante   foto   excursión   cine
  día   noche   hotel

5 Aguzar las orejas *(Spitzt die Ohren)*

🎧 a) *Escucha las palabras siguientes. (Höre dir die folgenden Wörter an.)*

[r]	[rr]	[θ]	[k]	[l]	[ʎ]	[ɲ]
mar	restaurante	cine	costa	el	paella	España
Granada	río	Barcelona	excursión	flamenco	Mallorca	Cataluña
Aragón	guitarra	abrazo	flamenco	película	Sevilla	La Coruña

b) *Lee las expresiones siguientes. (Lies die folgenden Ausdrücke.)*

1. la paella de Luis; la película de Trueba; una iglesia en Sevilla
2. el río Ebro; la guitarra de Pedro; en Aragón y Granada; el restaurante de Roberto
3. en el cine con Carmen; vacaciones en Barcelona; un abrazo* de Carlos; una excursión en la Costa Brava

Entremés: Dos fotos

una guitarra   dos guitarras

Ich habe zwei Fotos.

1. el museo   los museos
   el día   los días
   el cine   los cines
   la iglesia   las iglesias
   la paella   las paellas
   la noche   las noches

2. un hotel   dos hoteles
   un mar   dos mares

1. Wie verändert sich das Substantiv, wenn von mehreren Dingen gesprochen wird? Formuliere die Regel für die Bildung des Plurals im Spanischen.
2. Wie lauten die Pluralformen des bestimmten Artikels?
3. Was ist in den Beispielen unter 2. anders? Wie wirkt sich das auf die Pluralbildung aus?

➡ G §§ 3, 4

* Wörter mit diesem Zeichen sind im Übungsteil neu. Ihre Bedeutung ist im lektionsbegleitenden Vokabular erklärt.

A El final de las vacaciones

En una calle de Salamanca...
La chica es Barbara, el chico es Jesús.

Barbara: Perdón, busco el Instituto Fray
   Luis de León.

Jesús: ¿Estudias allí?   5

Barbara: Sí.

Jesús: Yo también. Yo soy Jesús. Y tú,
   ¿cómo te llamas?

Barbara: Me llamo Barbara. ¿De verdad
   te llamas Jesús?   10

Jesús: Sí. Tú no eres de aquí, ¿no?

Barbara: Sí y no: mi padre es alemán y mi
   madre es española, de Santander. Ahora
   mi padre trabaja aquí. Es ingeniero.

Jesús: ¡Hablas muy bien español!   15

Pilar: ¡Hola!, Jesús, ¿qué tal?

Jesús: ¡Hola! Bien, ¿y tú?

Pilar: Así, así. ¿Y tú, quién eres?

Jesús: Barbara, es alemana y habla muy
   bien español. Estudia también en el Fray   20
   Luis.

Pilar: ¡Hola! Yo soy Pilar y él es Chema.
   Somos compañeros de Jesús. ¿De
   dónde eres?

Barbara: Soy de Hamburg.   25

Pilar: ¿De dónde?

Barbara: De Hamburg, en Alemania.

Pilar: Ah, de Hamburgo. En español no
   es Hamburg, es Hamburgo.

Barbara: ¿Y vosotros sois de Salamanca?   30

Pilar: Jesús y Chema sí son de Salamanca,
   pero yo soy de Alba, cerca de Salamanca.

Jesús: Chema, ¿y tú qué tal?, ¿bien?

Chema: No, mal, muy mal: es el final de
   las vacaciones.   35

Barbara: ¿Cómo es el instituto?
   ¿Trabajáis mucho?

Chema: No, no mucho.

Pilar: ¿Cómo? ¿No trabajamos mucho?

Chema: Bueno, bueno... Vosotros   40
   estudiáis mucho, pero yo...

Jesús: Nosotros estudiamos mucho,
   Chema, y tú también.

Chema: ¡Uff! Allí llegan los profesores.

Barbara: ¿Quiénes?, ¿quiénes?   45

Pilar: Mira, él es el profesor de inglés y
   ella es la profesora de física.

Chema: ¡Ellos! ¡No! Ahora es de verdad
   el final de las vacaciones.

Ejercicios

1 ¿Estudia en el Fray Luis?

Suche in Spalte 2 die Antworten, die zu den Fragen in Spalte 1 gehören. (Ihr könnt auch zu zweit arbeiten: A liest die Fragen, B sucht die Antworten.)

1. ¿Barbara busca un restaurante?
2. ¿Jesús estudia en el Instituto Fray Luis de León?
3. ¿El padre de Barbara trabaja en Hamburgo?
4. ¿La madre de Barbara es española?
5. ¿Barbara habla muy mal español?
6. ¿Pilar es de Salamanca?
7. ¿Pilar y Chema trabajan mucho?
8. ¿Quiénes llegan?

a. No, no habla muy mal español, habla muy bien.
b. Llegan los profesores de inglés y de física.
c. No, no trabaja en Hamburgo, trabaja en Salamanca.
d. No, no busca un restaurante, busca el Instituto Fray Luis de León.
e. No, no es de Salamanca, es de Alba.
f. Pilar trabaja mucho, pero Chema no.
g. Sí, es española.
h. Sí, estudia en el Fray Luis.

2 ¿Cómo te llamas?

Bildet Paare. Sucht euch eine Person aus der Landkarte aus. Grüßt euch und fragt nach eurem Namen.

¿Cómo te llamas?

Me llamo …
Soy …

3 ¿De dónde eres?

Fragt jetzt nach dem Herkunftsort. Verwendet wieder die Angaben aus der Landkarte.

¿De dónde eres?
¿Eres de …?
¿No eres de …?

Soy de …
Sí, soy de …
No, no soy de …, soy de …

4 ¿Qué tal?

a) Bildet Dialoge wie im Beispiel und verwendet dabei die angegebenen Ausdrücke.

Ejemplo:

A: ¡Hola!, ¿qué tal?
A: Muy mal.
A: ¡Adiós!

B: Bien, ¿y tú?
B: ¡Adiós!
▶ *¡Ahora vosotros!*

(muy) mal
así, así
(muy) bien

1. 2. 3. 4.

b) Fragt eure Klassenkameradinnen und -kameraden, wie es ihnen geht.

🖉 5 Uno, dos, tres... *(Eins, zwei, drei...)* *(G § 4)*

Busca en el texto los sustantivos en singular y escríbelos en plural. ¡Atención al sentido! (Suche im Text die Substantive im Singular und setze sie in den Plural. Achte auf den Sinn!)

🖉 6 Una fiesta en el instituto *(G § 5)*

Completa el diálogo con las formas del verbo ser. *(Vervollständige den Dialog mit den Formen des Verbs* ser.*)*

Ellos Δ Juan y Felipe.
Llegan Paula, María y Daniel.
Daniel: ¡Hola!, ¿quién Δ ?
Juan: Δ Juan.
Felipe: Δ un amigo de Madrid.
Paula: Ah, nosotros Δ María, Daniel y Paula.
Juan: ¿Δ compañeros de Felipe?
Daniel: Yo sí. Ellas Δ amigas.
Felipe: ¿Entramos*?

👥 7 No es verdad *(Es ist nicht wahr)* *(G § 7)*

Arbeitet in Paaren. A stellt die Fragen (und kontrolliert die Richtigkeit der Lösung), B antwortet mit „nein" und gibt mit Hilfe der Angaben in Klammern die richtige Antwort.

Ej.: —Pedro y Pilar buscan el instituto, ¿no? (un museo) —No, no buscan el instituto, buscan un museo.	Ej.: —Pedro y Pilar buscan el instituto, ¿no? (un museo) —No, no buscan el instituto, buscan un museo.
—Estudiáis en Madrid, ¿no? (Salamanca) —No, no estudiamos en Madrid, estudiamos en Salamanca.	—Estudiáis en Madrid, ¿no? (Salamanca)
—Hablas bien inglés, ¿no? (muy mal) —No, no hablo bien inglés, hablo muy mal (inglés).	—Hablas bien inglés, ¿no? (muy mal)
—Alberto trabaja en Sevilla, ¿no? (estudia allí) —No, no trabaja en Sevilla, estudia allí.	—Alberto trabaja en Sevilla, ¿no? (estudia allí)
—Buscáis un hotel, ¿no? (la playa) —No, no buscamos un hotel, buscamos la playa.	—Buscáis un hotel, ¿no? (la playa)
—Llegan Ana y Eva, ¿no? (Sole y Clara) —No, no llegan Ana y Eva, llegan Sole y Clara.	—Llegan Ana y Eva, ¿no? (Sole y Clara)
—Te llamas Luis, ¿no? (Julián) —No, no me llamo Luis, me llamo Julián.	—Te llamas Luis, ¿no? (Julián)
—Trabajáis en un hotel, ¿no? (un restaurante) —No, no trabajamos en un hotel, trabajamos en un restaurante.	—Trabajáis en un hotel, ¿no? (un restaurante)

 ## 8 ¿Quién es?

Bildet Gruppen. Eine Schülerin oder ein Schüler „spielt" eine der Personen aus Text 1A. Die anderen stellen Fragen und raten, wer er oder sie ist.

Ejemplo: A: ¿Eres un chico?   B: No, no soy un chico, soy una chica.
A: ¿Tu* padre es alemán?   B: No, mi padre no es alemán, es español.
A: ¿Estudias mucho? ...   B: Sí, ... / No, no ...
A: ...   B: ...
A: ¿Eres Pilar?   B: Sí, soy Pilar.   ▶ *¡Ahora vosotros!*

9 Un amigo

Jorge, ein junger Spanier, ist mit seinen Eltern in der Nachbarwohnung eingezogen. Er wird vielleicht in deine Schule gehen und hat viele Fragen...

Jorge: ¡Hola!, ¿qué tal? ¿Cómo te llamas?
Tú: Hola, me llamo ..., ¿y tú?
Jorge: Yo soy Jorge. ¿De dónde eres?   *Tú*: ...
Jorge: ¿Dónde estudias?   *Tú*: ...

Jorge: ¿Cómo es el instituto? ¿Trabajáis mucho?   *Tú*: ...
Jorge: ¡Hablas español muy bien!   *Tú*: ...
Jorge: ¡Adiós!   *Tú*: ...

10 Perdón...

Formad parejas e inventad diálogos. Después representadlos en clase. (Bildet Paare und erfindet Dialoge. Spielt sie dann in der Klasse.)

a) *Vor eurem Haus spricht dich jemand an und will wissen, ob du Barbaras Schwester (la hermana) bzw. Bruder (el hermano) bist.*
b) *Du willst in der Stadt Clara und Beatriz, zwei Freundinnen Chemas, treffen. Du siehst zwei Mädchen, bist aber nicht sicher, ob es die beiden sind. Wie sprichst du sie an?*

Entremés:
Los compañeros de Jesús

1. Pilar y Chema son compañeros de Jesús.
Belle Epoque es una película de Fernando Trueba.

2. el padre de Barbara
una foto de la playa
la fiesta de los amigos
el compañero de las alemanas
las vacaciones del profesor
la guitarra de una compañera

1. Die ersten beiden Sätze kennt ihr schon. Übersetzt sie ins Deutsche. Wie übersetzt ihr die Präposition *de*?
2. Übersetzt die übrigen Beispiele ins Deutsche. Wie ist die beste Übersetzung?
3. Was drückt die Präposition *de* hier aus?
4. Wie entsteht die Form *del*?

➡ G § 9

B Visitamos la ciudad

Salamanca es una ciudad bonita, no muy grande. Hay calles y casas antiguas y monumentos interesantes. Barbara visita la ciudad con Pilar.

Barbara: ¿Qué es esto?
Pilar: Es la Universidad de Salamanca.
5 *Barbara:* Y la estatua… ¿quién es?
Pilar: Es Fray Luis de León: un escritor bastante conocido en España.
Barbara: ¡Fray Luis de León es el nombre del instituto!

Soy una persona muy importante

Pilar: Mira, la rana. 10
Barbara: ¿Una rana? ¿Dónde? ¡Ahh, sí!
Pilar: Es pequeña, pero muy conocida. Es la mascota de la universidad.

Pilar: El río es el río Tormes.
15 *Barbara:* ¿Y el puente?
Pilar: Es un puente muy antiguo, el Puente Romano.
Barbara: ¿Y qué es esto? ¿Un perro?
Pilar: No, es un toro. El puente y el toro
20 son el símbolo de la ciudad.
Barbara: ¡Ah, muy interesante!

Barbara: Es la catedral, ¿no?
Pilar: Sí, en Salamanca hay dos catedra-les: la Catedral Nueva… y la Catedral Vieja. ¿Entramos? El interior de las 25 catedrales es muy interesante.
Barbara: No, hoy no. ¿Tomamos algo?
Pilar: Sí, pero aquí no, en un café de la Plaza Mayor, ¿vale? Allí hay cafés preciosos. 30
Barbara: Vale.

Llega el camarero.
Camarero: Hola guapas, ¿qué tomáis?
Pilar: Yo una coca-cola, ¿y tú?
Barbara: Yo... un zumo de naranja.   35
Camarero: Ahora mismo.

Barbara: ¿Es tu amigo?
Pilar: No, no. Aquí los camareros son
    muy simpáticos; eso es todo.
Llega el camarero con el zumo y la coca-   40
cola.
Barbara: Gracias.

Pilar: ¿Terminas?
Barbara: Sí, ahora mismo.

45 *Pilar:* Esto es la Casa de las Conchas.
    Barbara: ¡Es una casa bastante rara!
    Pilar: Sí, y es la biblioteca de Salamanca.
        Mira, Jesús y Chema.
    Chema: ¿Qué tal la visita, Barbara?
50   Salamanca es bonita, ¿no?

Barbara: Sí, es muy bonita. Hay monu-
    mentos antiguos, una biblioteca muy
    rara, un puente muy interesante, cate-
    drales preciosas, una Plaza Mayor muy
    conocida, pero vosotros… no visitáis   55
    siempre monumentos y tomáis zumos de
    naranja en cafés, ¿no?
Jesús: ¡Claro que no! En Salamanca tam-
    bién hay discotecas, cines, polideportivos,
    piscinas… ¡El ambiente es fenomenal!   60
Chema: Hay también una hamburguese-
    ría… con hamburguesas muy buenas,
    ¿eh, Barbara?

Ejercicios

1 Una ciudad bonita

a) *Describe Salamanca a tus amigos con la información del texto 1B.*
(Beschreibe deinen Freunden Salamanca mit den Informationen aus dem Text 1B.)

Salamanca es una ciudad muy bonita. Hay una casa muy rara, la Casa de las Conchas.
Hay ...   ▶ *¡Continúa!*

▶ b) *Describe tu ciudad o tu lugar de residencia de la misma manera.*
(Beschreibe deine Stadt oder deinen Wohnort auf die gleiche Weise.)

2 ¿De quién es? *(G § 9)*

Formad diálogos. (Bildet Dialoge.)
Ejemplo: casa/Pedro/David
        → —¿Es la casa de Pedro? —No, es la casa de David. ▶ *¡Ahora vosotros!*

1. zumo/profesor/profesora
2. amigas/Pablo/Clara
3. madre/Luisa y Ramón/ Elena y Sole

4. fiesta/compañeros/ profesores
5. casa/ingeniero/camarero
6. catedral/Salamanca/Burgos

7. símbolo/ciudad/ universidad
8. foto/instituto/biblioteca

3 Una estatua grande *(G § 10)*

Describe los dibujos. Utiliza adjetivos apropiados. (Beschreibe die Zeichnungen. Verwende passende Adjektive.)
Ejemplo: —¿Qué es esto? —Son dos estatuas grandes. ▶ *¡Ahora tú!*

4 Descripciones *(Beschreibungen)* *(G § 10)*

Setze das Adjektiv in Klammern in die richtige Form.

1. El restaurante es (pequeño), pero (bonito). – 2. En el instituto hay una profesora (nuevo); es muy (simpático). – 3. La universidad de Santiago es (antiguo). – 4. El flamenco y la paella son (conocido) en Alemania. – 5. Las películas de Luis Buñuel son muy (raro). – 6. La Catedral Nueva es (grande) y la Catedral Vieja es (pequeño); las dos son (interesante). – 7. En Salamanca hay cafés (fenomenal).

5 Un polizón *(Ein blinder Passagier)*

Busca la palabra que no pertenece al grupo.
(Suche den Begriff, der nicht zur Gruppe gehört.)

rana	café	escritor	puente	polideportivo
naranja	restaurante	profesora	museo	instituto
perro	biblioteca	ingeniero	cine	universidad
toro	hamburguesería	estatua	restaurante	biblioteca

6 Ana de Zamora

Hier sind einige Informationen über Ana und ihre Unterhaltung mit Barbara. Schreibt auf Spanisch einen Dialog zu der geschilderten Situation. (Denkt dabei auch an das, was ihr schon über Barbara wisst.) Arbeitet in Paaren oder Kleingruppen und spielt dann die Szene euren Klassenkameradinnen und -kameraden vor. (Übertragt den Text sinngemäß ins Spanische. Ihr könnt die Sätze auch umformulieren; wichtig ist nur, dass der Sinn gleich bleibt.)

Ana fragt Barbara, ob sie neu am Gymnasium sei; sie meint, dass Barbara keine Spanierin ist. Dann erzählt sie, dass sie aus Zamora kommt, aber dass ihre Eltern jetzt in Salamanca arbeiten. Sie beschreibt Zamora: Es ist eine schöne Stadt mit einer alten Kathedrale und einem interessanten Museum. Der Fluss von Zamora ist sehr bekannt, es ist der Duero. Aber Zamora ist sehr klein. Salamanca findet sie auch schön: Die Nacht, die Cafés, die Feste hier sind toll. Sie fragt, was das ist (was Barbara in der Hand hat).

Barbara antwortet auf Anas Fragen. Sie möchte außerdem von Ana wissen, wie Zamora ist und wie ihr Salamanca gefällt. Aber da kommt der Englischlehrer.

🎧 7 ¿De qué hablan?

Höre dir die Stadtführung genau an und finde die Antworten zu folgenden Fragen:

1. In welcher Stadt befinden sich die Touristen?
2. Welche Sehenswürdigkeiten gibt es dort?
3. Sucht euch eines der Monumente aus, die beschrieben werden. Was habt ihr von der Erklärung behalten?
4. Sucht die Stadt auf der Karte im Bucheinband.

una mezquita Moschee

La mezquita de la ciudad

8 Aguzar las orejas *(Spitzt die Ohren)*

Höre dir die folgenden Wörter an. Kannst du eine Regelmäßigkeit für die Aussprache erkennen?

[ ]	[x]	[g]/[ɣ]	[tʃ]	[i]	[je][ja][jo][ju]
¡hola!	Juan	amiga	mucho	y	bien
hablar	trabajar	antiguo	concha	muy	estudiar
ahora	Jesús	iglesia	Chema	río	vacaciones
hay	ingeniero	gracias	noche	amigo	ciudad

¡Así se dice!

sich vorstellen
- *den Namen nennen*   Soy Jesús. Me llamo Barbara.
- *sagen, woher man kommt*   Soy de Hamburgo. Somos de Salamanca.
- *die Nationalität angeben*   Soy alemán. Soy española.
- *sagen, wo man zur Schule geht*   Estudio en el instituto … / en Salamanca.
  oder wo man arbeitet   Trabajo en Salamanca.

Informationen über jemand oder etwas einholen
- *nach dem Namen fragen*   ¿Cómo te llamas?
- *nach dem Herkunftsort/-land fragen*   ¿De dónde eres? ¿Eres de …?
- *fragen, wer jemand ist*   ¿Quién es? ¿Quiénes son? ¿Es un amigo?
- *fragen, was etwas ist*   ¿Qué es esto?
- *fragen, wie etwas ist*   ¿Cómo es el instituto? ¿Qué tal la visita?
- *Vermutungen äußern*   No eres de aquí, ¿no? Es la catedral, ¿no?

nachfragen, wenn man etwas nicht verstanden hat oder nicht sicher ist
- *Verwunderung ausdrücken*   ¿De verdad …?
- *Entrüstung äußern oder*   ¿Cómo?
  um Wiederholung bitten
- *fragen, ob jemand einverstanden ist*   ¿Vale?

Y de postre

¿Quién ama?

amar lieben

Quino, *Bien, gracias. ¿Y usted?* Barcelona, Lumen, 1976.

Entremés: En la casa de Alba

Barbara war zu Besuch bei Pilar in Alba de Tormes. Hier sind ihre Fotos:

¿Quién es? —Es la Sra. Romero, la madre de Pilar. Está en el cuarto de estar.

¿Y él? —Es el Sr. García. Es camarero y aquí estamos en la cocina, con la paella.

¿Y ellos?, ¿quiénes son? —Son Carlos, un amigo, y Pilar. Carlos es de Madrid. Están en la habitación de Pilar.

Aquí estamos en el comedor... con una paella muy buena, ¡hummm...!

⫸   Y tú, ¿dónde estás?
Vosotros, ¿dónde estáis?

1. Suche aus dem Text alle Verbformen und ihre Ergänzungen heraus und ordne sie in zwei Listen, eine für *ser* und eine für *estar*.

2. Unterstreiche in diesen Listen die Ergänzungen. Welche Art(en) von Ergänzungen stehen mit *ser*, welche mit *estar*?

➡ G § 15

Y aquí estoy yo con la hermana pequeña de Pilar en el cuarto de baño. Es guapa, ¿no?

UNIDAD 2

A En casa de Barbara

Es la una y media. Barbara, Jesús y Chema
van a casa. Están en la calle Francisco
Vitoria, delante de la casa número 17.

Barbara: Ya estamos aquí. ¿Entráis un
5   momento?

Jesús: No, hoy no. Es el cumpleaños de
    mi padre y voy con mis hermanos y mis
    padres al restaurante de sus amigos.

Barbara: Entonces, ¡hasta luego!
10 *Jesús y Chema:* ¡Hasta luego!

La señora Petersen está en la cocina y
prepara la comida.

Barbara: ¡Hola, mamá!

Sra. Petersen: ¡Hola, hija! ¿Ya estás aquí?
    ¿Qué hora es?   15

Barbara: Son las dos menos veinte.

Sra. Petersen: ¿Y qué tal las clases?

Barbara: Así, así. Nuestro profesor de
    inglés es simpático, y el alemán es muy
    fácil, claro, pero nuestra profesora de   20
    física... ¿A qué hora es la comida?

Sra. Petersen: A las dos, dos y cuarto...
    Pero antes tú y tus hermanos… ¡Espera!
    ¿Adónde vas?

25 Barbara va a su habitación. Es un cuarto pequeño, pero bonito. Hay una cama, un
armario al lado de la ventana, una silla y una mesa con un ordenador. Las cintas y los
libros están en la estantería a la derecha de la puerta y sobre la cadena de música, a la
izquierda de la cama, hay un póster de Héroes del Silencio.

Barbara busca su cinta de Luz Casal. Llama: ¡Oliver! ¿Dónde está mi cinta de Luz Casal?
30 Oliver, el hermano de Barbara, está en el cuarto de estar y mira un cómic.

Oliver: ¿Tu cinta? En tu cuarto, seguro.
    Ah, no. Está aquí, debajo de mis cosas.

Barbara: ¡Oliver! ¡Siempre igual!
    A las dos y diez, la madre entra en el
35   comedor.

Sra. Petersen: ¡Oliver, Barbara, Eva!
    ¿Dónde estáis? La comida ya está en
    la mesa.

Eva: Un momento, por favor. Estoy en
40   el cuarto de baño.

Oliver: Claro, delante del espejo.

Eva: Muy gracioso, Oliver.

Sra. Petersen: ¡Vosotros y vuestras
    discusiones! Vamos al comedor, la
45   comida espera.

Ejercicios

1 La familia Petersen

¿Qué hace a esta hora la familia* Petersen? (Was macht um diese Zeit die Familie Petersen?)

Ejemplo: 1:30 → A la una y media, Barbara va a casa. ▶*¡Ahora tú!*

1. 1:40   2. 1:50   3. 2:10   4. 2:30

2 ¿A qué hora es la película?   *(G §§ 11, 12)*

◀ **CARTELERA** ▶

CINE IMPERIAL	CINE EUROPA	CINE VELÁZQUEZ
CARMEN	**ALADDÍN**	**PARQUE JURÁSICO**
Una película de Carlos Saura	Un espectáculo de Walt Disney	Una aventura extraordinaria
6:30 y 8:45	4:15	7:20 y 9:15
La novela de Jane Austen como película	Madonna es	Humphrey Bogart en
EMMA	**EVITA**	**CASABLANCA**
9:35 y 11:10	en la película de Alan Parker	11:00
	7:45 y 9:25	

Ejemplo: En el cine Imperial ponen* «Carmen» a las seis y media y a las nueve menos cuarto.

3 Un amigo nuevo   *(G § 16)*

Hola, me llamo Miguel y ella es mi hermana* Yolanda. Somos de Pamplona. Nuestra madre es española y nuestro padre es inglés*. Voy al Instituto García Lorca. Mis compañeros son españoles, pero en mi clase* también hay un alemán, Oliver. Mario y Javier son mis amigos. Nuestros profesores son así, así, pero nuestro profesor de física es muy simpático. Mi casa es muy bonita. En mi habitación hay una cama, un armario, dos sillas, una mesa y una estantería. Pero mis libros están en la cocina, en el cuarto de baño y mis cintas en el cuarto de estar, en la mesa, en las sillas… ¡Y siempre busco mis cosas!

 a) *Arbeitet in Paaren oder Kleingruppen. Eine/r von euch ist Miguel, die anderen stellen ihm Fragen.*

 b) *Schreibe einen Text über Miguel:* Miguel y su hermana Yolanda son de… ▶ *¡Continúa!*

 c) *Jemand hat im Bus ein Gespräch mit angehört, in dem sich zwei Jugendliche über ein Mädchen mit Namen Juana Pérez unterhalten. Das hat er verstanden:*

Bilbao … Instituto Ortega y Gasset … hermanos Carlos y Ana … compañeros Helga y Uwe/Alemania … la señora Pérez/Alemania … trabajar … Banco de Santander … el señor* Pérez/España … profesor

Was haben die beiden gesagt? Rekonstruiere ihr Gespräch.

▬▶ d) *Schreibe einen ähnlichen Text über dich und deine Familie. Du kannst als Modell auch den Text über Miguel verwenden.*

4 ¿Adónde van? *(G § 14)*

¿Qué conversación corresponde a qué dibujo? Toma nota: ¿Adónde van?
(Welches Gespräch gehört zu welchem Bild? Schreibe auf, wohin die Personen gehen.)

5 ¿Vais a la fiesta? *(G § 13)*

¿A o en? ¿Con artículo o sin él? (A oder en? Mit oder ohne Artikel?) Completa el texto.

◊ siete y media, Pilar llega a casa de*
Barbara.
Sra. Petersen: Hola Pilar. ¿Qué tal? ¿◊ qué
  hora es la fiesta?
Pilar: ◊ ocho.
Barbara: ¿Dónde estáis?
Sra. Petersen: Aquí, ◊ cocina.
Barbara entra: Hola, Pilar. Las cintas están
  ◊ mi habitación. Mamá, ¿dónde está mi
  guitarra?

Sra. Petersen: Está ◊ cuarto de estar, ◊ lado
  de la cadena de música.
Barbara va ◊ cuarto de estar.
Sra. Petersen: Nosotros vamos ◊ cine. ¿Vais
  ya ◊ fiesta?
Barbara: No, ahora vamos ◊ casa de Jesús.
  Su casa está ◊ calle Cervantes.
Sra. Petersen: ¡Ah... y después* vais ◊ fiesta
  con Jesús!
Barbara y Pilar: Sí. Adiós.

6 Llamadas telefónicas *(Telefongespräche)* *(G § 14)*

Ejemplo: Barbara / Madrid → —¡Barbara!, ¿dónde estás? —Estoy en Madrid. ▶ *¡Ahora tú!*

1. Paloma y Chema / casa de Juan – 2. Merce / el cine con Roberto – 3. Clara y Sole / una
fiesta – 4. Alberto / un hotel en Sevilla – 5. Miguel y Pablo / la playa – 6. Carmen / Alemania

7 Un fanfarrón *(Ein Angeber)* *(G § 15)*

a) Ejemplo: 15 catedrales → —¿Hay una catedral en tu ciudad?
                —¡En mi ciudad hay quince catedrales! ▶ *¡Ahora vosotros!*

1. 20 institutos – 2. 26 museos – 3. 5 playas – 4. 17 piscinas –
5. 30 hoteles – 6. 3 ríos – 7. 28 cines – 8. 11 bibliotecas

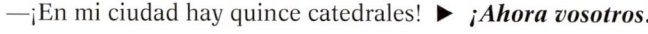 *b) Y en tu ciudad, ¿qué hay?*

8 Perdón, ¿hay un café en la calle? *(G § 15)*

Ejemplo: café en la calle Martín / el n° 6 → —Perdón, ¿hay un café en la calle Martín?
                —Sí, está en el número 6. ▶ *¡Ahora vosotros!*

1. biblioteca en Salamanca / la Casa de las Conchas – 2. polideportivo en la ciudad / cerca de
la universidad – 3. hamburguesería en la Plaza Mayor / el n° 10 – 4. hotel cerca de aquí / al
lado de la catedral – 5. museo en la calle Panamá / a la izquierda del restaurante

👥👥 9 ¿Quién? ¿Dónde? *(G § 15)*

Bildet Paare. B antwortet auf die Fragen von A mit den Informationen aus den Zeichnungen.

¿Qué es esto? (Es la Casa de las Conchas.) ¿Dónde está? (En Salamanca.)	
¿Dónde está Oliver? (Está en su habitación/delante de la mesa/ventana.) ¿Qué hay en la habitación? (Hay una cama, un póster sobre la cama y un libro en la cama, una mesa y un cómic y una hamburguesa en la mesa.)	
¿Qué hay en la silla? (Hay cinco cintas, dos libros y un comic.) ¿Dónde está la silla? (Está delante del ordenador/de la mesa.) ¿De quién es la habitación? (Es la habitación de Barbara.)	
¿Quiénes son? (Son Chema y Jesús.) ¿Dónde están? (Están en un café/en el café Novelty.) ¿Qué hay en el café? (Hay un camarero y seis personas. Hay mesas, sillas, espejos y un zumo de naranja y una coca-cola.)	

10 Una habitación

Bildet Paare. A beschreibt ein Zimmer mit den Möbeln, B zeichnet es auf ein Blatt Papier.

Entremés:
Los verbos

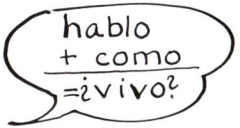

hablar	comer	vivir
hablo	como	vivo
hablas	comes	vives
habla	come	vive
hablamos	comemos	vivimos
habláis	coméis	vivís
hablan	comen	viven

1. Was haben die erste und die zweite Spalte gemeinsam? Worin unterscheiden sie sich? Formuliere die Regel für die Konjugation der Verben auf *-er*.
2. Sieh dir nun die dritte Spalte an und vergleiche sie mit der zweiten. Was stellst du fest? Formuliere auch die Regel für die Konjugation der Verben auf *-ir*.

➡ G § 17

UNIDAD 2

B *Un trabajo interesante*

🎧 Es la hora del recreo. Eva y su amiga Laura
están en la cafetería del instituto. Comen
un bocadillo y Eva bebe un zumo. La clase
va de excursión a Roma, y Eva necesita
5 dinero para el viaje.

—Tú necesitas un trabajo. ¿Miramos en el
periódico? —pregunta Laura.

—Bueno, pero buscamos un trabajo interesante. —responde Eva a su amiga.

10 Laura lee los anuncios en el periódico.

Laura: Mira, aquí. Es tu trabajo. Tú
hablas alemán y eres joven. ¿Llamamos
por teléfono?

Eva: No, ahora no. Ahora no tengo
15 tiempo.

Laura: ¿No tienes tiempo? Anda, Eva,
ahora vas al teléfono y llamas.

Eva: Pero, Laura, ¿y qué trabajo es?…
¿Adónde vas?

Agencia Castro
¿Habla usted inglés, francés o alemán?
Necesitamos personas jóvenes para un trabajo
interesante por la tarde
Teléfono: 27 45 38

20 Pero Laura ya está en la cabina, llama y pasa el teléfono a Eva. Habla un empleado de la
Agencia Castro.

Empleado: Agencia Castro. Dígame.

Eva: Buenos días. En el periódico hay un anuncio sobre un trabajo por la tarde.

Empleado: Sí, necesitamos un guía: enseñar la ciudad a los turistas, hablar sobre los
25 monumentos… ¿Qué edad tiene usted y dónde vive?

Eva: Tengo 17 años y vivo en Salamanca, en la calle Francisco Vitoria.

Empleado: ¿Qué idiomas hablas?

Eva: Alemán, soy alemana, y hablo bien español.

Empleado: Bien, nosotros abrimos desde las nueve y media de la mañana hasta la una y
30 media del mediodía; y por la tarde abrimos desde las cuatro hasta las ocho. Necesitamos
dos fotos con el nombre y los apellidos. Nuestra dirección es calle España, número 59.

Eva: Un momento, por favor. ¿Qué dirección tienen ustedes?

Empleado: Calle España, número 59.

Eva escribe la dirección y Laura pregunta:
35 «¿Qué escribes?» Pero Eva no escucha.

Eva: ¿Y cuándo trabajo? ¿Mañana?

Empleado: ¿Mañana? ¡No, no! Primero
hay una entrevista, después un curso…

Eva: ¿Cómo?

40 *Empleado:* Sí, el curso son dos meses.

Eva: ¡Dos meses! ¿Y no tienen ustedes un
trabajo para ahora?

Empleado: Bueno, sí, también necesitamos una vendedora de entradas en un
45 museo.

Laura: ¿Qué pasa? ¿Es un trabajo interesante?

Ejercicios

1 Hablamos del texto

a) Responde a las preguntas: (Antworte auf die Fragen:)
1. ¿Dónde están Eva y su amiga Laura?
2. ¿Para qué necesita Eva dinero?
3. ¿Qué leen en el periódico?
4. ¿A qué hora abre la agencia?
5. ¿Qué trabajo tiene la agencia para Eva?
   ¿Es un trabajo interesante?

b) Busca en el texto la información sobre Eva.

2 ¿Dónde viven?

a) Versuche auf den Formularen so viel wie möglich zu verstehen und drücke es auf andere Weise aus.
   Ejemplo: El señor Sánchez es de Madrid. Vive en Bilbao. Su
   dirección es calle Zumaia, 22. Su…

▶ *¡Continúa!*

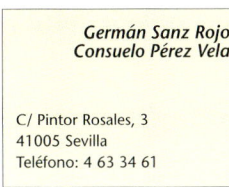

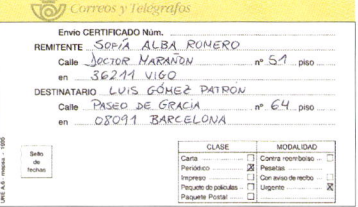

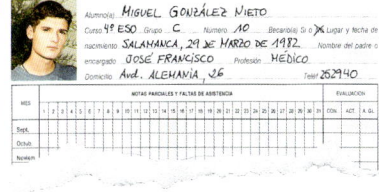

▥➡ *b) Y tú, ¿dónde vives? ¿Cuál es tu número de teléfono? (… Welche Telefonnummer hast du?)*

3 ¿Qué haces? *(Was machst du?)* (G §§17, 20)

a) Formad diálogos.
Ejemplo: —¿Qué escuchas? —Escucho una cinta de Héroes del Silencio. ▶ *¡Ahora vosotros!*

▥➡ *b) ¿Qué haces tú en el recreo? (Erzähle, was du in der Pause machst.)*

 4 Una persona curiosa *(Eine neugierige Person)* *(G § 20)*

Una persona curiosa habla con el Sr. Gómez. ¿Qué pregunta? Formad diálogos.
Ejemplo: Hablo inglés y español. → ¿Qué idiomas habla (usted)? ▶ *¡Ahora vosotros!*

1. Vivo en Barcelona. – 2. Voy al trabajo a las 8:30. – 3. Tengo un ordenador personal.
4. Leo un libro de Juan Madrid. – 5. Tengo cintas de Plácido Domingo, Montserrat Caballé…
6. Necesito dinero para un curso.

5 ¿Qué hay en la radio?

Escucha la cinta. ¿Qué ponen en la radio*?

Radio Uno –
la radio joven

1. ¿A qué hora hay programas para los jóvenes?
2. ¿Qué música hay a las 6:20?
3. ¿Hay una entrevista? ¿Con quién?

4. ¿De qué hablan en el programa
«Escuchamos tus palabras»?

6 ¿A qué hora es el recreo? *(G §§ 12, 24)*

Trabajad en parejas. B responde a las preguntas de A con la información entre paréntesis
(… mit den Informationen in Klammern).

—¿A qué hora comes? —Como desde las tres menos diez hasta las cuatro menos veinticinco de la tarde.	—¿A qué hora comes? (14:50–15:35)
—¿Cuándo abre el restaurante? —Abre desde las doce y media del mediodía hasta las cuatro de la tarde y desde las cinco y media de la tarde hasta la una de la mañana.	—¿Cuándo abre el restaurante? (12:30–16:00 y 17:30–1:00)
—¿Cuándo tenéis clase? —Tenemos clase desde las nueve menos cuarto de la mañana hasta las dos y cuarto de la tarde.	—¿Cuándo tenéis clase? (8:45–14:15)
—¿A qué hora es el recreo? —Es desde las once y veinticinco hasta las doce menos veinte de la mañana.	—¿A qué hora es el recreo? (11:25–11:40)
—¿A qué hora estáis en la fiesta? —Estamos en la fiesta desde las nueve y veinte de la noche hasta la una y diez de la mañana.	—¿A qué hora estáis en la fiesta? (21:20–1:10)

7 Cortesía *(Höflichkeit)* *(G § 19)*

Pilars kleine Schwester Ana ist sehr kontaktfreudig – und duzt alle Menschen. Hier spricht
Ana mit einer älteren Dame auf der Straße. Hilf ihr, sich korrekt auszudrücken.

Ejemplo: ¿Adónde vas? → ¿Adónde va (usted)? ▶ *¡Ahora tú!*

1. ¿Dónde vives? – 2. ¿Eres ingeniera? – 3. ¿Cuándo terminas el trabajo? – 4. ¿Qué periódico
lees? – 5. ¿A qué hora llegan tus hijos*? – 6. ¿Sois de Salamanca? – 7. ¿Vais a un restaurante
hoy? – 8. ¿Tenéis cintas de *Mecano*?

8 Ensalada de palabras *(Wortsalat)*

Setze die Bausteine zu Sätzen zusammen.

abre · un zumo · a las cinco · un libro · Eva · bebemos · escribes · en Toledo · a Laura · el restaurante · vivís · escribo · a quién · responde

 9 ¿Qué trabajo es?

Bildet Paare oder Kleingruppen und seht euch die Anzeigen an. Stellt euch vor, ihr seid in einem Vorstellungsgespräch. Erfindet einen Dialog (fragt z. B. nach der Herkunft, der Adresse, dem Alter, Sprachkenntnissen, Art der Arbeit, Arbeitszeit...)

HOTEL SIERRA NEVADA

♦ ¿Lee y escribe usted bien inglés y francés?
♦ ¿Vive usted en Granada?

Buscamos personas jóvenes para nuestro hotel.

Calle Uruguay, n° 46
Tel. 55 88 11

AGENCIA TOLEDO

¿Habla usted alemán y tiene tiempo por la mañana?

Necesitamos
GUÍAS
para un trabajo con turistas alemanes.

Calle Miraflores, n° 8.
Tel. 27 57 21

Restaurante Puente Romano

¿No tiene usted trabajo y necesita dinero?

Necesitamos un

camarero

Abrimos por la mañana y por la tarde.

Calle San Cristóbal, n° 35
Tel. 27 36 69

10 El trabajo interesante de Eva

Schreibe einen spanischen Text über Eva und ihre Arbeit und gib dabei die Unterhaltung mit dem Herrn als Dialog wieder. Die folgenden Angaben helfen dir dabei. (Du kannst die Sätze auch umformulieren. Wichtig ist nur, dass der Sinn der Aussage gleich bleibt.)

Es ist 16 Uhr. Eva geht zur Arbeit. Sie begegnet einem Herrn, der fragt, wo das Museum ist. Eva antwortet, dass es neben der Kirche ist und dass sie auch dorthin geht. Sie gehen zusammen *(junto, -a)* zum Museum und reden. Der Herr stellt fest, dass Eva ein Buch auf Deutsch (in der Hand) hat und Eva erklärt ihm, dass sie Deutsche ist, aber auch auf Spanisch liest. Sie will wissen, was für Bücher er liest. Er sagt ihr, dass er keine Bücher liest und fragt, ob es im Museum eine Cafeteria gibt. Eva erklärt, dass es ein kleines Museum ist und dass es (dort) keine Cafeteria gibt.

Als sie zum Museum kommen, öffnet Eva und der Herr geht hinein. Um 16.30 Uhr sind erst *(sólo)* drei Touristen im Museum. Um 17 Uhr schreibt Eva ihren Freundinnen in Deutschland von ihrer Arbeit. Um 18 Uhr ruft ihre Mutter an. Um 19 Uhr kommen Laura und Maribel ins Museum. Sie wollen etwas im Café neben dem Museum trinken gehen und fragen, ob Eva auch kommt. Eva hat jetzt keine Zeit, aber sie ist um 19.30 Uhr fertig (= sie endet ...); die Freundinnen verabschieden sich.

¡Así se dice!

Zeitangaben erfragen oder machen	
– nach der Uhrzeit fragen und diese nennen	¿Qué hora es? Son las cinco de la mañana/ de la tarde.
– fragen, wann etwas stattfindet oder wann jemand etwas tut	¿A qué hora es ...? Cuándo es ...?
	¿A qué hora vas a ...? ¿Cuándo llega ...?
– ... und darauf antworten	... es a las nueve. Voy a ... por la mañana.
Ortsangaben	
– fragen, wo sich etwas/jemand befindet	¿Dónde está(n) ...?
– fragen, ob etwas (an einem Ort) vorhanden ist	¿Hay un café (en la calle) ...? ¿Hay libros en la estantería?
– sagen, wo jemand/etwas sich befindet	... está en/sobre/debajo de/al lado de ...
– fragen, wohin jemand geht/fährt	¿Adónde vas/vais?
– eine Richtung/einen Zielort angeben	Voy a ...
persönliche Angaben machen	
– das Alter angeben	Tengo ... años.
– nach dem Wohnort fragen	¿Dónde/En qué ciudad vives? ¿Vivís en ...?
– den Wohnort nennen	Vivo/vivimos/Vive(n) en ...
– nach der Adresse fragen	¿Qué dirección tienes? ¿En qué calle vive?
– eine Adresse angeben	Nuestra dirección es calle ... Vivo en la calle ...
– nach der Telefonnummer fragen	¿Qué número de teléfono tiene usted?
– die Telefonnummer nennen	Mi/Su (número de) teléfono es el ...

Y de postre

Un poco de información: los apellidos

Los españoles tienen dos apellidos. Su primer apellido es el primer apellido del padre, el segundo es el primer apellido de la madre. Un ejemplo: El señor Rodríguez Sánchez y la señora Romero Alonso tienen dos hijas: Paloma y Marisol Rodríguez Romero. Así, en una familia española, el padre, la madre y los hijos no tienen apellidos idénticos. Normalmente, los españoles utilizan sólo el primer apellido. En nuestro ejemplo: Paloma dice normalmente: «Me llamo Paloma Rodríguez.»

el primer der erste – **el segundo** der zweite – **utilizar** gebrauchen – **dice** er/sie sagt

▶ *¡Ahora tú!* Sieh dir noch einmal die Übung 2 auf Seite 27 an. Welchen Nachnamen haben die Kinder des dort genannten Ehepaars?

Un juego: Uno, dos, tac...

Bildet Gruppen. Jede Gruppe legt eine Ziffer fest und zählt reihum; alle Zahlen, in denen die Ziffer vorkommt oder die durch sie teilbar sind, dürfen nicht ausgesprochen werden; sie werden durch „tac" ersetzt. Wer einen Fehler macht, scheidet aus und die Gruppe muss wieder bei 1 zu zählen anfangen. Wer bleibt am Ende übrig? Welche Gruppe zählt am weitesten?

Entremés: Problemas y soluciones

(Wortschatzerschließung I)

Para mañana preparáis un trabajo en grupos sobre la región de…

SALAMANCA

1. ¿Cómo es la región? ¿Hay una industria importante? ¿Cómo es la naturaleza? ¿Qué animales hay?

2. ¿Hay problemas ecológicos? ¿Tienen una solución concreta?

3. ¿Es una región con futuro?

1. Fasst auf Deutsch zusammen, welche Hausaufgabe die spanischen Schülerinnen und Schüler machen müssen.

2. Sucht die Wörter aus dem spanischen Text heraus, die ihr noch nicht gelernt habt. Warum habt ihr sie trotzdem verstanden?

3. Versucht es auch mit den folgenden Wörtern:
   el parque
   la importancia
   preferir
   el papel
   la botella
   la montaña

   el número = die Nummer

4. Sucht weitere solche Wörter, die ihr schon gelernt habt:
   die Kathedrale – la catedral
   das Café …
   …

⚠ Manchmal ist das Genus im Deutschen und Spanischen unterschiedlich, obwohl das Wort ähnlich ist!

A El grupo Cárabo

Grupo «Cárabo»

**Instituto
Fray Luis de León**

Yo no quiero...

– una ciudad gris
– ríos sucios
– montañas de basura
– vivir sin soluciones

Prefiero...

– una ciudad verde
– ríos limpios
– montañas con árboles
– pensar en el futuro

¿Piensas así?

Entonces...
¿por qué no participas?

 Toño, Bea, Charo y Miguel participan en el grupo Cárabo. ¿Por qué?

Toño (16 años):
«Bueno, mi familia es de Galicia y allí tenemos una casa. Galicia es una región muy
verde, con muchos árboles. En el pueblo de mis padres no hay mucha industria y mucha
5 gente trabaja en el campo. Allí, la gente piensa en el medio ambiente porque vive muy
cerca de la naturaleza. Yo prefiero vivir así, con montañas y árboles, pero Salamanca es
muy seca y tiene pocos árboles. Es un problema conocido: la gente piensa poco en el
medio ambiente. Nuestro grupo quiere dar información porque mucha gente no entiende
la importancia del medio ambiente.»

10 Bea y Charo (14 y 15 años):
«Nosotras estamos aquí porque tenemos amigas en el grupo y, claro, porque la ecología es
muy importante para nuestro futuro. Sobre todo las excursiones son muy interesantes.»
«Sí, los fines de semana vamos al campo, observamos los animales y las plantas y habla-
mos mucho de los problemas del medio ambiente.»
15 «Pero también el trabajo en la ciudad es bastante interesante. Ahora tenemos un jardín al
lado del instituto y también queremos plantar árboles en las calles.»

Miguel (17 años):
«¿Por qué participo en el grupo Cárabo? Mira, porque Salamanca necesita un grupo así.
En Salamanca muchas personas piensan: «No tenemos problemas porque hay poca in-
20 dustria». Pero no es verdad. Salamanca es una ciudad normal y sí hay problemas ecológicos: hay pocos parques... pero bastantes coches, bastante basura y muy poca agua. El
grupo busca soluciones concretas; por ejemplo: separamos el papel y las botellas de la
basura normal y limpiamos el patio, porque los papeles y los chicles en el suelo son también basura, ¿no? ¿Y vosotros? ¿Preferís un Tormes sucio a un Tormes limpio? ¿Preferís
25 ciudades grises a un futuro verde? Necesitamos gente, ¿por qué no participáis?»

Ejercicios

1 ¿Por qué?

Completa las frases con la información del texto.

1. Toño participa en el grupo Cárabo porque …
2. La gente en el pueblo de sus padres piensa en el medio ambiente porque …
3. El grupo quiere dar información porque …
4. Bea y Charo están en el grupo Cárabo porque …
5. Miguel participa porque …
6. En Salamanca hay problemas ecológicos porque …

2 ¿Una ciudad sin problemas?

mucho, -a / poco, -a / bastante

a) *¿Cómo es Salamanca?*

Salamanca no es una ciudad gris porque tiene . Pero sí tiene problemas ecológicos: hay 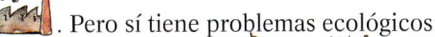, . Y sobre todo es una ciudad muy seca: hay , y  porque hay .

 b) *Y tu ciudad o pueblo, ¿cómo es?*

3 ¿Verde o gris?

Stell dir anhand der angegebenen Begriffe vor, wer die beiden sind. Schreibe einen Text über sie, über Dinge, die sie haben (oder nicht haben), wo sie wohnen, ihre Vorlieben…

4 Un jardín muy grande y mucho trabajo (G § 28)

Describe el dibujo. Utiliza muy *o* mucho.

1. El instituto es *muy* antiguo.
2. Los jóvenes trabajan … en el jardín.
3. La casa al lado del instituto es …
4. Los árboles…
5. …

5 ¡Qué fin de semana! (G § 28)

Hier ist eine Aufstellung, wie viel Zeit Carmen, David und Rosi am Wochenende mit verschiedenen Aktivitäten verbringen. Sprecht darüber, was sie (ziemlich) viel und was wenig tun.

	Carmen	David	Rosi
estudiar	8 horas	1 hora	2 horas
ir al campo	1 hora	5 horas	3 horas
leer	2 horas	3 horas	5 horas
hablar por teléfono	4 horas	1 hora	1 hora
estar con los amigos	1 hora	6 horas	4 horas

Los fines de semana Carmen estudia mucho, pero va poco al campo… Rosi estudia bastante…   ▶ *¡Continúa!*

6 Razones (Gründe)

Trabajad en parejas. B responde a las preguntas de A con la información entre paréntesis.

—¿Por qué es Salamanca una ciudad muy bonita? —Salamanca es una ciudad muy bonita porque tiene muchos monumentos.	—¿Por qué es Salamanca una ciudad muy bonita? (muchos monumentos)
—¿Por qué limpiáis el patio? —Limpiamos el patio porque hay muchos papeles en el suelo.	—¿Por qué limpiáis el patio? (muchos papeles en el suelo)
—¿Por qué no participas en el viaje de la clase? —No participo en el viaje de la clase porque no tengo dinero.	—¿Por qué no participas en el viaje de la clase? (no tener dinero)
—¿Por qué habláis de soluciones para el medio ambiente? —Hablamos de soluciones para el medio ambiente porque es muy importante para nuestro futuro.	—¿Por qué habláis de soluciones para el medio ambiente? (muy importante para nuestro futuro)
—¿Por qué habla Barbara muy bien español? —Habla muy bien español porque su madre es española.	—¿Por qué habla Barbara muy bien español? (su madre es española)
—¿Por qué preparan Chema y su hermana la comida? —Preparan la comida porque su madre trabaja.	—¿Por qué preparan Chema y su hermana la comida? (su madre trabaja)

7 Yo quiero, pero él/ella… (G § 27)

a) Aquí hay personas con preferencias diferentes. (… mit verschiedenen Vorlieben.) Forma frases.

1. Rosa, campo / Antonio, ciudad
2. Tú, cine / yo, museo
3. Ellos, montaña / ellas, costa
4. Nacho, bocadillos / Roberto, paella
5. Yo, periódico / mi hermano, música
6. Vosotras, física / nosotras, fiesta

Ejemplo: Rosa quiere vivir en el campo, pero Antonio prefiere vivir en la ciudad. ▶ *¡Ahora tú!*

 b) Y vosotros, ¿qué preferís y por qué? Bildet Kleingruppen und sprecht über die folgenden Themen. Schreibt dann einen kurzen Text über eines der drei Themen.

vivir en el campo/la ciudad – ir a un parque/un café – vacaciones en la costa/la montaña

🎧 8 Pienso en el futuro

Escucha la cinta y responde a las preguntas.

1. ¿Adónde va Rosa?
2. ¿Por qué no participa Julio en el grupo Cárabo?

3. ¿Va Julio a los parques? ¿Qué prefiere?
4. ¿Qué quiere Rosa? ¿Y qué quiere Julio?

9 ¿En qué piensan? ¿De qué hablan?

Entremés:

Vamos a pensar...

La comida ya está en la mesa. Barbara y Oliver **van a** comer.

Son las nueve menos cinco. La vendedora **va a** abrir.

Pilar **va a** llamar por teléfono.

El Sr. Juan **va a** trabajar en el campo.

1. Was bedeutet der Ausdruck *ir a* (+ Infinitiv)?
2. Wie kann man ihn am besten ins Deutsche übersetzen?    G § 32

B Un fin de semana divertido

Hoy es viernes. Barbara y sus compañeros están en clase de física. Es casi la una y media. Los viernes
5 por la tarde no hay clase.

Pilar: ¡Chisss! Barbara.
Pilar da un papel a Barbara.
Barbara lee: «¿Qué vas a hacer el fin de semana?» y dice:
No sé. A lo mejor el domingo voy a hacer una excursión
con mis padres y mis hermanos. ¿Y tú?   10
Pilar: Yo voy a jugar al tenis con un chico, Rubén. Es
  fenomenal.
Chema: Yo hoy por la tarde voy a tocar la batería con el
  grupo y mañana por la mañana voy a jugar al fútbol,
  mañana por…   15
La profesora de física: Vosotros, ahí, ¿qué decís? ¿de
  qué habláis? ¿No tenéis otro momento?
Rinnn…
Chema: Por fin, ¡fin de semana! ¡HURRA!
La profesora de física: Bueno…, ya salgo, ya salgo. Hasta   20
  el lunes. Adiós.
La profesora sale.
Jesús: Bueno, ¿qué hacemos por la tarde? ¿Salimos o no?
Barbara: Sí, claro. ¿A qué hora quedamos y dónde?
Pilar: Yo hasta las seis y media voy a jugar al tenis.   25
Sole: ¿Sabes jugar al tenis? Yo no hago deporte, sólo en
  el instituto.
Pilar: Sí, es mi deporte favorito. Tengo clase los martes y
  los viernes. Juego con… hmmm, juego en el polidepor-
  tivo. Es muy divertido.   30
Jesús: ¿Y vosotros qué pensáis hacer?
Fede: Yo voy a ver la televisión. A las cinco hay un par-
  tido de baloncesto. España contra Alemania. Barbara,
  ¿tú qué dices?, ¿quién va a ganar, eh?
Sole: Yo voy a casa de mis abuelos, pero a las ocho estoy   35
  aquí.
Chema: Bueno, entonces quedamos a las ocho, ¿vale?
Fede: Muy bien. ¿Por qué no vamos a nadar?
Jesús: Los viernes por la tarde hay mucha gente en la
  piscina. ¿Tenéis ganas de ir al cine?   40
Sole: Ya vamos los jueves. Tú siempre quieres ir al cine.
  ¿No hay otros sitios?
Barbara: Tengo otra idea: propongo ir al concierto de
  «Sol y Sombra». Tocan hoy y el miércoles en la disco-
  teca Morgana. A lo mejor todavía hay entradas.   45
Jesús: ¡Barbara, es un grupo muy malo! ¿Por qué no
  vamos al Abadía? Siempre ponen música muy buena.
Fede: Vale. Es un bar estupendo, vas a ver, Barbara.
  ¿Vienes, Pilar?
Pilar: Vale.   50
Chema: Entonces a las ocho en la puerta del bar. ¡Hasta
  luego!

Ejercicios

1 Planes para el fin de semana

a) ¿Qué va a hacer por la tarde…?
   1. Chema – 2. Pilar – 3. Fede – 4. Sole

b) ¿Qué propone hacer después…?
   1. Fede – 2. Barbara – 3. Jesús

2 ¿Cuándo? (G § 31)

a) ¿Qué días tocan/
   juegan? ¿Cuándo?
   ¿Dónde?

   Ejemplo:
   Los Héroes del
   Silencio tocan el …
   ▶ *¡Continúa!*

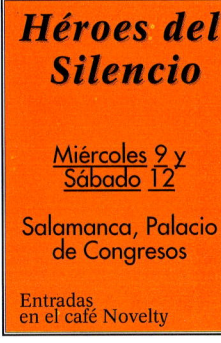

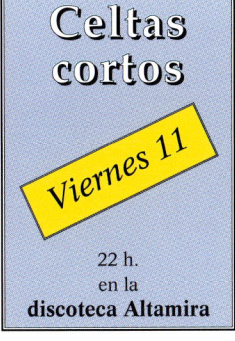

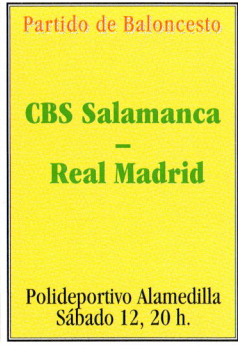

b) ¿Qué días abren?

Café «La rana»   Banco de Santander   Polideportivo del Tormes   Agencia de viajes
                                                                            «Ultramar»

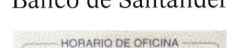
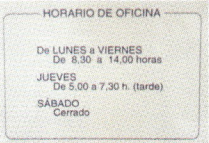

La cafetería
abre sólo
los fines de semana

Ejemplo: El café «La rana» abre los martes, los miércoles…   ▶ *¡Continúa!*

c) ¿Hay discotecas, un polideportivo, una piscina en tu ciudad? ¿Qué nombre tienen?
   ¿Cuándo abren? ¿Hay conciertos, partidos de tenis, de fútbol…? ¿Cuándo? Escribe las
   cosas interesantes para un amigo/una amiga que llega a tu ciudad la semana que viene.
   (… der/die nächste Woche in deine Stadt kommt.)

3 Una chica sin tiempo (G § 31)

Setze die Angaben in Klammern in die richtige Form.

el + día de la semana
los + día(s) de la semana

Fede: Pilar, ¿quedamos (domingo)?
Pilar: No, (domingo) voy con mis padres al
   campo.
Fede: ¿Y (lunes) por la tarde?
Pilar: (Lunes) desde las seis hasta las ocho
   tengo siempre clases de flamenco.
Fede: Bueno, entonces (martes).
Pilar: (Martes) hago deporte. Juego al tenis
   con Rubén.

Fede: ¿Y (miércoles)? ¿Qué haces
   (miércoles)?
Pilar: (Miércoles) voy siempre a nadar, pero
   el jueves sí tengo tiempo.
Fede: ¡Oh, no! (Jueves) trabajo desde las
   siete hasta las nueve en el polideportivo.
Pilar: Fede, mira, haces demasiadas cosas.
   Entonces, ¿por qué preguntas?

demasiado, -a zu viel(e)

4 Otras ciudades, otra gente *(G § 33)*

Formad parejas. A explica algo. B busca algo similar. (... A erklärt ..., ... etwas Ähnliches.)

Ejemplo: A: Barcelona es una ciudad española.
             B: Otras ciudades españolas son Valencia y Madrid.   ▶ *¡Ahora vosotros!*

1. el perro – 2. «Casablanca» – 3. el cuarto de estar – 4. el inglés – 5. el Ebro – 6. el lunes –
7. «Mecano» 8. Jesús ▶ *Continuad con cosas que pensáis vosotros.*

5 ¿Saben o no saben? *(G § 30)*

Ejemplo:
Sole no sabe jugar
al tenis.
▶ *¡Ahora tú!*

6 ¿Eres un detective bueno? *(G § 32)*

a) *Los detectives siempre observan a la gente. ¿Eres un detective bueno? ¿Qué van a hacer las personas en las situaciones siguientes? (... in den folgenden Situationen?)*

1. Jesús está delante de la cadena de música.
2. Estamos en la piscina.
3. Un grupo de turistas llega a Salamanca.
4. Estáis en el comedor.
5. Estoy delante de la casa.
6. Bea y Toño están en el jardín del instituto.
7. Pilar abre un libro.
8. Fede y Chema están en el polideportivo.

Ejemplo: ¿Por qué está Jesús delante de la cadena de música?
            (Está delante de la cadena de música) Porque va a escuchar una cinta.

b) *¿Qué van a hacer tus amigos, tus profesores, tu familia o la gente en la calle?*

7 Dígame

Escucha los diálogos en la cinta:

1. ¿Quién llama a quién? – 2. ¿Por qué llama? – 3. ¿Qué solución propone la otra persona?

➠ 8 Una entrevista

a) Pregunta a tus compañeros y compañeras (y toma nota como la rana en el ejemplo):

¿Adónde vas/qué haces los fines de semana?
¿Cuándo (y con quién) sales?
¿Sabes tocar …?
¿Haces deporte? ¿A qué juegas?
¿Qué amigos tienes?
¿…?

> Mi amigo Dominik
> sabe tocar la guitarra.
> Los fines de semana va
> a casa de sus abuelos.
> Mi amiga Simone…

	Dominik	Simone	Markus
fines de semana	ir a casa de sus abuelos	jugar con los hermanos pequeños	…
toca	guitarra	—	
deporte	…	…	…
…			

b) Habla de un compañero o una compañera en primera persona. Los otros adivinan quién eres. (… in der ersten Person. Die anderen raten, wer du bist.)

ir a	querer
pensar	proponer

✎ 9 Planes para la semana (G §§ 27, 31, 32)

L	5	cine con Martina
M	6	clase de guitarra
M	7	preparar examen de física con Pedro
J	8	fiesta en Morgana
V	9	excursión al río con Cárabo
S	10	piscina
D	11	disco-bar Limón y Menta con Barbara, Pilar y Fede

a) Aquí tienes los planes de Sole para la semana. Escribe un pequeño texto.
El lunes, Sole piensa ir al cine con Martina. El martes va a…
▶ *¡Continúa!*

➠ *b) ¿Y tú, qué vas a hacer el lunes? ¿Qué quieres hacer el martes…? Escribe en un papel tus planes para la semana. Después pregunta a un compañero o una compañera y escribe sus planes. Comparad: ¿Son correctas las respuestas? (Vergleicht: Sind die Antworten richtig?)*

🎬 10 ¿Quedamos a las cinco?

Es ist Freitag und du kommst gerade mit Juan und Tina aus der Schule. Ihr wollt euch verabreden. Hier sind einige Ideen:
Juan möchte ausgehen, aber um 6 Uhr muss er das Auto seines Vaters waschen. Er schlägt vor, zum Fluss zu gehen und Gitarre zu spielen.
Tina schlägt vor, in die Diskothek «Fresas» zu gehen und erklärt, dass Miguel, ein Freund von ihr, freitags dort von 8 bis 10 Uhr arbeitet.
Du erklärst, dass du um 9 Uhr in das Konzert von Chemas Gruppe gehst und schon Eintrittskarten hast. Danach willst du nach Hause zurückgehen.

Schreibt allein oder in kleinen Gruppen den Dialog auf und erfindet das Ende: Werden Juan, Tina und du gemeinsam etwas unternehmen? Spielt eure Dialoge euren Klassenkameradinnen und -kameraden vor.

¡Así se dice!

Vorlieben und Absichten ausdrücken	
– sagen, dass man etwas lieber mag	Prefiero una ciudad verde.
– fragen, was jemand lieber mag	¿Qué prefieres? ¿Qué preferís?
– sagen, dass man etwas vorhat	Voy a plantar árboles. Pienso ir al cine.
– sagen, dass man Lust zu etwas hat	Tengo ganas de ver la televisión. Quiero jugar al tenis.

Gründe angeben
- *fragen, warum man etwas macht* — ¿Por qué participas en el grupo?
- *sagen, warum man etwas macht* — Participo porque el grupo es divertido.
- *fragen, warum etwas so ist* — ¿Por qué hay pocos árboles en Salamanca? ¿Por qué es importante la ecología?

sich verabreden
- *fragen, was man unternimmt* — ¿Qué hacemos por la tarde? ¿Qué pensáis hacer esta noche? ¿Tienes ganas de ir al cine?
- *etwas vorschlagen* — Propongo ir al concierto. ¿Por qué no vamos a la piscina?
- *Ort und Zeit der Verabredung erfragen und nennen* — ¿A qué hora quedamos y dónde? Quedamos a las ocho en la entrada del cine.

Y de postre

 Trágame tierra

Esta mañana
aún no me he levantado y quizá
el viento y el mar
tampoco quieren salir del sueño chungo
en que están
que es la realidad.
El mar está ahogado
de tanto tragar.
El viento no corre,
no tiene alas ya,

porque el hombre de hoy crece
a lo tonto. El chaval
no necesita el aire,

no necesita el mar,
no necesita el bosque, con ellos quiere acabar.
Y esta mañana
por fin me he levantado y quizá
el viento y el mar
se han despertado,
y han matado a quien les quiere matar,
y han vuelto a brillar.

Y el hombre está ahogado
por querer matar
a su propio hermano,
el viento y el mar.

Y es que el hombre de hoy crece
a lo tonto, chaval.
Necesitaba el aire, necesitaba el mar,
necesitaba el bosque
y ahora todo ya da igual.

Texto: J.H. Cifuentes/I. Martín, Música: Celtas Cortos, © Edita DRO., 1991.

tragar verschlingen, (hinunter)schlucken – **la tierra** Erde – **aún** noch – **me he levantado** ich bin aufgestanden – **quizá** vielleicht – **el viento** Wind – **tampoco** auch nicht – **el sueño** Traum – **chungo, -a** mies, schlecht – **estar ahogado** erstickt sein – **tanto** so viel – **correr** rennen – **un ala** *f* Flügel – **un hombre** Mensch – **crecer** wachsen – **a lo tonto** ohne Sinn und Verstand – **un chaval** Junge – **un bosque** Wald – **acabar con** *hier:* zugrunde richten, ruinieren – **se han despertado** sie sind aufgewacht – **matar** töten – **han vuelto a brillar** sie glänzen wieder – **por querer** weil er will – **propio, -a** eigen – **necesitaba** er brauchte – **da igual** es ist egal

Entremés: Música para la fiesta

1. Suche aus dem Dialog alle Demonstrativbegleiter und -pronomen heraus.

2. a) Welchen Begleiter verwenden Barbara
      und Pilar im ersten Bild zusammen mit
      den Gegenständen, die sie in der Hand
      halten?
   b) Mit welchem Begleiter weist Pilar auf die
      Schallplatte hin, die Barbara in der
      Hand hält?
   c) Auf welche Kassetten weist sie im zwei-
      ten Bild mit dem Wort *aquellas* hin?

3. Erkläre die Verwendung der Demonstrativ-
   pronomen im dritten Bild.

➤ G § 37

¡Cuánto, -a! Wie viel(e)!

UNIDAD 4

A Una fiesta en el instituto

🎧 Hoy es el 31 de diciembre. Los compañeros de Barbara van a hacer una fiesta en el instituto y quieren ir a la compra porque necesitan muchas cosas.

Nosotros compramos las bebidas: coca-cola, naranja, limón…

¿Cuántas botellas?

50 de coca-cola, 30 de naranja, 25 de limón…

¿Cuántos vamos a ser?

Unos 60 seguro, o más.

Son demasiadas botellas, Chema.

O no, ¡no tantos!

¿Y qué comemos?

Almendras.

Sándwiches.

Patatas fritas.

Barbara: Y una tarta.

Chema: Es demasiado dulce.

Jesús: Yo prefiero tomar el chocolate con churros de siempre. 5

Barbara: Vale, pues pienso en otra cosa. ¿Qué os parece? ¿Preparo un postre con mucha fruta? 10

Pilar: Sí, la macedonia me gusta mucho. ¿Por qué no?

Chema: Pues, ¡en marcha! Jesús y yo vamos con mi hermana en su coche al hipermercado ¿Tienes dinero? 15

Jesús: Unos 5 euros.

Chema: No importa. Tengo unos 150 ó 200 euros. Pago yo. Otro día hacemos cuentas y me 20 dais el dinero. ¿Y vosotros qué hacéis?

Sole: Yo voy a una panadería cerca de mi casa: tienen un pan ideal para sándwiches. ¡Y no es caro! Y después compro las patatas.

Pilar: Y nosotros vamos al mercado.

Pilar, Barbara y Fede llegan al mercado. Fede va a 25 la charcutería y compra el jamón y el queso para los sándwiches, Pilar y Barbara van a la frutería.

Tendera: Buenos días. ¿Qué os pongo?

Pilar: Un kilo y medio de esas naranjas, por favor.

Tendera: ¿De éstas?

30 *Pilar:* Sí. ¿Qué te parece, Barbara, compramos manzanas? ¿Cuánto cuestan éstas amarillas?

Tendera: Ésas 90 céntimos el kilo; aquéllas, las rojas, 1 euro 10.

Barbara: ¿Por qué no compramos un kilo de 35 éstas? Son baratas y parecen ricas.

Pilar: Vale, pero un kilo es poco. Nos da dos kilos, por favor. Y también de aquellas peras.

Tendera: ¿Cuántas peras?

Pilar: ¿500 gramos? Sí, medio kilo… y un kilo de plátanos. ¿Nos falta algo?

40 *Barbara:* A ver… ¿Te gustan las mandarinas?

Pilar: Claro. Nos pone dos kilos, por favor. Eso es todo. ¿Cuánto es?

Tendera: Son 7 euros 15.

Pagan. La tendera les da las vueltas. Toman las bolsas con la fruta y salen del mercado.

Barbara: ¿No va a ser una macedonia demasiado grande?

45 *Pilar:* No, esta noche vamos a ser muchos. ¿Qué pasa? ¿Pesa demasiado?

Barbara: No, ése no es el problema. Pienso en otra cosa: ¿quién va a pelar la fruta?

FRUTAS
FRUTAS
1,10 €
0,90 €

Ejercicios

1 ¡Polizón en las listas! *(Blinder Passagier in der Liste!)*

a) Una palabra de cada* línea no está en el texto. Búscala. (Suche dieses Wort).

Ejemplo: los compañeros, la compra, la fiesta, la guitarra, querer

1. Chema y Jesús, el coche, la hermana, el hipermercado, el padre
2. el dinero, la entrada, hacer cuentas, importar, pagar
3. la charcutería, el jamón, el queso, los sándwiches, el zumo
4. ¿cuánto?, las manzanas, los euros, rojo, verde
5. el bocadillo, el kilo, las mandarinas, los plátanos, la tendera
6. Barbara, la fruta, pelar, las plantas, el problema

b) Forma frases con las palabras «correctas» de cada línea con la información del texto.

Ejemplo: Los compañeros van a hacer una fiesta. Quieren ir a la compra. ▶ *¡Ahora tú!*

2 Es demasiado *(G § 35)*

Preparáis una fiesta para unas veinte personas. ¿Cuántas cosas necesitáis?

Ejemplo: —¿40 sillas?
　　　　　—No, son demasiadas. Necesitamos unas veinte sillas. ▶ *¡Ahora vosotros!*

1. 13 kilos de queso	2. 40 bolsas de almendras	3. 115 cintas	4. 5 mesas
5. 0,5 kilo de jamón	6. 240 botellas de coca-cola	7. 12 postres	8. 32 posters

3 No, ése no. Aquél. *(G § 37)*

Completa los diálogos con las formas correctas del pronombre o determinante demostrativo.

4 Ana Porroja, cantante de Tecano (G § 38)

a) Ana Porroja es la cantante* del grupo Tecano. Le gusta(n) ...   ▶ *¡Continúa!*

Me gusta(n) ...
la naturaleza: la playa, los árboles
el deporte, sobre todo los deportes de agua
mis amigos, mi familia y mi novio*
las ciudades: Madrid y Barcelona, por ejemplo
los viernes y los sábados
las mujeres* interesantes
el diálogo
la gente simpática
los animales
las casas antiguas
las hamburguesas

No me gusta(n) ...
el fútbol
las discotecas con mucha gente
los dulces y las tartas
la comida inglesa
el cine americano
los problemas, sobre todo los problemas familiares
la gente importante
los escritores modernos*
los domingos por la tarde
los chicos guapos o raros

▶ b) *¿Qué sabes de tu grupo/cantante favorito? Escribe un texto sobre lo que le gusta y no le gusta. (... über das, was ihr oder ihm gefällt und was nicht.)*

5 ¡Qué precios! (G § 34)

Ana y Bernardo preparan una excursión con amigos. Quieren comprar cosas baratas y buscan información sobre los precios. Ana va al hipermercado Simago, Bernardo al hipermercado Hiperahorro. Aquí están los resultados de sus preguntas:*

Hipermercado Simago
¡ bueno ¡ barato ¡ bueno ¡ barato ¡

pan	0,50 €.
manzanas (1 kilo)	0,95 €.
queso (100 g)	1,05 €.
jamón (100 g)	1,60 €.
coca-cola (1 bot.)	0,60 €.
naranja (1 bot.)	0,65 €.
limón (1 bot.)	0,60 €.
chocolate (1 tabl.)	1,25 €.

HIPERMERCADO HIPERAHORRO

pan	0,45 €.
manzanas (1 kilo)	1,05 €.
queso (1 kilo)	6,20 €.
jamón (100 g)	1,75 €.
coca-cola (1 bot.)	0,70 €.
limón (1 bot.)	0,55 €.
naranja (1 bot.)	0,65 €.
chocolate (1 tabl.)	1,35 €.

a) *Trabajad en parejas. Una persona es Ana, la otra es Bernardo. Haced un diálogo sobre los precios. ¿Dónde compráis las cosas al final? (Haced una lista de compras para cada hipermercado.)*
Utilizad p. ej. estas expresiones:

Necesitamos ...	Cuesta(n) ... céntimos/euros.
¿Cuánto cuesta(n) en ...?	Es (muy) caro/barato.
¿Dónde es barato?	Es caro, pero no compramos mucho ...
¿Qué te parece(n) ...?	Me parece(n) dulce(s)/bueno(s),-a(s) ...
¿Te gusta(n) ...?	(No) me gusta(n) porque ...

b) *Haced el diálogo con la vendedora en grupos de tres (y representadlo para la clase).*

6 ¡Tantos kilómetros! (G § 34)

Kennst du Spanien? Suche aus der Landkarte im Bucheinband heraus, wie weit Salamanca von den folgenden Städten entfernt liegt.

Ejemplo: Barcelona → Barcelona está a unos 700 kilómetros* de Salamanca. ▶ *¡Ahora tú!*

1. Sevilla – 2. Cáceres – 3. Madrid – 4. Soria – 5. Guadalajara – 6. Toledo – 7. Valencia

7 ¿Te gusta...? ¿Te falta...? *(G § 38)*

Merce y Marisol hablan en un café. Drücke die unterstrichenen Sätze anders aus.

Ejemplo: Luis tiene muchos amigos, pero <u>no tiene novia</u>*. → Le falta una novia.

1. *Merce:* Marisol, quedamos esta tarde con Juan en la entrada del cine. <u>¿Vale?</u> *Te parece bien*
2. *Marisol:* Una buena idea. El cine es fenomenal. <u>Carlos y yo vamos todas las semanas.</u> *Nos gusta ir al cine* *
3. *Merce:* Pienso que ya tenemos todo para la fiesta. <u>¡Huy no, las bebidas!</u>
4. *Marisol:* ¿Y las patatas fritas? <u>Alex y Emilio siempre comen patatas fritas.</u>
5. *Merce:* <u>Tú y tu hermano vais al hipermercado, ¿vale?</u>
6. *Marisol:* Bueno, vamos Martín y yo. <u>¿Ya tienes la cadena de música?</u>
7. *Merce:* <u>Carola siempre escucha cintas de U2.</u>
8. *Marisol:* <u>Y no tiene muchas cintas de ellos.</u> Es una buena idea para su cumpleaños.

8 Una visita de Alemania

Estás en España con tu amiga Elke. Ahora estáis con Pepe, un amigo español, en un café. Elke no habla español y Pepe no habla alemán. Ayúdalos a comunicarse. (Hilf ihnen sich zu verständigen.)

a) *Übertrage das, was Elke und Pepe auf der Kassette sagen, sinngemäß in die jeweils andere Sprache.*

b) *Schreibe eine Fortsetzung des Dialogs (z. B. mit den Fragen, die Pepe am Ende stellt).*

c) *Suche dir einen Partner oder eine Partnerin. Tauscht eure Dialoge aus und übertragt sie in die jeweils andere Sprache.*

Entremés: Una aventura de Gaspar Soriano

Aquí está el final de una historia policíaca.

El inspector Fernández y Gaspar Soriano entran en la habitación. Ven una cama y... a la mujer de Eduardo.
—¿Vive todavía? —pregunta el inspector.
—Llegamos demasiado tarde —responde Gaspar Soriano.
Miran en la habitación, pero sólo ven un armario, una mesa con muchos papeles, una silla. El inspector Fernández mira algo.

—¿Qué pasa? —pregunta Gaspar Soriano.
—¿Ves estas entradas de cine en la mesa? Son de hoy. La mujer de Eduardo y otra persona... Eduardo está en la cárcel, entonces... En este momento escuchan un coche. Los dos van deprisa a la ventana y ven a un hombre de unos 40 años en un Seat Toledo.
—Deprisa. ¡Es él!

> **una historia policíaca** Kriminalgeschichte
> **la cárcel** Gefängnis – **un hombre** Mann

1. Suche im Text alle Objekte heraus, die mit *ver, mirar* oder *escuchar* verbunden sind und mache 2 Listen. Trage in die 1. Liste alle diejenigen Objekte ein, die mit dem Verb direkt verbunden sind und in die 2. Liste alle diejenigen, die durch *a* mit dem Verb verbunden sind.
2. Was haben alle Objekte der 2. Liste gemeinsam?
3. Wann wird das direkte Objekt im Spanischen mit der Präposition *a* gebildet?
 G § 40

B *Nochevieja*

Sra. Petersen: ¡Uhhh!, ¡venga, deprisa! ¡Ya son las doce menos cinco! Barbara y Norbert, venid y preparad las uvas; Oliver, quita la mesa. Ten cuidado con los
5   vasos y pon los platos para las uvas.
La televisión: Atención, señoras y señores, van a ser las doce.
Eva: Todavía no, esperar un poco… ¡ahora!
10 *Todos:* ¡Feliz año nuevo!

La Sra. Petersen abraza a sus hijos y a su marido.
Sr. Petersen: Yo no puedo, ¡es imposible!, todavía tengo dos uvas.
15 *Oliver:* ¡Pobre! Vas a tener mala suerte este año.
Unos minutos después llaman a la puerta.
Barbara: Son Jesús y su hermano, seguro. Un beso. ¡Adiós!
20 *La Sra. Petersen*: ¡Vuelve antes del desayuno y coge dinero!
Barbara baja. Jesús y su hermano esperan en el coche.
Jesús: ¡Feliz año nuevo, Barbara! Sube, por
25   favor. ¿Puedes? Vamos a llegar tarde.

Llegan al instituto. Barbara entra en la sala y busca a sus amigos.
Pilar: ¡Hola, feliz año nuevo!
Barbara: ¡Feliz año nuevo! ¡Cuánta gente!
30 *Chema:* Sí, va a ser una fiesta fenomenal. ¿Qué, muchos problemas con tus padres?
Barbara: No, es increíble: es Nochevieja.
Pilar: Mira, ¿ves a aquel chico alto y rubio,
35   con la camisa blanca y los pantalones azules? Es Rubén.
Barbara: Por fin conozco a Rubén. ¿Y el chico moreno con el jersey negro?
Pilar: Es Ramiro, un amigo de Rubén. Es
40   de Perú y quiere estudiar en la universidad. Ven, vamos a tomar algo.
En la barra los chicos preparan las bebidas.
Pilar: Hola. Ésta es Barbara, una amiga. Barbara, te presento a Rubén y a Ramiro.
45 *Rubén:* Hola, ¿qué tal? ¡Beber algo!
Barbara: ¿Qué nos ofrecéis?
Ramiro: Os ofrezco, por ejemplo, un zumo de naranja o una coca-cola.
Barbara y Pilar toman un refresco de limón
50   y van a la pista.
Pilar: Bueno, ¿qué te parece Rubén?
Barbara: Es muy simpático. Tienes mucha suerte, de verdad.
Pilar: ¿Y tú? ¿No quieres salir con un
55   chico?
Barbara: Ya salgo con Chema, con Jesús…
Pilar: No, así no, tener novio…
Barbara: Ehh, ¿un novio? Pues… no.
Pilar: ¿Quién sabe? Año nuevo, vida nueva. ¡Mi canción favorita!, vamos a
60   bailar. A ver si podemos, hay mucha gente.

Ejercicios

 1 Nochevieja

divertida

fiesta

Nochevieja

a) *Erstelle ein Vokabelnetz zu «Nochevieja».*
   Verwende nicht nur die Wörter, die im Text 4B vorkommen,
   sondern auch andere Wörter, die du bereits kennst.

b) *Gib den Inhalt des Textes 4B in 4 bis 5 kurzen Sätzen wieder. Verwende dabei möglichst*
   viele der Wörter, die du im Teil a) der Übung gefunden hast.

2 Receta: una macedonia *(G § 39)*

Pilar tiene la receta y explica a Barbara cómo preparar la macedonia. ¿Qué dice?

Necesitáis: manzanas, peras, uvas, melocotones, naranjas,
plátanos, zumo de naranja o de manzana

1. pelar las peras, los melocotones, las
   naranjas y los plátanos
2. cortar la fruta
3. poner toda la fruta en un recipiente
4. añadir un vaso de zumo
5. mezclar bien

Ejemplo: pelar las peras → Pela las peras. ▶ *¡Ahora tú!*

3 ¡Escuchad un momento! *(G § 39)*

1. *terminar la fiesta a las 10 de la mañana*
2. *abrir las ventanas*
3. *quitar las mesas y limpiar la sala*
4. *separar el papel y las botellas de la basura normal*
5. *leer las instrucciones para el transporte de la
   cadena de música*
6. *poner la cadena de música en el armario*
7. *devolver* las botellas al supermercado*
8. *hacer cuentas*

*El director del instituto dice a la clase lo
que tiene que hacer después de la fiesta.
Transforma las frases en instrucciones
para el grupo. (… was sie nach dem Fest
tun muss. Wandle die Sätze in Anwei-
sungen für die Gruppe um.)*

Ejemplo: abrir las ventanas
          → ¡Abrid las ventanas!
▶ *¡Ahora tú!*

4 ¿Puedes o no? *(G § 42)*

*¿Qué puedes hacer cuando ves los símbolos siguientes? (… wenn du die folgenden
Symbole siehst?)*

5 ¿Poder o saber? (G § 43)

¿Qué saben hacer las personas en los dibujos, pero no pueden ahora? ¿Por qué?

6 El amigo

> abrazar / conocer / llamar
> (por teléfono) / presentar / ver

a) *Cuenta la historia. (Erzähle die Geschichte.)*
b) *¿Cómo termina? Inventa un final.*

7 Te presento a mi amigo/amiga.

Aquí hay alguna información sobre Maruja Fernández y Javier Amaya, que son amigos tuyos. Preséntalos a un amigo o a una amiga que no los conoce. (Hier sind einige Informationen über Maruja Fernández und Javier Amaya, die deine Freunde sind. Stelle sie einem Freund oder einer Freundin vor, die sie noch nicht kennen.)
Utiliza los verbos ser, estar *y* hay.

Maruja Fernández: de Sevilla – una ciudad en España – ahora en Madrid – ingeniera – chica simpática – sus amigos: también de Sevilla – simpáticos – su novio: de Londres – también en Madrid – una ciudad muy interesante – pero la vida cara en la capital – casas bonitas, no muy caras – pero no en el centro.
Javier Amaya: él y su familia: de Badajoz – una ciudad cerca de Portugal – no muchos turistas en esta región – chico simpático de 18 años – él y su hermano: en Granada – muchos turistas allí – también mucho trabajo – ahora los dos: buscar trabajo – no fácil – muchos jóvenes en el mercado de trabajo.

8 La fiesta rara de las ranas

a) *Eres reportero/reportera y estás en la fiesta. Describe todo. (… Beschreibe alles.)*
b) *¿Cómo es una fiesta rara para ti? Descríbela. (… für dich? Beschreibe es.)*

9 Un nuevo grupo se presenta

¡Venid y trabajad con nosotros! Buscamos miembros activos.

Hasta ahora somos un grupo de unos diez miembros. Nos ocupamos de temas ecológicos no sólo en nuestra ciudad, también en el resto del mundo hispano. En Sudamérica hay todavía grandes zonas verdes, pero el hombre destruye el equilibrio ecológico. Tenemos todavía tiempo. Ayudad a informar a los ciudadanos sobre las zonas verdes que están en peligro. Los árboles se cortan para fabricar papel de fax y de ordenador para Europa y Japón. Esas zonas verdes son importantes y las necesitamos para mantener el equilibrio ecológico de nuestro planeta.
¿Cómo podemos ser activos? ¿Tenéis ideas?
Cita en la cafetería del instituto el martes a las 5 de la tarde.

¿Todavía no sabes si quieres ser miembro del grupo? ¡Participa en nuestro pequeño test ecológico!

1. ¿Qué animal es la mascota del WWF?
a) el león   b) el jaguar   c) el panda

2. ¿Por qué no debes tirar el papel a la basura?
a) Porque el papel no es biodegradable.
b) Porque hay que cortar árboles para fabricar papel.
c) Porque necesitamos papel viejo para los periódicos.

3. ¿Por qué es importante tener muchos árboles en la ciudad y en el campo?
a) Porque nos gustan.
b) Porque el aire se mantiene limpio por los árboles.
c) Porque los escritores necesitan los árboles para escribir sobre ellos.

a) *Suche aus dem Text alle Vokabeln heraus, die du kennst. Manche Wörter, die du noch nicht kennst, kannst du dir aus dem Zusammenhang erklären oder aus anderen Sprachen herleiten. Suche diese ebenfalls heraus und notiere ihre Bedeutung.*

b) *Markiere in deiner Liste die wichtigsten inhaltlichen Begriffe und formuliere in 2–3 Sätzen, worum es in dem Flugblatt geht.*

c) *Ihr seid für ein halbes Jahr Gastschüler an einer spanischen Schule und wollt dort ebenfalls eine Gruppe gründen. Legt den Zweck der Gruppe fest und entwerft ein Plakat und einen Aufruf.*

¡Así se dice!

jemanden zu etwas auffordern oder ermahnen	
– *ermuntern, zum Handeln auffordern*	¡Venga! ¡Vamos! ¡Anda! Pues, ¡en marcha!
– *zur Eile auffordern*	¡Venga, deprisa!
– *zur Vorsicht ermahnen*	¡Ten cuidado con los vasos!
– *jemanden bitten sich zu gedulden*	¡Espera! Esperar un poco.
eine Ansicht ausdrücken bzw. jemanden um seine Meinung bitten	
– *nach der Meinung/dem Eindruck fragen*	¿Qué te parece? ¿Qué os parece Rubén?
– *den Eindruck/eine Meinung äußern*	Me parece bien. Nos parece muy simpático.
– *fragen, ob jemand etwas mag/gefällt*	¿Te gustan las peras? ¿Te gusta la camisa?
– *etwas vorschlagen/nahelegen*	¿Por qué no compras un kilo de manzanas?
	¿Qué os parece, preparo un postre?
über Personen sprechen	
– *jemanden vorstellen*	Ésta es Pilar. Éste es Jesús. Te presento a Ana.
– *jemanden beschreiben*	Rubén es rubio. Pilar es morena. El chico alto con los pantalones azules es Rubén.
Zahlenangaben machen	
– *Datum*	Hoy es el 31 de diciembre.
– *Menge*	Me pone/Nos da medio kilo de …/un kilo de…
– *den Preis erfragen …*	¿Cuánto cuesta(n)? ¿Cuánto es?
… und angeben	Ésas cuestan 90 céntimos. Son 5 euros.

Y de postre

Corramos   Cancíon tradicional, Venezuela

1. Co-rra-mos, co-rra-mos, la mú-si-ca sue-na, co-rra-mos, co-
2. Ha-ce mu-cho frí-o, el Ni-ño ti-ri-ta, ha-ce mu-cho

rra-mos, la mú-si-ca sue-na, a can-tar-le al Ni-ño de la No-che-bue-na, a
frí-o, el Ni-ño ti-ri-ta, y no hay quien le dé u-na co-bi-ji-ta, y

can-tar-le al Ni-ño de la No-che-bue-na! 1.+2. Ve-nid, ve-nid pas-to-res, ve-
no hay quien le dé u-na co-bi-ji-ta.

nid a a-do-rar al Rey de los cie-los que ha na-ci-do ya, al ya!

corramos lasst uns laufen – **sonar** *(-ue-)* klingen – **un niño** (kleines) Kind – **la Nochebuena** Heiligabend –
un pastor Hirte – **adorar** anbeten – **un rey** König – **los cielos** Himmel – **ha nacido** ist geboren – **hace frío** es
ist kalt – **tiritar** zittern – **dé** *hier:* geben will – **una cobijita** Bettdeckchen

Entremés: La comida diaria

(Wortschatzerschließung II)

Im Entremés 2 → 3 habt ihr schon eine Möglichkeit kennengelernt, spanische Wörter zu verstehen, die ihr noch nicht gelernt habt. **Unbekannten Wortschatz** könnt ihr auch noch anders erschließen, z. B. wenn ihr schon Wörter aus der gleichen **Wortfamilie** kennt.
Einige Beispiele:
beber – la bebida; un abrazo – abrazar; conocido, -a – conocer.

Versucht's gleich selbst mal:

Zu diesen Wörtern kennt ihr schon mindestens ein weiteres Wort der Wortfamilie. Notiert es in euer Heft.

1. comer
2. un trabajo
3. visitar
4. una planta
5. la compra
6. importante
7. una entrada
8. limpiar
9. una frutería

Diese Wörter kennt ihr noch nicht, aber ein anderes Wort aus der gleichen Wortfamilie. Versucht sie mit der eben gelernten Technik trotzdem zu verstehen.

1. diario, -a
2. desayunar
3. divertirse
4. abierto, -a
5. un empleo
6. ensuciarse
7. la vida
8. informarse

Macht euch dafür eine Tabelle und bearbeitet sie in der durch Zahlen angegebenen Reihenfolge.

deutsche Bedeutung	③ „unbekanntes" span. Wort	① span. Wort aus der gleichen Wortfamilie	② deutsche Bedeutung

 Aber Vorsicht! Manchmal kann ein ähnliches Wort auch ganz schön in die Irre führen. Ein *camarero* z. B. hat gar nichts mit *la cama* zu tun.

Manche Menschen können sich durch solche ungewöhnlichen Kombinationen aber Vokabeln besonders gut merken, indem sie sich diese bildlich vorstellen oder sich einen witzigen Satz ausdenken. Probiert es aus!

Um die richtige Bedeutung eines Wortes zu erkennen, ist es hilfreich, sich immer auch den Kontext genau anzusehen.

Aber auch der **Kontext** allein reicht häufig aus, um ein Wort zu verstehen:

Las clases comienzan a las 9 y terminan a las 3.
Hay dos **recreos** de 20 minutos.

Was gibt's in der Schule außer Unterricht? Na klar: Pause!

Versucht's auch hier:
1. Después de las clases hago **los deberes**.
2. Barbara **echa de menos** Hamburgo y a sus amigos.
3. Los fines de semana salgo mucho y los lunes estoy **cansado**.

A Una carta de Salamanca

Barbara Petersen
C/ Francisco Vitoria, 17, 3° B
37008 Salamanca
España

Salamanca, 12 de enero de 1997

¡Hola a toda la clase!:

¡Estoy aquí desde septiembre y por fin escribo la carta para la clase de español!
¿Qué tal estáis? Yo estoy muy bien. ¿Cómo son las clases? Por desgracia aquí,
en España, las clases son también muy difíciles. Pero yo estoy satisfecha: mis
5   notas en alemán son mucho mejores: tengo siempre un 10 (un 10 en España es
como un 1 en Alemania). ¡Pero en español… son peores!
Con la carta os mando también unas fotos de la ciudad. Se llama Salamanca, está
entre Madrid y Portugal y es una ciudad mucho más pequeña y menos conocida
que Hamburgo. La ciudad me gusta mucho y en general estoy contenta. Al
10   principio no es fácil porque los españoles hablan muy deprisa y eso es un problema.
Pero ahora ya es más fácil, hablo casi, casi como una española, entiendo bien y
para toda la gente soy «Bárbara», con acento.
Mi vida diaria es diferente. Durante la semana me levanto a las ocho —
vosotros ya os aburrís en clase —; me ducho y desayuno deprisa porque las clases
15   empiezan a las nueve. Hay dos recreos de veinte minutos. ¡Y después, por las
tardes, tengo clases todos los días hasta las 3! Y además: los deberes.
Pero los fines de semana son otra cosa, claro. Voy al cine o a una discoteca con
mis amigos españoles y nos quedamos hasta las diez o diez y media. Después
vuelvo a casa: ceno, veo la televisión, leo, o hago otra cosa. En España la gente sale
20   mucho y por las noches las calles están llenas. Todas las discotecas están abiertas
hasta las 5 ó 6 de la mañana y los bares hasta las 12 o la 1. Los españoles se
acuestan muy tarde y, bueno, yo ya vivo como los españoles y me acuesto también
a las doce. Los fines de semana duermo menos que durante la semana y los lunes
estoy cansada, ¡cómo no!
25   Ésta es mi vida en España. Echo un poco de menos Alemania, claro. Aquí no hay
mar y tengo menos amigos que en Hamburgo. Pero me divierto mucho. La vida
española es de verdad interesante y la gente es muy simpática. ¿Por qué no
venís? De verdad, ¿por qué no hacéis un intercambio con nuestro instituto?
Hablad con la Sra. Baumann, a lo mejor le gusta la idea. Yo voy a hablar con mi
30   profesor de alemán. Pero cuidado: Tenemos una semana de vacaciones en febrero y
otras dos en abril y las clases terminan en junio. Todo julio y agosto tenemos
vacaciones. Y vosotros tenéis vacaciones en marzo y en mayo, ¿verdad? ¡El
intercambio va a ser difícil!

35   Bueno, hasta pronto. Muchos besos,

Barbara

Ejercicios

1 España y Alemania

a) ¿Qué diferencias hay entre Alemania y España en:
1. las notas? – 2. la hora de acostarse y levantarse? – 3. las clases y los recreos? –
4. las calles por la noche? – 5. las vacaciones?

b) Busca otras diferencias en el texto.

2 Al contrario *(Im Gegenteil)*

 a) Busca el antónimo de estas palabras. (… das Gegenteil …)

1. acostarse – 2. mejor – 3. nuevo – 4. terminar – 5. sucio – 6. salir – 7. moderno –
8. preguntar – 9. grande – 10. divertirse – 11. pocos – 12. más – 13. fácil – 14. igual

 b) Escribe un texto/una historia con los pares de contrarios. Utiliza de 8 a 10 pares. (Die Gegensatzpaare müssen nicht im gleichen Satz enthalten sein.)

3 ¿Béjar o Peñaranda? *(G § 49)*

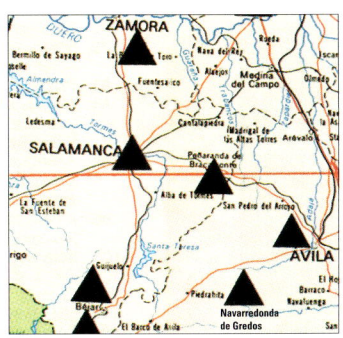

Vuestra clase quiere ir de excursión a Salamanca. El viaje es caro y pensáis dormir en un albergue* juvenil. Aquí tenéis información de una agencia de viajes. Formad grupos.

a) Comparad los albergues con estos adjetivos:

> aburrido*, antiguo, barato, bueno, caro, cerca, divertido, grande, interesante, lejos*, malo, moderno, pequeño

	Época en que está abierto el albergue	Número de plazas y distribución de las habitaciones						Ducha	Comidas	Instalaciones deportivas	Piscina	Estación de trenes	Estación de autobuses	Sala de estar	Salón de televisión	Año de construcción	Precio por noche (sin comidas)	Indicaciones suplementarias
		🛏	con baño		sin baño													
			de 2	más 3	de 2	de 2–4	más 4											
Béjar	15-9 a 30-12	160	●	●	●	●		●	●	●	●	Béjar	Béjar	●	●	1988	15	
Peñaranda	1-7 a 15-8	50			●	●		●	●			Peña-randa	Peña-randa	●		1955	11	cerrado hasta el 1-10 del 99
Navarredonda de Gredos	Todo el año	60	●	●				●	●	●	●	Ávila	Ávila	●	●	1925	12,50	sólo admite grupos
Salamanca	Todo el año	65		●				●				Sala-manca	Sala-manca	●		1635	13,20	monumento histórico

b) ¿Adónde vais al final y por qué? Presentad el resultado de vuestro grupo a la clase.

4 ¿Van a llegar los alemanes?

a) Escucha el texto en la cinta:
¿De qué hablan los compañeros? ¿Por qué les gusta a unos la idea? ¿Por qué a otros no?
b) En grupos, inventad un final: ¿Qué pensáis?, ¿van a venir?

5 Una carta absurda (G § 42)

Bildet Dreiergruppen. A nimmt ein Blatt Papier, schreibt darauf ein Subjektpronomen, knickt das Blatt um und gibt es an B weiter. B schreibt eine beliebige Form eines der unten angegebenen Verben auf, knickt das Blatt wieder und gibt es weiter. C schreibt eine Ergänzung auf, die zu einem der Verben passen könnte. Dann wird das Blatt aufgefaltet: Wie viel Unsinn steht in eurem Brief? Korrigiert gemeinsam alle inhaltlichen und grammatischen Fehler.

acostarse   costar   dormir   poder   volver

6 Una nota (Eine Nachricht)   (G § 48)

Hallo, Pilar!
Sind mit allen Freunden im Sportzentrum: D. gesamte Deutschkl.
spielt Basketball gegen d. ganze Umweltgruppe.
Ein Match wie dieses gibt es nicht jeden Jag!
Komm bitte mit deinen sämtlichen Mecano- und Héroes-Kass. für
unsere Fete danach. Alle warten schon.
          Barbara

Barbara hat Pilar eine Nachricht aufgeschrieben – in der Eile aber auf Deutsch. Pilar hat Mühe sie zu verstehen. Übersetze für sie.

7 Juego de cartas (G § 45)

Bereitet 36 Kärtchen oder Zettel vor und schreibt auf jedes Kärtchen eine (konjugierte) Form eines reflexiven Verbs. Mischt die Karten und verteilt sie. Ziel des Spiels ist es, alle 6 Formen eines Verbs in die Hand zu bekommen. Wenn dir Kärtchen z. B. des Verbs 'ducharse' fehlen, fragst du eine/n Mitspieler/in: «¿Tienes del verbo 'ducharse' la forma 'te duchas'?» Hat die angesprochene Person die Form, bekommst du das Kärtchen und darfst weiter fragen; wenn nicht, ist sie mit Fragen an der Reihe.

8 Todos los días (G § 45)

Aquí hay una lista de las actividades de dos ranas cantantes de un grupo de rock. Está en el idioma de las ranas.

a) ¡Traduce al español! (Übersetze ins Spanische.)

b) Formad grupos de tres. A es reportero y un amigo de las ranas (B + C) y hace una entrevista a las dos sobre su vida diaria.

c) Transformad la entrevista en artículo.

d) ¿Y qué haces tú durante el día? Escribe un texto.

9 Durante el trabajo

cerca de / con / desde... hasta / durante / entre ... y / para / sin

1. Luisa va al Novelty y Marina también.
2. La casa de Luisa está en la calle Peñarroya nº 7 y la casa de Marina en el nº 9.
3. Luisa y su amiga quieren viajar y no quieren pagar mucho.
4. Necesitan dinero porque quieren viajar.
5. Luisa y Marina comen en la cafetería del instituto y leen los anuncios.
6. Marina empieza el trabajo en un restaurante a las 17:00 y termina a las 20:00.
7. El restaurante está en la calle España nº 2, una frutería en el nº 4 y un hipermercado en el nº 6.
8. Marina trabaja y se aburre.
9. Marina espera. Luisa va a visitar a Marina.

¿Sabes contar esta historia de otra manera? (Kannst du diese Geschichte auch anders erzählen? Verwende dazu, wo nötig, die oben angegebenen Ausdrücke.)

Ejemplo: Elena come y lee un libro. → Elena lee un libro durante la comida. ▶ *¡Ahora tú!*

10 El bar está abierto *(G § 46)*

a) *Describe el sitio y las personas en el dibujo. Utiliza* estar + adjetivo *o* ser + adjetivo.

b) *Escribe una pequeña historia: ¿Quiénes son los jóvenes? ¿Por qué están allí? ¿Por qué reaccionan así?*

11 Un partido difícil *(G § 46)*

¿Ser o estar? Escribe el texto y utiliza las formas correctas de los verbos.

Hoy △ sábado. José y Marta △ en el polideportivo porque Julia juega al baloncesto. El partido △ importante y el polideportivo △ lleno. Al principio el partido △ bastante aburrido y la gente no se divierte. Después José y Marta △ más contentos: el partido △ interesante y Julia y sus compañeras juegan muy bien. El partido termina a las 8 y Julia △ satisfecha. Se ducha y después los tres amigos van al bar «Luxor». El bar △ abierto. △ grande, bonito y △ muy limpio. El camarero, Toño, △ muy simpático y habla con Julia sobre el partido. A las diez y media Julia △ muy cansada. Dice adiós a sus amigos, va a casa y poco después ya duerme.

12 Una carta a Barbara

Eres un amigo/una amiga de Barbara de su clase en Hamburgo. Tú vas a escribir la carta a Barbara. Después de una discusión en clase tienes estos elementos:

Briefkopf – Begrüßungsformel – neue Mitschüler/innen – Klassenklima – Spanischlehrerin hat die Schule gewechselt – neue Lehrerin ist Spanierin (nett) – heutiges Thema im Spanischunterricht: Briefwechsel mit Barbaras Klasse in Salamanca? – Briefende

Entremés: El eclipse

(Einen Text zusammenfassen)

Ⓐ Un día, en la montaña, no sabe cómo volver a su ciudad. Busca durante horas, pero no conoce bien la región. Cansado, por la noche se acuesta.

Ⓓ Al día siguiente se despierta. Está en un árbol. Delante de él hay muchos indígenas. Le observan. Quieren hacer un sacrificio con él.

Ⓔ El texto «El eclipse» es un cuento de Augusto Monterroso, un escritor conocido de Guatemala.

Ⓑ Entonces Bartolomé, que conoce un poco el idioma de los indígenas, habla sobre el sol, su hijo, y sobre la catástrofe que va a ser su sacrificio. Los indígenas le miran y después van a decidir sobre su vida.

Ⓕ La historia termina con el cuerpo sin vida del misionero sobre el suelo. Un indígena, un maya, canta los eclipses de sol en los próximos diez mil años. Los eclipses de sol son una cosa conocida para los mayas.

Ⓒ Bartolomé teme por su vida. Pero tiene una idea: ese día va a haber un eclipse de sol.

Ⓖ El texto habla de un misionero español del siglo XVI. Este misionero, Bartolomé Arrazola, pasa tres años en la región de la Guatemala de hoy.

un/una indígena Einheimische/r, Ureinwohner/in – **un sacrificio** Opfer – **temer por** fürchten um – **un eclipse de sol** Sonnenfinsternis – **un cuento** Erzählung – **un cuerpo** Körper – **un misionero** Missionar – **próximo, -a** nächste/r – **pasar** verbringen

1. Setze die oben abgedruckten Textbausteine zu einem sinnvollen Text zusammen. Notiere dazu die Markierungs-Buchstaben aus jedem Kästchen in der richtigen Reihenfolge in dein Heft.
2. Suche die „Signalwörter" heraus, die dir beim Finden der richtigen Reihenfolge geholfen haben und notiere auch sie.
3. Schreibe eine Geschichte, die die Handlung des Textes ausführlicher erzählt.

Der obige Text – in der richtigen Reihenfolge – ist ein **Resumen** (Textzusammenfassung).
– Ein Resumen **fasst** die wichtigen Ideen oder Thesen eines Textes **kurz** (maximal 1/3 des ursprünglichen Textes) **zusammen**.
– Es steht immer im **Präsens**, auch wenn der Text, der zusammengefasst wird, in einem Tempus der Vergangenheit abgefasst ist.
– Der erste Satz gibt das **Thema** des Textes an. Davor kann ein Satz stehen, der den **Namen des Autors** und den **Titel des Textes** nennt.
– Der Hauptteil fasst, in der Reihenfolge des Ursprungstextes, die einzelnen **Sinnabschnitte** zusammen. Für jeden Sinnabschnitt gibt es ca. 1–2 Sätze. Diese Sätze sind durch Strukturwörter miteinander verbunden.
– Es dürfen **weder direkte Rede noch wörtliche Zitate** aus dem Text verwendet werden.
– Das Resumen darf auch **keine Kommentare** über den Inhalt des Textes enthalten.

UNIDAD 5

B La vida no es fácil para los jóvenes

No, la vida no es fácil para los jóvenes. Más de un tercio de los españoles entre 16 y 25 años busca trabajo. «Una generación desilusionada» es el título de un informe que acaba de publicar el Instituto de la Juventud. ¿Pero qué piensan ellos, los jóvenes?

«Los jóvenes de mi generación tienen que hacer muchos esfuerzos», responde Rosa, una chica de 18 años que acaba de terminar el bachillerato y ahora prepara la selectividad. «Estudias 10 años, a lo mejor sacas buenas notas, no sales con tus amigos los fines de semana, no vas de vacaciones… y al final no encuentras trabajo».

Muchos estudiantes y pocos empleos. Estudiantes en Barcelona

Sin embargo, Rosa quiere ir a la universidad y ser médica. Para ella está claro: «Hay que estudiar. Mi padre acaba de perder el trabajo y con 53 años a lo mejor ya no encuentra otro empleo. Él me dice siempre: 'Tú tienes que estudiar, sacar buenas notas y encontrar un trabajo seguro.' Médico es una profesión interesante y la gente siempre necesita médicos.»

No sólo los padres, también muchos jóvenes piensan así. Pero, ¿es verdad? «No hay que ser pesimista: sí hay trabajo: pero muchos jóvenes no se quieren ensuciar las manos y ahí está el problema. Tienen que buscar otros trabajos y sobre todo se tienen que informar», nos dice el director del Instituto de la Juventud. Por ejemplo Pablo: con 19 años ya es mecánico. «Acabo de terminar la formación profesional y ahora trabajo en SEAT. Aquí no es como en el colegio: todos los días escuchar, escribir, no puedes hablar en clase. ¡Qué rollo! Bueno, me tengo que levantar pronto, pero me divierto con los compañeros que tienen mi edad. El trabajo es muy interesante para nosotros. Además, ahora soy más independiente: gano mi dinero, y esto es muy importante para mí. ¡Y no tengo que estudiar!»

Maribel, que está en 2°

de bachillerato, también piensa así. Tiene 17 años y quiere ser independiente. «Mi hermano mayor tiene 28 años y todavía vive en casa porque no tiene trabajo. ¡Y es abogado! Piensa irse a otra ciudad. Por eso yo no quiero ir a la universidad». Maribel, después del bachillerato, va a hacer formación profesional de programadora. «Para mí, la edad es muy

Formación profesional: ¿la solución para todos?

importante: en dos o tres años quiero ganar dinero y también divertirme. Después a lo mejor estudio informática en la universidad, porque, está claro, el futuro está en los ordenadores».

Rosa, Pablo y Maribel, tres ejemplos de la juventud de hoy. La vida no es fácil para ellos, y buscan soluciones concretas. ¿Una generación desilusionada? Sí, pero sobre todo una generación realista.

Ejercicios

 1 Sobre el texto

Resume el texto de la unidad 5B. (Fasse … zusammen.)
Denke daran: – *Nenne im ersten Satz das Thema des Textes.*
  – *Teile den Text in Sinnabschnitte ein und fasse jeden Abschnitt in 1–2*
    Sätzen zusammen.
  – *Verwende keine direkte Rede und schreibe keine Sätze aus dem Text ab.*

 2 Una carta de Londres *(G § 53)*

a) *Escribe el texto en tu cuaderno*
  (… in dein Heft) y completa con
  los pronombres.
b) *Ponte en la situación del hermano*
  de Elena y contesta la carta.
  (Versetze dich in die Lage von
  Elenas Bruder und beantworte
  den Brief.)

> *Hola Mami, hola Papi y Nacho, ¿qué tal?:*   *Londres, 25.1.96*
> *Aquí estoy, en Londres. Pienso mucho en todos △. Para △ es difícil vivir aquí. Los londinenses son muy simpáticos, pero yo todavía no sé hablar bien y no hablo mucho con △. Mis compañeros del curso son muy divertidos, sobre todo Merce, una chica de Barcelona. Para △ es más fácil, vive aquí un año ya y tiene muchos amigos. Mañana vamos a salir con △ y con John, el chico que sale con △. Merce no quiere salir sin △. Habla muy bien español, pero, ahora, con △ sólo inglés… y muy deprisa.*
> *Pero, ¿y vosotros?... Papá, para △ esto es ideal, hay muchos museos. Nacho, ¿qué pasa en el instituto? ¿Qué tal los amigos? Tengo que terminar. ¿Pensáis también en △?*
> *Un beso,*
>   *Elena*

3 Una noche con Juan y Juana *(G § 51)*

a) *¿Qué acaban de hacer y qué van a hacer? Cuenta.*

b) *Continúa la historia. ¿Qué van a hacer después de irse de la discoteca?*

🔵🔵 4 ¿Cuándo tienes que irte? (G § 52)

Preguntad a un compañero o una compañera con estos verbos y él/ella responde. Después intercambiad los papeles. (... Dann tauscht die Rollen.)

Ejemplo: —¿Cuándo piensas acostarte hoy? o: —¿Cuándo te piensas acostar hoy?
  —Pienso acostarme a las... o:
  —Me pienso acostar a las...
  —¿Por qué (no)...?
▶ *¡Ahora vosotros!*

pensar
querer ir a +
tener que

aburrirse
acostarse divertirse
ducharse irse ensuciarse
informarse levantarse
quedarse

5 ¡Siempre hay que hacer algo! (G § 50)

a) ¿Qué tiene que hacer Arturo en estas situaciones?
1. Arturo está en la cama. Son las 8:30 y tiene clase a las 9:00. ¿Qué tiene que hacer? →
2. Arturo está en clase con sus compañeros. El profesor de inglés les devuelve un trabajo. Todos tienen malas notas. El profesor dice: →
3. Arturo vuelve a casa. Mañana van a hablar en clase del libro «Marianela» de Benito Pérez Galdós. Arturo piensa: →
4. Pero prefiere escuchar música. Su madre entra y dice: «El sábado es el cumpleaños de la abuela.» →
5. Arturo queda con sus amigos para un concierto. Hay mucha gente. Un amigo dice: →

b) Y tú, ¿qué tienes que hacer esta semana?
¿Qué tenéis que hacer para preparar un viaje de 2 semanas con amigos?

6 En el albergue juvenil (G § 50)

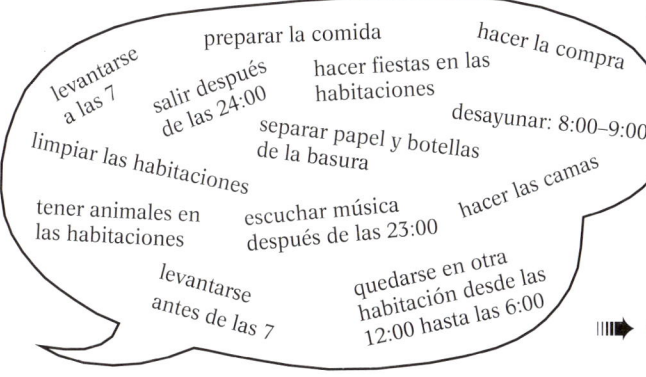

levantarse a las 7
preparar la comida
salir después de las 24:00
hacer fiestas en las habitaciones
hacer la compra
limpiar las habitaciones
separar papel y botellas de la basura
desayunar: 8:00–9:00
tener animales en las habitaciones
escuchar música después de las 23:00
hacer las camas
levantarse antes de las 7
quedarse en otra habitación desde las 12:00 hasta las 6:00

a) Por fin vuestra clase está en el albergue juvenil. El director os da muchas instrucciones, pero después del viaje estáis muy cansados y no entendéis bien. Más tarde pensáis: ¿Qué tenemos que hacer en el albergue? ¿Qué no tenemos que hacer? ¿Qué no podemos hacer?

b) ¿Qué tienes que hacer en clase? ¿Qué no puedes hacer?

🎧 7 ¿Es difícil encontrar trabajo?

Escucha los diálogos en la cinta:
1. ¿Quiénes son las personas que hablan?
2. ¿Qué piensan los jóvenes a) de la situación en general   y b) de su situación personal?
3. ¿Son optimistas o pesimistas?

8 Definiciones   (G § 54)

a) *Define las palabras siguientes como en el ejemplo: (Definiere die folgenden Wörter ...)*

Ejemplo: Salamanca → Salamanca es una ciudad que está en España.

1. un guía – 2. las ranas – 3. una camarera – 4. los compañeros – 5. un escritor –
6. el grupo Cárabo   ▶ *¡Ahora tú!*

b) *Busca otras palabras que sabes definir. Puedes también «definir» a tus compañeras o compañeros. Ejemplo:* Luisa es la chica que sabe jugar al tenis muy bien.

9 ¿Qué quieren ser?   (G § 55)

a) *¿Qué van a ser Barbara y sus compañeras y compañeros?*
Imagínate sus profesiones futuras y sus razones.
(Stell dir ihre zukünftigen Berufe und ihre
Gründe vor.)

Yo quiero ser profesor porque los profesores tienen muchas vacaciones.

Barbara	ingeniero, -a
Jesús	médico, -a
Pilar	programador, a
Chema	camarero, -a
Fede	profesor, a
Sole	mecánico, -a
	vendedor, a
	abogado, -a

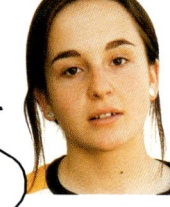

Yo no quiero ser profesora porque los profes tienen que corregir mucho.

b) *Y tú, ¿qué quieres ser? Pregunta también a tus compañeras y compañeros.*
(¿Todavía no sabes tu profesión en español? Entonces pregunta a tu profesor/a.)

10 ¿Y usted, en qué trabaja?

Un compañero de trabajo del señor Petersen, de Hamburgo, está en Salamanca unos días.
Ahora está con una vecina de los Petersen (... einer Nachbarin der Familie Petersen), pero
no habla español. Ayúdalos a comunicarse. (Übersetze sinngemäß den folgenden Dialog.)

Compañero: Haben Sie eine Berufsausbildung? Sind Sie jetzt berufstätig?
Vecina: Claro que sí, tengo una formación profesional de secretaria. Pero no trabajo en mi profesión, porque es muy difícil encontrar un trabajo en España. Mi hermano mayor, por ejemplo, no tiene trabajo, por eso su mujer (*Ehefrau*) tiene que trabajar en un sector que no le gusta mucho.
Compañero: Welche Arbeit machen Sie denn zur Zeit? Arbeiten Sie viel?
Vecina: Ahora trabajo en un supermercado. Trabajo tres días a la semana: los lunes, los miércoles y los jueves, desde las 9:00 hasta las 15:00. No me gusta esa clase de trabajo, pero ¿qué puedo hacer? Yo y mi familia necesitamos el dinero. La vida es cara con 2 niños (*Kinder*). ¿Cómo es la situación en su ciudad en Alemania?
Compañero: Die Situation ist nicht viel besser: viele suchen Arbeit. Weil sie Geld verdienen müssen, nehmen sie fast jede Arbeit an, die ihnen aber nicht gefällt. Außerdem verdienen sie oft nicht viel und es gefällt ihnen noch weniger. Die Situation für die Jugendlichen und die Erwachsenen auf dem Arbeitsmarkt in Deutschland ist schwieriger und die Leute sind weniger optimistisch als früher (= vorher).

UNIDAD 5

C El horario de Barbara

	lunes	martes	miércoles	jueves	viernes
8:00–8:50		alemán			alemán
9:00–9:55	historia y geografía	cultura clásica	ciencias de la naturaleza	matemáticas	inglés
10:00–10:50	inglés	lengua y literatura	música	lengua y literatura	matemáticas
11:10–12:00	matemáticas	ética	lengua y literatura	educación física	lengua y literatura
12:05–12:55	música	tecnología	inglés	tecnología	ciencias de la naturaleza
13:15–14:05	ciencias de la naturaleza	educación física	matemáticas	cultura clásica	
14:10–15:00	tecnología	historia y geografía	ética	historia y geografía	

Barbara está en 4° de ESO (Educación Secundaria Obligatoria). La ESO empieza después de 6 años de Educación Primaria y son 4 años (1°, 2°, 3°, 4°). Después, Barbara puede hacer 2 años más que se llaman 1° y 2° de bachillerato y luego hacer selectividad y empezar en la universidad. En 4° de ESO, en ciencias de la naturaleza, los alumnos tienen 4 meses biología y geología y 4 meses física y química. Ética es una asignatura sin notas. (Los alumnos pueden elegir también religión.) Alemán y cultura clásica son asignaturas optativas, otras pueden ser fotografía, medio ambiente etc.

1 ¿Qué es en alemán?

a) Erinnerst du dich? Du hast schon mehrere Techniken kennengelernt, um unbekannte spanische Wörter zu erschließen. Auch in Barbaras Stundenplan kommen Wörter vor, die du noch nicht gelernt hast. Suche sie heraus und versuche sie zu verstehen.

b) Vergleiche mit deinem Banknachbarn/deiner Banknachbarin: Gibt es Unterschiede in eueren Listen? Ergänzt die Listen und erklärt, wie ihr auf die Bedeutung gekommen seid.

2 ¿Cuántas horas de clase tienes? (G § 49)

Compara tu horario con el de Barbara. ¿Quién tiene más horas de clase? ¿Qué diferencias hay en las asignaturas, etc.? Utiliza más y menos.
Ejemplo: Barbara tiene más horas de música que yo.   ▶ *¡Ahora tú!*

3 ¿Qué haces los lunes? (G § 31)

Trabajad en parejas. A es Barbara y B le hace una entrevista sobre su horario.
(… B macht ein Interview mit ihr …)

¡Así se dice!

Absichten äußern	
– *etwas (nicht) tun wollen*	(No) quiero ir a la universidad. Quiero ganar dinero. Pienso ir a otra ciudad.
– *ankündigen, dass man etwas tun will oder wird*	Voy a hacer formación profesional. Pienso ir de vacaciones.
– *einen Berufswunsch äußern*	Quiero ser médica. A lo mejor estudio informática.
– *sagen, dass man etwas (nicht) für nötig hält*	Tenemos que informarnos. No hay que ser pesimista.

Begrüßung und Verabschiedung	
– *andere Jugendliche begrüßen*	¡Hola!
– *Erwachsene begrüßen*	¡Buenos días! ¡Buenas tardes! ¡Buenas noches!
– *sich am Telefon melden*	¡Dígame! ¿Sí?
– *Anrede im Brief an gute Bekannte*	¡Hola!
– *sich persönlich verabschieden*	¡Adiós! ¡Hasta luego! ¡Hasta pronto!
– *Verabschiedung im Brief (an Bekannte)*	(Muchos) besos. Un abrazo. Hasta pronto.

Y de postre

Clases en televisión

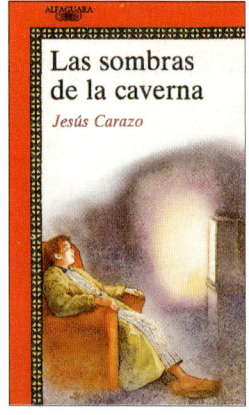

Rubén ist 17 Jahre alt. Nachdem er bereits mehrere Klassen wiederholt hat, besucht er nun die Abendschule. Über den Unterricht macht er sich so seine Gedanken:

Las clases de la tarde en el instituto no resultan muy diferentes de las de la mañana. Rubén suele ir siempre a clase, aunque nada de lo que se dice en aquellas aulas le interesa de verdad. No sólo porque las Matemáticas, la Lengua y la Historia se hallan muy lejos de sus centros de interés sino, sobre todo, porque no hay nada más aburrido que observar a una persona que habla y habla sin parar. Está seguro de que los romanos enseñaban ya así y se pregunta cómo 2000 años después las cosas no han cambiado en absoluto. Toda aquella cháchara sería mucho más soportable a través de un televisor, ilustrada con reportajes en vivo y presentadas por una encantadora señorita. A veces, él mismo concibe los episodios de la Historia de España como la acción de un telefilme. Pero en su instituto nadie parece haberse dado cuenta de la existencia de ese invento fenomenal. Observado desde aquel universo radiante, él debía parecer la víctima de una película de horror.

Jesús Carazo, *Las sombras de la caverna*. Madrid, Santillana (publicado en Alfaguara), 1992 *(Fragmento simplificado).*

soler (*-ue-*) **hacer algo** gewöhnlich etwas tun – **aunque** obwohl – **nada** nichts – **un aula** *f* Klassenzimmer – **hallarse** sich befinden – **sino** sondern – **parar** aufhören – **enseñaban** unterrichteten – **han cambiado** haben sich geändert – **la cháchara** Geschwätz – **sería** wäre – **soportable** erträglich – **a través de** durch – **en vivo** live **encantador, -ora** verführerisch – **concebir** sich ausdenken – **nadie** niemand – **haberse dado cuenta** scheint bemerkt zu haben – **un invento** Erfindung – **radiante** leuchtend – **debía** müsste wohl – **una víctima** Opfer

Entremés: ¿Qué tal hoy?

¿Qué tal el día?
¿Dónde habéis estado?

Yo esta mañana no he tenido
clase a las doce. He comido
un sándwich y después he
jugado al tenis con Laura.

Han venido Chema y Pilar
a casa y después hemos ido
de compras. Chema ha
comprado una camisa
super elegante.

Y tú, Ángela, ¿has
trabajado mucho?

1. Auf welche Zeit bezieht sich alles, was Familie Petersen sagt?

2. Suche aus der Unterhaltung alle Verbformen heraus.
   a) Untersuche zuerst den zweiten Bestandteil der Verbformen. Ordne diese Formen nach
      Konjugationen und vergleiche die hier verwendete Form mit dem Infinitiv. Wie wird also
      diese Form (= Partizip Perfekt) gebildet?
   b) Suche alle Formen des Hilfsverbs *haber* (= der erste Bestandteil
      des neuen Tempus) heraus.
   c) Formuliere nun die Regel für die Bildung des Perfekts im
      Spanischen.

➡ G §§ 56, 57

¿Dónde he estado?
¿Por qué me he ido?
¿Adónde he llegado?
¿Cómo he venido?
¿Por qué estoy aquí?

UNIDAD 6

A *Una excusa estupenda*

Hoy es martes 13 de marzo. Esta mañana Barbara se ha despertado tarde. Ha desayunado deprisa y, con una tostada todavía en la boca, ha bajado a la calle. «Para llegar antes al instituto, voy a ir en bicicleta» ha pensado. Pero hoy no ha llegado. En el paseo San Vicente ha girado a la izquierda para entrar en la calle Fernando Villalobos, que va al
5 instituto, y allí ha chocado con un coche. Ha caído al suelo y no ha podido levantarse. El conductor ha bajado del coche:
—¿Estás bien? ¿Dónde te duele?
Barbara señala la rodilla:
—Sobre todo aquí. Y también me duele el
10 brazo derecho.
—¿Es grave? ¿Llamo a una ambulancia?
—pregunta el conductor, muy asustado.
—No gracias, no es necesario.
—¿De verdad? No quiero… —dice el
15 conductor.
—De verdad, de verdad. No es necesario.
—repite Barbara.
Entretanto han llegado otras personas y
un anciano que ha visto todo les explica el
20 accidente.

Anciano: Mi mujer y yo hemos visto el accidente desde la esquina, en el semáforo. Ha sido todo muy deprisa. La chica ha ido por su carril y el semáforo ha estado verde, pero el conductor no ha mirado, ha girado a la derecha y…
Una señora: Es que estos chicos están locos: ¡las bicicletas no sirven para ir por la
25 ciudad! Este mes ya he visto dos accidentes con jóvenes.
Anciano: Señora, la chica no tiene la culpa. ¿Ha ido usted alguna vez en bicicleta por la ciudad?
Señora: ¿Yo?
Un señor: Usted tiene razón. Las bicicletas no son el problema. Los conductores siguen
30 todo recto y no miran.
Con la ayuda del conductor, Barbara ha subido al coche y han ido al hospital. Una mujer le ha pedido su dirección para llevar la bicicleta a su casa y para avisar a sus padres. El hospital está muy cerca. El médico examina enseguida a Barbara y se despide para ver a su madre que acaba de llegar.

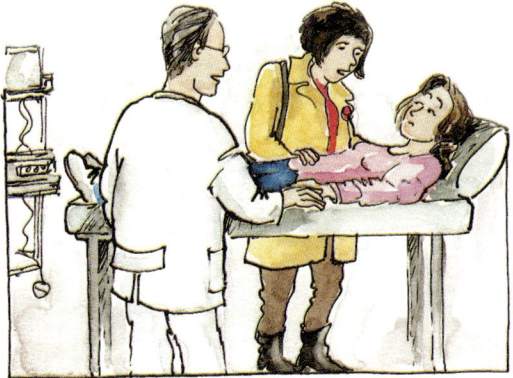

Sra. Petersen: ¿Qué ha pasado, doctor? He 35
salido enseguida, pero el tráfico a estas
horas… ¿Ha sido grave?
Médico: No, no. La chica está bien, ha tenido suerte. En el cuerpo tiene unos mora-
tones y en la pierna una herida, nada de 40
importancia. ¿Es una chica tranquila?
Sra. Petersen: Sí… bueno, normal ¿por qué?
Médico: Porque el brazo derecho está roto
y tiene que llevar una escayola.
Sra. Petersen: Barbara, hija, has encontrado 45
una excusa estupenda para no ir al
instituto.

Ejercicios

1 De calles y accidentes

Erstellt ein Vokabelnetz zu den Wortfeldern a) calle und b) accidente. Verwendet nicht nur die Wörter aus dem Text von Unidad 6A, sondern auch möglichst viele andere Vokabeln, die ihr kennt. Arbeitet in Gruppen. Welche Gruppe findet am schnellsten die meisten Wörter?

2 ¿Dónde hay un médico, por favor?

Trabajad en grupos de 3 ó 4 con el plano. A y/o B buscan algo, C y/o D explican dónde está. Intercambiad los papeles de vez en cuando. Utilizad las expresiones siguientes: (Tauscht ab und zu die Rollen. Verwendet die folgenden Ausdrücke:)

– *um anzugeben, wann etwas zu tun ist*   primero / entonces / después / al final

– *um den Weg zu beschreiben*   tomar / seguir (por) / girar / cruzar* /ir

– *um die Richtung anzugeben*   a la derecha / a la izquierda / todo recto / hasta la calle …

– *um anzugeben, wo sich etwas befindet*   cerca (de) / al lado (de) / a la izquierda (de) / a la derecha (de) / (no) lejos (de)

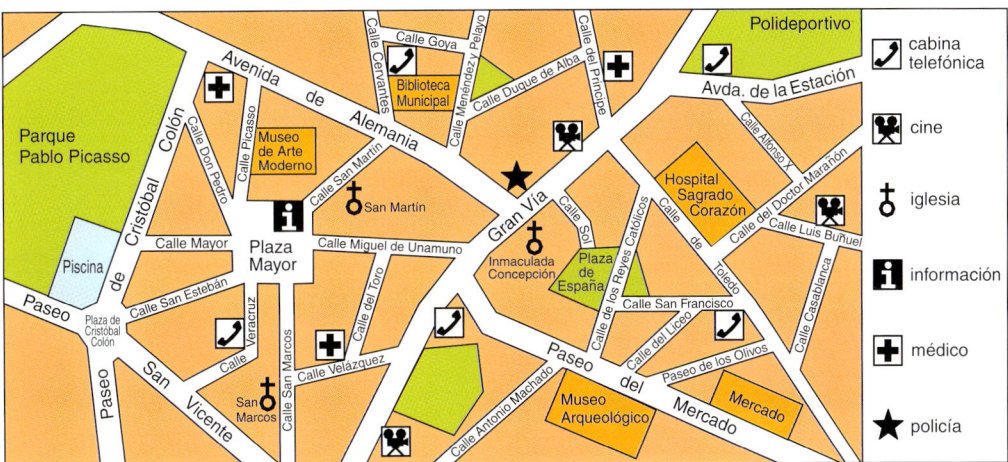

3 Dígame

Escucha las dos conversaciones en la cinta y toma nota (… und mache dir Notizen):

1. ¿Quién llama a quién? – 2. ¿De qué hablan? – 3. ¿Qué quiere la persona que llama?

4 Un día difícil para Barbara

a) *Lies noch einmal den Text „Una excusa estupenda". Unterteile ihn in mehrere Abschnitte und finde für jeden Abschnitt einen Titel.*

b) *Fasse den Inhalt jedes Abschnitts in 1 bis 2 Sätzen zusammen.*

👥 5 ¿Qué ha pasado? *(G §§ 56, 57)*

Por la tarde, los compañeros de Barbara la visitan. Tienen muchas preguntas sobre el accidente... Trabajad en parejas: A lee las preguntas en la columna izquierda, B responde con la información del texto 6A. A controla las respuestas con la columna derecha.

¿Por qué has ido en bicicleta al instituto?	He ido en bicicleta para llegar antes.
¿Qué ha pasado en el paseo San Vicente?	He chocado con un coche.
¿Cómo ha pasado?	He ido por mi carril. Un conductor no ha mirado, ha girado a la derecha y he chocado con él/el coche.
¿Ha sido grave? ¿Habéis llamado a una ambulancia?	No, no ha sido grave y no hemos llamado a una ambulancia.
¿Cómo has ido al hospital entonces?	El conductor me ha llevado./He ido en el coche del conductor.
¿Quién ha visto el accidente?	Un anciano y su mujer han visto el accidente.
¿Quién ha avisado a tus padres?	Una mujer ha avisado a mis padres.
¿Ya has leído el artículo sobre tu accidente en el periódico?	(¿Hay un artículo en el periódico?) No, todavía no he leído el artículo.

6 Perdón, pero... *(G §§ 56, 57)*

Montse y su novio han quedado con unos amigos a las tres de la tarde, pero llegan a las ocho.

1. no poder venir antes – 2. no dormir bien durante la noche – 3. despertarse tarde –
4. tener que ir a la compra – 5. salir sin las llaves – 6. pelar la fruta para la macedonia –
7. un amigo que Montse no ha visto durante muchos años llama por teléfono – 8. no encontrar las entradas para el concierto de esta noche – 9. encontrar a Manuel en la calle – 10. el autobús no llega – 11. venir en bicicleta – 12. llegar por fin

una llave Schlüssel

Montse explica: No hemos podido venir antes. No he... ▶ *¡Continúa!*

7 Accidente en la montaña *(G §§ 56, 57)*

   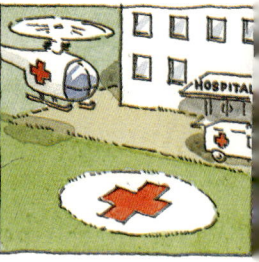

Por la noche hay un reportaje del accidente en la televisión. Escribe el texto del reportaje. Estas palabras te ayudan: **asustarse** erschrecken – **ayudar** helfen – **la cabeza** Kopf – **un helicóptero** Hubschrauber

Esta mañana dos jóvenes han tenido un accidente grave en la montaña. ▶ *¡Continúa!*

8 ¿Para qué sirve?

(G §§ 58, 59)

Aquí tienes dos aparatos muy raros. ¿Para qué sirven? ¿Qué puede hacer el aparato 1 con el aparato 2?

 9 Un accidente raro

Escribe una pequeña historia: ¿Qué ha pasado con el coche? ¿Quién es la persona con el brazo roto? ¿Quién es el conductor? ¿Por qué están en el coche? ¿Cómo han pasado el día? ¿Adónde van ahora?

Entremés: ¡Pobre Elena!

Un diálogo entre dos jóvenes que vuelven del instituto.

Mario: Y qué, ¿tienes ya el dinero para comprar la cadena de música?
Elena: Todavía no. Este mes no he ido al cine, no he salido ningún fin de semana y no me he comprado nada, pero todavía no basta.
Mario: ¿Y no has ido tampoco a la discoteca?
Elena: Yo no voy nunca a las discotecas. No me gustan.
Mario: ¿No puedes pedir dinero a tus padres o a otra persona?
Elena: No, no quiero pedir dinero a nadie. Prefiero esperar o ganar dinero. Pero hasta ahora no he encontrado ninguna posibilidad. Pero continúo.
Mario: ¡Mucha suerte!

basta es reicht – **una posibilidad** Möglichkeit

1. Suche aus dem Text alle verneinten Sätze heraus und übersetze sie ins Deutsche. Was bedeuten die Wörter *nada, nadie, nunca, ningún, ninguna*?
2. Vergleiche die Bildung der Verneinung in diesen Sätzen mit ihren deutschen Entsprechungen. Was stellst du fest?
3. Was bedeutet wohl *tampoco*?

 G §§ 63–65

UNIDAD 6

B ¿Dígame?

 —Hola, Sole, ¿qué tal?

—Bien, bien, estoy muy bien, mejor. Esta mañana he vuelto
al hospital con mi padre y el médico me ha puesto la
escayola porque el brazo está ya menos hinchado. Tengo
5 que llevar la escayola siete u ocho semanas. ¿Has tenido
tú alguna vez una escayola?

—No, todavía no ha firmado nadie, puedes ser la primera.

—Pues… es blanca y sobre todo muy grande e incómoda.
No puedo mover casi la mano.

10 —No, claro que no, ¿cómo voy a escribir? Yo no he escrito nunca con la mano izquierda,
bueno… yo con la mano izquierda no sé hacer nada. Por eso, después del hospital, he ido
al instituto…

—¡Qué graciosa! No, no he ido en bicicleta y tampoco voy a ir en los próximos meses.
He ido con mi padre en el coche. Oye, ¡qué simpático el director! Hemos hablado con
15 algunos profes y ellos no han puesto ninguna pega, pero tengo que hacer los exámenes
orales. ¡Qué miedo! Yo no he hecho ningún examen oral en mi vida y menos en español.

—No, ¡qué rabia! en estas ocho semanas no puedo tocar la guitarra…

—Sí, a las clases de sevillanas sí quiero ir algún día, pero hoy no puedo; todavía me duele
la pierna. ¿Habláis vosotros con la profesora? Ella no sabe nada de mi accidente. Mi
20 madre ha llamado por teléfono, pero no está.

—Sí, también tengo otros problemas. Siempre tiene que estar alguien conmigo.
Imagínate, para vestirme esta mañana mi madre ha tenido que ponerme los pantalones y
ahora sólo puedo llevar camisetas y camisas de manga corta.

—No, todavía no me he duchado con la escayola. ¡Qué
fastidio! Eso va a ser un problema.   25

—Ya, ya sé, tengo que tener paciencia.

—No, todavía no ha venido nadie, pero Pilar ha llamado
y mañana va a venir. ¿Por qué no vienes con ella?
Contigo somos tres y podemos jugar a algo. Es que con la
escayola no puedo hacer casi nada y me aburro.   30

—Vale, pues, hasta mañana. Oye, tráeme los apuntes de
ayer, por favor. Da recuerdos a la pandilla de mi parte y
tomaos una coca-cola por mí. Adiós.

Ejercicios

1 Oye

a) *Lee otra vez el texto 6B. ¿Qué dice Sole a Barbara?*

b) *En la clase de sevillanas por la tarde, Sole informa a la profesora del accidente de Barbara. ¿Qué dice Sole? ¿Cómo reacciona la profesora?*

2 ¿Qué ha hecho a la hora del crimen? (G § 61)

La policía acaba de encontrar el cadáver del multimillonario Archi. El médico dice que Archi ha muerto* a las 11 de la noche. El detective Gaspar Soriano va a casa de los señores Archi. Y allí encuentra a su mujer, María Archi, a un amigo y al cocinero (… und den Koch). Gaspar Soriano quiere saber todo.

Trabajad en grupos de cuatro. El detective hace las preguntas y los otros responden con la ayuda de la información en la tabla (… in der Tabelle).

detective	mujer	amigo	cocinero
¿Cuándo / ver / el muerto* por última vez*?	10 h.	9 h.	10:30 h.
¿Qué / hacer / el muerto / ese momento?	leer / periódico / biblioteca	comer / comedor	salir / biblioteca
¿Qué / hacer / usted / después?	acostarse	escribir / carta	poner la mesa* para el desayuno
¿Qué / hacer / a la hora del crimen?	dormir	tomar un baño	ver la televisión
¿Cuándo / acostarse?	10:15 h.	11:30 h.	12:00 h.
¿Tener / usted / un álibi?	no, dormir / toda la noche / mi cuarto	la señora / verme / salir / cuarto de baño	no
¿Según usted, quién de las otras personas / tener un motivo?	cocinero / no estar satisfecho / ganar poco dinero	señora / decir siempre / separarse de él	el amigo / querer* a la señora

¿Quién de las tres personas no dice la verdad? ¿Por qué lo sabéis?

3 ¡Qué miedo! (G § 67)

a) *Estás en un restaurante muy elegante y una señora se cae de la silla. ¿Qué dice en esta situación...?*
   1. ...el camarero – 2. ...un médico – 3. ...una escritora – 4. ...Chema

b) *¿En qué situación ...?*
   1. ...dicen tus padres   1. ¡Qué gracioso!   2. ¡Qué fastidio!   3. ¡Qué simpática!
   2. ...dice tu profesor de alemán   1. ¡Qué interesante! 2. ¡Qué rabia!   3. ¡Qué miedo!
   3. ...dices tú   1. ¡Qué miedo!   2. ¡Qué gracioso! 3. ¡Qué rollo!

6 B

4 No sé nada (G §§ 64, 65)

Barbara todavía no va al instituto. Está sola en casa. Suena el teléfono (… Sie ist allein zu Hause. Das Telefon klingelt) y habla un hombre* muy nervioso. Busca las respuestas de Barbara. Utiliza nada, nadie, nunca, ningún, ninguna o tampoco *en cada frase.*
(Die Unterstreichungen zeigen dir, welche Satzteile verneint werden sollen.)

—Oye, ¿ha llegado ya <u>alguien</u>?
—¿Ha llamado <u>alguien</u> entonces?
—Bueno, te he hablado <u>alguna vez</u> de este proyecto, ¿no?
—Es que esta mañana he salido muy deprisa, sin los planos. ¿Has visto <u>los planos y todo</u>?
—Arturo y Paco van a ir para coger los planos. A Arturo no lo conoces, pero a <u>Paco</u> sí, ¿verdad?
—Sí, mujer, sí: Paco ha estado <u>algunas veces</u> con nosotros en Almería.
—Escucha, <u>Manuela</u>. Dale los planos a ese Paco, o tú vas a tener <u>la culpa</u>…

5 Vivir con la escayola (G § 62)

✚ INSTRUCCIONES PARA GENTE CON ESCAYOLA

Con la escayola hay que…
…despertarse media hora antes.
…y levantarse poco des-pués (necesitas más tiempo).
…lavarse* con cuidado.

…ducharse con una bolsa de plástico en la escayola.
…vestirse con ayuda.
…ponerse camisetas de manga corta.
…quedarse tranquilo en todas las situaciones.
…divertirse: aburrirse no ayuda tampoco.
…acostarse temprano*.

a) *La madre dice a Barbara:*
   Barbara, despiértate media hora antes …
   Tienes que levantarte …
   ▶ *¡Continúa!*

b) *El médico explica a algunos jóvenes con escayola:*
   Despertaos …
   Tenéis que …
   ▶ *¡Continúa!*

 6 ¡Ayúdame!

a) *En grupos, haced una lista con adjetivos que ya conocéis y otra lista con verbos.*
b) *Wofür werben die folgenden Anzeigen? Erfindet einen Slogan und einen kurzen Werbe-text. Hier sind einige Tipps:* – *Wendet euch direkt an die Leserinnen und Leser.*
   – *Verwendet dazu Imperative, wenn möglich.*
   – *Übertreibungen sind erlaubt, ihr müsst ja euer Produkt in einem besonders guten Licht zeigen.*

👥 7 ¿Uno u otro? (G § 60)

Trabajad en parejas. Haced minidiálogos como en el ejemplo.
(Ergänzt ein passendes Subjekt, Objekt und/oder eine andere Ergänzung, wenn nötig.)

Ejemplo: pagar / Paula / Isabel → —¿Quién paga, Paula o Isabel?
—Pagan Paula e Isabel. ▶ *¡Ahora vosotros!*

1. tener / examen escrito / oral – 2. hablar / francés / inglés – 3. venir / Gabriel / Olga –
4. ser / profesor / ingeniero – 5. conocer / Málaga / Oviedo – 6. tener / hijos / hijas –
7. querer visitar / museos / iglesias – 8. hay / universidades / institutos – 9. tener / cadenas
de música / ordenadores

📖 8 Rincón del lector (Leserbriefecke)

*«Las últimas semanas nos han llegado varias cartas que hablan de las dificultades de los
ciclistas en el tráfico actual. Aquí publicamos dos de esas cartas. ¿Qué piensas tú sobre
este tema? ¡Escríbenos tu opinión!»*

¡Hola!:
Soy Estefanía Caselles, de Gerona. Yo voy siempre en bicicleta, también en la ciudad. Para mí la bicicleta no es sólo un
deporte. Es sobre todo un medio de transporte. Claro, ya sé,
hay muchos conductores, pero no tengo miedo. Siempre
hay un poco de sitio entre los coches… ¡o entre los peatones! Bueno, sé que no está bien, pero a veces no hay otra
solución.
Por desgracia en la ciudad hay mucho tráfico y demasiada
contaminación. ¿Qué os parece?: ¿es poco sano ir en bicicleta en una ciudad llena de coches?
¿Me escribís?
Estefanía

¡Hola!:
Me llamo Raúl León. Tengo quince años y vivo con mi familia
cerca de La Coruña, a unos 20 km del centro. Para ir al
instituto tengo que tomar el autobús. Es un viaje muy largo.
Me gustaría muchísimo ir en bicicleta, pero tengo miedo.
Este año una amiga del instituto y mi hermano pequeño han
tenido accidentes con la bicicleta. Han tenido suerte y no ha
sido grave. Y estas cosas pasan en nuestro pueblo, que es
muy tranquilo. En La Coruña el tráfico es mucho peor. Los
ciclistas y peatones no existen para los conductores.
¡Hay que hacer algo! Para vivir mejor, tiene que haber menos
coches en el centro de la ciudad. ¿Quién piensa como yo y
quiere hacer algo? ¡Escríbeme a la dirección del periódico!
Raúl

sano,-a gesund

a) *Lee estas cartas. ¿Qué piensan los dos jóvenes de la bicicleta?*
b) *Contesta una de las cartas. (Beantworte …)*

9 ¿Cómo está(n)? (G §§ 46, 47)

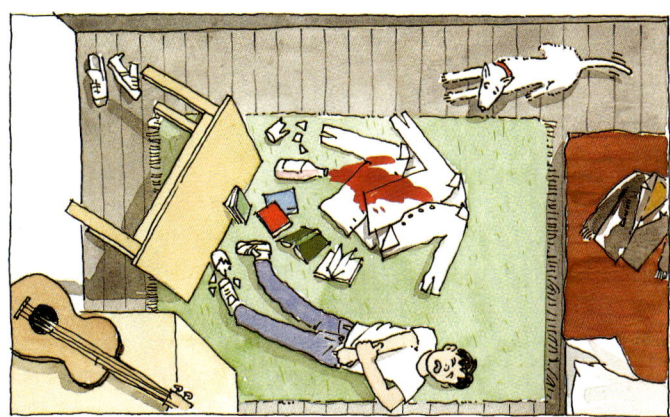

*Describe la situación en el
dibujo. Utiliza adjetivos.*

Ejemplo:
En el suelo hay dos vasos.
Están rotos.

¡Así se dice!

nach dem Befinden fragen und darauf antworten	
– fragen, wie es geht	¿Qué tal? ¿Qué tal estás/estáis? ¿Estás bien?
– sagen, wie es geht	Estoy (muy) bien/así, así/(muy) mal/mejor.
– fragen, ob etwas schlimm ist	¿Es grave?
– fragen, wo es weh tut	¿Dónde te duele? ¿Te duele la rodilla?
Zustimmung, Widerspruch oder Verärgerung ausdrücken	
– zustimmen	Tienes razón. ¡Vale! ¡Claro que sí/no!
– widersprechen	No, gracias. No es necesario.
– sagen, dass man nichts dagegen hat	No pongo ninguna pega.
– Ärger oder Unmut ausdrücken	¡Qué gracioso! ¡Qué fastidio! ¡Qué rabia! ¡Qué rollo!
– Kummer oder Unbehagen äußern	Por desgracia tengo que levantarme pronto.
Wegbeschreibungen	
– die Richtung angeben	Tomas la Gran Vía. Sigues todo recto. Girar a la derecha/izquierda. Cruzar la calle …
– sagen, wie weit man gehen muss	Sigue por la calle San Pedro hasta el semáforo. Vas hasta la esquina/hasta el final de la calle.
– Entfernungen angeben	(No) está lejos. Está cerca. Están cerca del puente.

Y de postre

Dolor de muelas

Ricardo Nacho, El País dominical.

el dolor de muelas Zahnschmerzen – **¡ánimo!** (nur) Mut! – **un/una dentista** Zahnarzt, -ärztin **ocurrir** *hier:* passieren, geschehen – **hacer daño a alguien** jdm. weh tun

Entremés: Palabras en la cinta

Es gibt viele verschiedene Möglichkeiten, **Vokabeln zu lernen** (z. B. Vokabelheft oder -kartei, gegenseitiges Abfragen, schriftliches Üben u. v. m.). Sicher hast du schon die eine oder andere Möglichkeit ausprobiert. Wie wäre es, einmal mit dem **Kassettenrekorder** zu trainieren?

Warum so lernen?

> el agua... das Wasser; nadar...

1. Du lernst schon bei der Vorbereitung.
2. Du übst auch die Aussprache.
3. Manche Menschen lernen besonders gut beim Zuhören. Vielleicht bist auch du ein solcher „Hörtyp".
4. Du gewöhnst dich daran, auf Gesprochenes in der Fremdsprache schnell zu reagieren.

Wie gehst du vor?

1. Vorbereitung
   Du brauchst einen Kassettenrekorder mit Mikrofon, 1 Blatt Papier, 1 Bleistift.
   a) Suche dir **10 Vokabeln** oder Redewendungen, die du lernen willst (z. B. schwierige Ausdrücke, die du mit anderen Methoden nicht behalten hast.)
   b) Sprich die erste Vokabel oder Wendung **auf Spanisch** auf Band, lasse das **Band** einige Sekunden weiterlaufen und sprich dann das Wort oder die Wendung **auf Deutsch**. Lasse danach ebenfalls eine kurze Pause.
   c) Verfahre mit den restlichen Vokabeln wie unter b) beschrieben.
   d) Hast du alle Vokabeln auf Band gesprochen, fängst du wieder bei der ersten an, diesmal nimmst du aber zuerst die deutsche Bedeutung und dann die Übersetzung auf.

2. Üben
   a) mündlich
   Höre dir die erste Vokabel an und **sprich in die Pause die Übersetzung** (wenn du überlegen musst, drückst du die Stopptaste). **Kontrolliere** deine Antwort mittels der Übersetzung auf dem Band. Sprich die richtige Redewendung noch einmal halblaut mit, dadurch prägt sich das Gehörte besser ein.
   Notiere dir die Vokabeln, die du falsch übersetzt hast, um sie später nochmals zu üben.
   b) schriftlich
   Höre dir die erste Vokabel an und **schreibe die Übersetzung** auf ein Blatt Papier (Drücke die Stopptaste, falls deine Pause zum Schreiben nicht lang genug ist oder du überlegen musst). **Kontrolliere** deine Antwort wieder mittels der Übersetzung auf dem Band. War deine Antwort richtig, markierst du sie mit einem ✓, war sie falsch, setzt du ein **f** dahinter. Suche am Ende wieder alle nicht gekonnten Wörter heraus und lege dir z. B. eine **Fehlerkartei** an. Vergiss auch nicht, die gekonnten Wörter ab und zu zu wiederholen.
   c) Zu zweit
   Statt mit dem Kassettenrekorder könnt ihr auch **mit einer Partnerin oder einem Partner** üben, die oder der die Liste der zu lernenden Vokabeln schriftlich vor sich hat und die „Rolle" des Rekorders übernimmt. Oder tauscht eure Kassetten aus, damit ihr die Wörter nicht immer in der gleichen Reihenfolge übt.

Achtet in jedem Fall auf die **richtige Aussprache**. Wenn ihr nicht sicher seid, hört euch den Lektionstext, in dem die Wörter vorkommen, auf der buchbegleitenden Kassette an oder fragt eure Lehrerin oder euren Lehrer.
Achtet auch auf die **richtige Schreibung**, wenn ihr schriftlich übt.

UNIDAD 7

A ¿Adónde vamos?

🎧 La pandilla está preparando una excursión
para el próximo fin de semana. Han ido a
una oficina de turismo, donde han pedido
folletos. Se han sentado en el parque y
5   están mirando los folletos.

Barbara: Mira qué verde… parece Irlanda.

Pilar: Sí, Galicia es preciosa, es la otra
    España, la España verde. Ahora los
    gallegos están haciendo muchísima
10   publicidad sobre este tipo de turismo.

Chema: ¿Sabéis una cosa? Según Ramiro,
    los argentinos llaman a todos los
    españoles gallegos porque muchos
    emigrantes son de Galicia.

15 *Barbara:* ¿Sí? ¡Qué gracioso! Oye, ¿y los
    gallegos de verdad hablan siempre
    gallego?

Pilar: En casa y en el colegio sí; ellos
    estudian en gallego y tienen lengua y
20   literatura gallega… y española, claro…

Barbara: ¡Pobres!

Pilar: …pero en la calle no siempre.

Jesús: ¿Qué pone, Barbara?

Galicia

Al oeste de la península está
la Comunidad Autónoma de
Galicia. Es conocida sobre
todo por el camino de
Santiago. Con una mochila y
una cámara de fotos los
turistas llegan a Santiago de
Compostela, la capital,
adonde van a visitar la catedral y disfrutar del vino de
Ribeiro y los mariscos de la

Chema: ¡En Galicia yo ya he estado un
    montón de veces! Seguro que Barcelona
    es más interesante para Barbara.

Barbara: Yo ya conozco Barcelona, he
40   estado con mis padres. Es una ciudad
    interesantísima, sí, pero ¿no está muy
    lejos para un fin de semana?

Chema: Escuchar:

Una ciudad donde se une el norte y el sur:
industrial, moderna y cosmopolita y al
mismo tiempo tradicional, mediterránea y
popular. Barcelona está situada al este de
la península. Es una ciudad llena de vida
donde también se encuentra la Generalitat. El parque Güell y los edificios de Gaudí

Barbara: Donde se encuentra ¿qué?

Fede: La *Generalitat* es, en catalán, el
    gobierno de Cataluña…

Chema: Imaginaos por la noche: el
    puerto, las Ramblas, el barrio gótico…

Fede: Chema, pero Barbara ya conoce
    Cataluña y, además, estamos olvidando
    algo muy importante: tenemos que
    dormir y yo conozco los albergues de
    Barcelona. Están siempre llenísimos.

Pilar: Sole, no dices nada. ¿Qué estás
    leyendo?

Sole: Estoy viendo este folleto del País
    Vasco y me parece super interesante.

Barbara: Sí, pero… ¿no es un poco
    peligroso?

Chema: ¡Qué va! En todos los sitios
    pueden pasar cosas. Jesús, tú tienes
    familia allí, ¿no?

Jesús: Sí, en Oñate, bueno, ahora están
    viviendo en Bilbao… ¡Eh, es una idea
    buenísima! Euskadi es precioso. Y, a lo
    mejor, podemos dormir en casa de mis
    tíos. El paisaje es ideal y mi primo nos
    puede enseñar la región.

Barbara: Sole, ¿me dejas el folleto?

Las tres provincias vascas se
encuentran entre el mar
Cantábrico al norte y la meseta castellana al sur. La
mano de la naturaleza ha
dibujado aquí montañas y
paisajes verdes; la mano del
hombre, pueblos pequeños
y puertos pesqueros. En el
último siglo se han formado
centros industriales importantes que han hecho del
País Vasco una región
adonde se ha dirigido la
emigración interior. Sin embargo, sus habitantes, los
vascos, han conservado
hasta hoy su cultura y sus
tradiciones. Un ejemplo es
su idioma: el vasco o euskera, de origen des-
conocido.

Todos: Entonces: ¡al País Vasco!

Ejercicios

1 Información, información

a) Busca la información sobre Galicia, Cataluña/Barcelona y el País Vasco en el texto de la Unidad 7A. Ordena esta información en una tabla (… in einer Tabelle). Para ayudarte:
  – Busca en el texto sólo las frases con las palabras Galicia, gallego, Cataluña, catalán, País Vasco, vasco, euskera, etc.
  – Lee estas frases con más atención. Anota la información sobre cada región.
  – Busca las palabras clave (… die Schlüsselwörter) y ordena toda la información según estas palabras clave.

b) Trabajad en grupos. Elegid una de estas regiones. ¿Por qué habéis elegido esta región?

c) Buscad más información sobre esta región y presentad «vuestra» región con textos y fotos en un póster a vuestros compañeros y compañeras.

2 ¿Interesante? ¡Interesantísimo!   (G § 71)

Aquí está el tablón de anuncios (… Schwarzes Brett) de un instituto. Pero nadie se interesa por nada. Ayuda a los alumnos a hacer sus anuncios más interesantes. Utiliza superlativos absolutos. ¡Cuidado!, a veces tienes que buscar sinónimos.

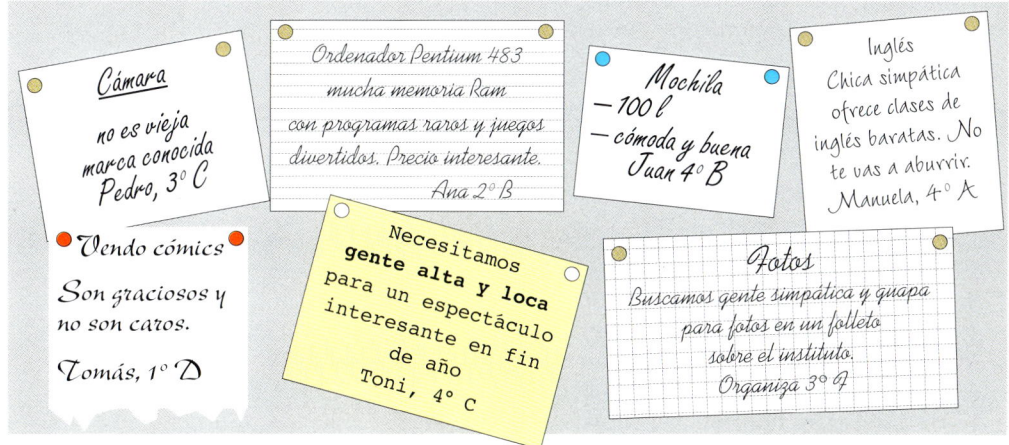

3 Excusas   (G §§ 68, 69)

Tienes que hacer algo, pero no quieres. Encuentra excusas: ¿Por qué no puedes hacerlo? Utiliza estar + gerundio para explicar.

a) Tienes que poner la mesa.
  Ejemplo: Madre: Pedro, pon la mesa, por favor.
        Pedro: Es que ahora no puedo, estoy leyendo un libro.
  ▶ ¡Ahora tú! ¿Encuentras excusas mejores?

b) Tienes que hacer los deberes.

c) Tienes que escribir una carta a tu abuelo para su cumpleaños.

4 ¿Qué están haciendo? *(G §§ 68, 69)*

a) ¿Qué están haciendo estas personas?
b) ¿Por qué están haciendo eso? ¿Por qué están todos allí?

 ## 5 Explicaciones absurdas *(G § 70)*

*a) Aquí hay algunas explicaciones raras. (… seltsame Erklärungen.) Korrigiere sie, indem
du die Teilsätze richtig zusammensetzt.*

1. Un museo es un sitio donde hay casas, coches, bicicletas y mucha gente.
2. Una oficina de turismo es un sitio adonde vamos a hacer deporte.
3. Un instituto es un hotel barato adonde van los jóvenes a dormir.
4. Una playa es una casa donde duerme la gente que está en otra ciudad.
5. Un polideportivo es un edificio adonde voy a ver estatuas.
6. Una calle es un sitio donde ponemos camisas, pantalones, jerseys…
7. Un hotel es un sitio con mar adonde vamos a nadar.
8. Un albergue juvenil es un edificio adonde van los jóvenes a estudiar.
9. Un armario es una habitación donde estamos unas 5 horas al día.
10. Una clase es un sitio donde puedes pedir información sobre ciudades y excursiones.

*b) ¿Sabes explicar más palabras? (Escribe cinco explicaciones – o más –, luego combina
las palabras con definiciones «falsas» y un compañero o una compañera tiene que
encontrar las combinaciones correctas.)*

 ## 6 Una decisión difícil

Escucha el diálogo en la cinta:
1. ¿De qué hablan los tres jóvenes y por qué? – 2. ¿Por qué les gusta una región y otra no?
3. ¿Adónde van por fin?

 7 Los idiomas de España

a) *Aquí hay algunos documentos en catalán. ¿Qué palabras puedes traducir al castellano?*

Generalitat de Catalunya
Departament de Comerç, Consum i Turisme
Oficina d'Informació Turística

b) *Aquí hay dos frases en gallego. Tradúcelas al castellano.*
1. Alfredo Somoza nace o venres oito de abril de mil oitocentos noventa e dous na rúa de Atocha da cidade da Coruña.
2. Eu son Rosalia e vivo na cidade de Ourense.

c) *Y aquí tienes algunas expresiones vascas y sus traducciones castellanas. ¿Puedes identificar qué es qué?*

1. Ni Miren naiz, eta zu?
2. liburetegia
3. supermerkatua
4. kalea
5. Kaixo, Zer moduz?
6. polikiroldegia
a. ¡Hola! ¿Qué tal?
b. polideportivo
c. biblioteca
d. calle
e. supermercado
f. Me llamo María, ¿y usted?

8 ¿Cómo convencerlos? *(Wie kann man sie nur überzeugen?)*

a) *Quieres pasar una semana en la playa con unos amigos, pero tus padres no están de acuerdo (… sind nicht einverstanden). Busca argumentos a favor y en contra de tus vacaciones (= los argumentos de tus padres). Haz dos listas.*

b) *En grupos de dos o tres escribir una discusión entre tus padres y tú. ¿Vas a ir con tus amigos, o no?*

Entremés: Un campo semántico – el tiempo

 = hace sol (hace buen tiempo)

 = llueve (hace mal tiempo)

 = hay nubes

-10° = hace (mucho) frío

25° = hace calor

 ¿Qué tiempo hace hoy en tu región?

1. Mit welchem Verb werden die meisten Angaben zum Wetter im Spanischen gebildet?
2. Was passiert mit den Adjektiven *bueno* und *malo*, wenn sie vor dem Substantiv stehen?

➡ G § 76

Wörter behält man oft leichter, wenn man sie im Zusammenhang einer Struktur lernt, z. B. einem Vokabelnetz, oder als Gegensatzpaar.
Ejemplo: hace buen tiempo ↔ hace mal tiempo

UNIDAD 7

B Un día agotador

🎧 Hoy ha sido un día agotador: todo el día
ha hecho sol y buen tiempo. Iñaki, el
primo vasco de Jesús, les ha enseñado
pueblos de la región que no están en
5 ninguna guía. Algunos están lejos de
Oñate y el grupo ha andado muchísimo.
Ahora están cansadísimos, pero satis-
fechos. Ya falta poco para llegar al caserío.
Iñaki: Mirad las nubes, ¡qué negras!; va a
10 llover. Vamos a darnos prisa, venga.
Barbara: Sí, y además hace frío. ¡Qué mal tiempo! ¿Tiene alguien un impermeable? Es
que con la escayola…
Jesús: Sí, Iñaki lleva uno.
Iñaki: Sí, sí, aquí lo tengo. También he metido en la mochila el anorak de mi primo,
15 ¿cuál quieres?
Barbara: Da igual.
Caminan ahora deprisa, pero ya está lloviendo. Es una lluvia fría. Cuando llegan al caserío,
están empapados. Suben a las habitaciones y se cambian. Entretanto Iñaki ha encendido
el fuego en el cuarto de estar. Cuando Pilar y Barbara bajan, la habitación ya está caliente.

Iñaki: Venid, poneos aquí conmigo, aquí 20
hace calor.
Jesús llama desde la cocina: Iñaki, en la
cocina hay un montón de platos.
¿Cuáles cojo?
Iñaki: Para la sopa coge mejor tazas. 25
Están en el armario. Y también hay
algunas en la estantería al lado de la
puerta. ¿Las encuentras?
Pilar: ¿Te ayudamos?
Jesús: No, ya me está ayudando Sole y 30
estamos terminando.
Barbara: Oye, Iñaki, ¿tu familia ya no vive aquí?
Iñaki: No, esta casa es de mis abuelos, ya son muy mayores y están viviendo con
nosotros en Bilbao. Sólo la utilizamos en vacaciones. Y yo paso algún fin de semana
35 con mis amigos, cuando estamos cansados de la ciudad y queremos pasar unos días en
el campo. La vida en la ciudad es muy diferente a la vida en el campo.
Chema baja de las habitaciones: Mirar, en el cuarto he encontrado estos discos y cintas
de Serrat, Mercedes Sosa, Violeta Parra… ¿Los ponemos?
Pilar: ¿No hay ninguno más moderno?
40 *Chema:* No, pero no importa, es la música ideal para un día de lluvia. ¿Cuál pongo?
Pilar: Pon a Mercedes Sosa o a Violeta Parra.
Barbara: No las conozco.
Iñaki: Son cantantes latinoamericanas. Mercedes Sosa tiene muy buena voz, vas a ver.
Jesús: Bueno, la sopa está lista enseguida. Vamos a poner la mesa. ¿Dónde está el mantel?
45 *Iñaki:* Estoy buscándolo, espera.
Pilar: ¡Qué bien! Ya tenemos fuego, música y ahora la sopa.
Barbara: Sí, ha sido una idea estupenda.

Ejercicios

👥 1 El día ha sido agotador

Por la noche, Chema llama a sus padres. La madre quiere saber cómo han pasado el día y Chema habla del paisaje, del tiempo, del caserío, de la comida… Trabajad en parejas y escribid el diálogo entre Chema y su madre.

👥 2 ¿Cuáles quieres? *(G § 75)*

Estáis de compras y ¡hay tantas cosas que os gustan! Haced diálogos según el ejemplo.

Ejemplo: —Mira, esta mochila negra o aquélla verde. ¿Cuál te gusta?

—Prefiero la (mochila) negra porque…

—Ah, y mira aquí estos… ▶ *¡Continuad!*

¿Qué compráis al final?

¿Y qué vais a hacer después?

3 En la recepción de un albergue juvenil *(G § 74)*

Cuatro jóvenes alemanes acaban de llegar al albergue juvenil de Peñaranda. Ellos no hablan español y el recepcionista no habla alemán. Tú estás también en el albergue. ¡Ayúdalos! Utiliza la forma correcta de algún *o* ningún *para las palabras en negrita. (… für die fettgedruckten Wörter.)*

Karl: Haben Sie noch ein Zimmer für 4 Personen?

Recepcionista: ¿Para cuántas noches?

Karl: Wir wissen es noch nicht; ungefähr 4 bis 6 Tage. Gibt es **irgendwelche** Probleme?

Recepcionista: No, no, ninguno. Sólo tengo que saber el día exacto de la salida.

Karl: Müssen wir uns jetzt sofort entscheiden?

Recepcionista: No, no, puede ser mañana. Tenemos 2 habitaciones para 5 días. ¿Las queréis?

Karl: Einen Augenblick bitte… Gut, meine Freunde sehen **überhaupt kein** Problem. Gibt es hier **einen** Platz, wo wir unsere Rucksäcke hinstellen können?

Recepcionista: Sí, poned vuestro equipaje aquí debajo de la mesa. Hay bastante sitio.

Karl: Haben Sie **irgendeinen** Reiseführer der Gegend? Wir haben **einige** in Deutschland gekauft, aber sie haben nicht genügend Informationen über die Umgebung von Salamanca.

Recepcionista: Puedo daros ésta, pero no es la última edición.

Karl: Das macht nichts, er scheint informativer zu sein als unser neuer Führer. Vielen Dank!

4 Previsión del tiempo *(Wetterbericht)*

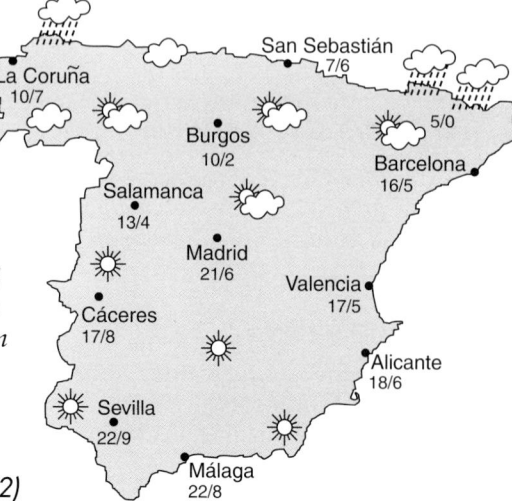

a) *Escribe la previsión del tiempo para
mañana, martes 12 de marzo.*
Mañana va a haber nubes en el norte. Va a
hacer buen tiempo...
▶ *¡Continúa!*

b) *Trabajad en parejas. A pregunta a B sobre el
tiempo que hace en una región o una ciudad
de España. B responde según la información
del mapa. Intercambiad los papeles de vez en
cuando.*

5 Antes de irse *(Vor der Abfahrt)* *(G § 72)*

El grupo se va de excursión y Barbara todavía no ha preparado la mochila.

a) *Haz una lista de las cosas que necesita para la excursión.*

b) *Pilar quiere ayudar a Barbara, pero... ¿dónde están las cosas? Formad diálogos.*

Ejemplo: —¿Dónde tienes las camisetas? —Las tengo en el armario. ▶ *¡Continuad!*

6 Preparar el caserío *(G §§ 72, 73)*

*La pandilla acaba de llegar al caserío donde no ha estado nadie durante muchas semanas.
Hay que hacer muchas cosas. Trabajad en parejas o grupos y haced diálogos según el
ejemplo. (Hablan todos los amigos, no sólo Iñaki, Chema y Barbara.)*

1. poner la mesa – 2. hacer las camas – 3. limpiar el cuarto de estar – 4. abrir las ventanas –
5. preparar la comida – 6. sacar las cosas de la mochila – 7. encender el fuego – 8. llamar a
los padres – 9. poner las bebidas en la cocina

Ejemplo: limpiar las habitaciones → *Iñaki*: Chema, limpia las habitaciones, por favor.
Chema: Las limpio enseguida.
Barbara: Pero Jesús las está limpiando ya.
o: Pero Jesús está limpiándolas ya.

b) *Pensad en otras situaciones en las que hay que dar instrucciones (p. ej. para preparar
una fiesta, o una madre que tiene que trabajar hasta tarde y llama a su hijo o hija).
Inventad otros diálogos.*

7 Para mí, para ti...

¿Conoces bien a tu compañero o compañera... o a tu profesor/a? ¿Qué es para él o ella...?
1. un día agotador – 2. mala suerte – 3. un ambiente fenomenal
Escribe 3 frases (o más) para cada pregunta (utiliza la conjunción cuando*), después
controla con la persona de quien has hablado.*

Ejemplo: Un día agotador para ella es cuando tiene que levantarse a las cinco de la mañana.
▶ *¡Ahora tú!*

8 ¿Qué es para ti? *(G § 76)*

bueno, -a // malo, -a

1. restaurante – 2. grupo de música – 3. discoteca – 4. profesor – 5. amigo

Ejemplo: Para mí, un buen restaurante tiene que ofrecer hamburguesas, pizzas y otras comidas ricas. Es un local donde los camareros vienen enseguida y donde todo es muy barato. ▶ *¡Ahora tú!*

9 Una carta de Argentina

```
Hola:
Me llamo Rosana. Vivo cerca de Buenos Aires, la capital de
Argentina. Yo soy argentina como mi madre, pero mi padre es
italiano. Mi madre es de un pueblo cerca de Iguazú. En
Iguazú hay unas cataratas muy famosas, están en la frontera
entre Argentina y Brasil. En diciembre, cuando es verano
aquí, vamos allí.
Nuestro país es inmenso y tiene una geografía muy variada.
Tenemos paisajes y climas muy diferentes: En el norte, por
ejemplo, hay un clima tropical y en el sur en cambio hace
mucho frío: Argentina llega hasta la Antártida. La Pampa es
muy conocida por su agricultura y ganadería, muy importantes
para la economía argentina. (¡Las grandes cadenas de hambur-
gueserías compran la carne aquí, en Argentina!) También te-
nemos zonas montañosas en los Andes, donde se puede esquiar
en julio y agosto. Y más al sur está la Patagonia, donde vive
muy poca gente, pero se pueden ver pingüinos en la costa.
Buenos Aires es enorme, creo que es la ciudad más grande de
Sudamérica. Casi todos los viernes voy con mis amigos al
centro. Nos gusta mucho ir al cine y a la discoteca. Claro
que también hacemos deporte, pero ninguno de nosotros juega
al fútbol, el deporte nacional de los argentinos. Nosotros
preferimos el tenis, pero no jugamos como Gabriela
Sabatini.
¿Practican ustedes también algún deporte? ¿Cómo viven en
Alemania? ¿Me van a escribir?
Mi dirección es:   Misiones 291
                   1653 Villa Ballester
                   Provincia Buenos Aires
                   Argentina

Saludos,
            Rosana
```

a) *¿De qué temas habla Rosana en su carta?*

b) *Saca toda la información sobre Argentina. (No es necesario entender todas las palabras.)*

 c) *Contesta la carta de Rosana. (Beantworte …)*

10 No me gusta vivir en el campo.

Ulrike está en España para estudiar un año. Su amiga Martina la ha visitado y ahora están viendo la ciudad. Se encuentran a Antonio, un estudiante que Ulrike ya conoce. Antonio no habla alemán y Martina no habla español. Ulrike los ayuda.
(Übertrage das, was Martina und Antonio sagen, sinngemäß in die jeweils andere Sprache.)

¡Así se dice!

auf etwas aufmerksam machen	
– auf etwas hinweisen	¡Mira! ¡Imagínate! ¡Imaginaos!
– Aufmerksamkeit erregen	¡Oye! ¡Atención! ¡Escucha!
– jemanden (unvermutet) ansprechen	Perdón.

Gefühle zum Ausdruck bringen	
– Begeisterung	Es una idea buenísima/estupenda. Me parece super interesante.
– Angst	¡Qué miedo! ¿No es un poco peligroso?
– Mitleid	¡Pobre! ¡Pobres!
– Zufriedenheit	¡Qué bien! Estamos muy bien aquí. Estoy contenta en Salamanca. Estoy satisfecho.
– Gefallen und Missfallen	Me gusta el paisaje. (No) me gustan los cantantes latinoamericanos. Me gustan las peras.
– Gleichgültigkeit	No importa. Da igual.
– Ungeduld	¡Por fin!

Y de postre

 Mercedes Sosa: Gracias a la vida   (Violeta Parra, © Hanseatic Musikverlag, Hamburg)

Gracias a la vida
que me ha dado tanto,
me dio dos luceros
que cuando los abro
perfecto distingo
lo negro del blanco
y en el alto cielo
su fondo estrellado,
y en las multitudes
el hombre que yo amo.

Gracias a la vida
que me ha dado tanto,
me ha dado el oído
que en todo su ancho
graba noche y días,
grillos y canarios,

martillos, turbinas,
ladridos, chubascos
y la voz tan tierna de
    mi bien amado.

Gracias a la vida
que me ha dado tanto,
me ha dado el sonido
y el abecedario,
con él las palabras
que pienso y declaro:
madre, amigo, hermano
y luz alumbrando
la ruta del alma
del que estoy amando.

Gracias a la vida
que me ha dado tanto,

me ha dado la marcha
de mis pies cansados,
con ellos anduve
ciudades y charcos,
playas y desiertos,
    montañas y llanos
y en la casa tuya, tu
    calle, tu patio.

Gracias a la vida
que me ha dado tanto,
me dio el corazón
que agita su marco
cuando miro el fruto
del cerebro humano,
cuando miro al bueno
tan lejos del malo,

cuando miro al fondo
de tus ojos claros.

Gracias a la vida
que me ha dado tanto,
me ha dado la risa
y me ha dado el llanto,
así yo distingo
dicha de quebranto,
los dos materiales
que forman mi canto,
y el canto de ustedes
que es el mismo canto
y el canto de todos
que es mi propio
    canto.
Gracias a la vida.

dio es gab – **los luceros** *poet.* Augen – **distinguir** unterscheiden – **el cielo** Himmel – **el fondo** (Hinter)Grund **estrellado, -a** voller Sterne – **la multitud** (Menschen)Menge – **amar** lieben – **el oído** Gehör(sinn) – **el ancho** Weite – **grabar** *hier:* aufnehmen – **un martillo** Hammer – **el ladrido** Gebell – **un chubasco** Platzregen – **tierno, -a** zärtlich – **el sonido** *hier:* Sprache – **la luz** Licht – **alumbrar** erleuchten – **la ruta** Weg – **el alma** *f* Seele – **la marcha** Fähigkeit zu gehen – **un pie** Fuß – **anduve** ich ging – **un charco** Pfütze – **un desierto** Wüste – **un llano** Ebene – **un patio** (Innen)Hof – **el corazón** Herz – **agitar su marco** *hier:* ganz fest schlagen **el cerebro** Gehirn – **un ojo** Auge – **la risa** Lachen – **el llanto** Weinen – **la dicha** Glück – **el quebranto** Kummer – **mismo, -a** gleich – **propio** eigen

Entremés: Trabajar con el diccionario I

Wenn du unbekannte spanische Wörter nicht mit den Techniken, die du bereits kennengelernt hast (s. S. 31 und 51), erschließen kannst, hilft dir ein **Wörterbuch**, die Bedeutung zu verstehen. Versuche einmal, folgenden spanischen Satz ins Deutsche zu übersetzen:
«Espera, quiero **sacar** una foto.»

Im Wörterbuch findest du unter «sacar» z. B. Folgendes:

1. Lies den Eintrag genau durch. Wie muss der Ausdruck «sacar una foto» im oben genannten Satz übersetzt werden? Erkläre, wie du die richtige Bedeutung gefunden hast.

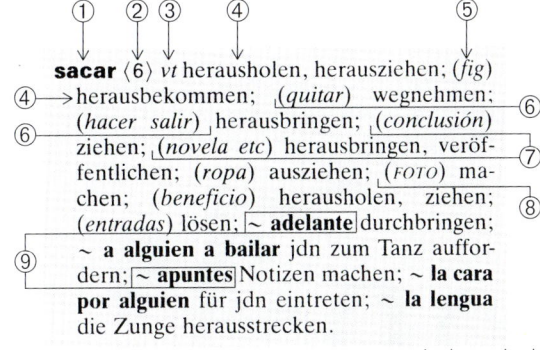

① ② ③ ④ ⑤

sacar ⟨6⟩ *vt* herausholen, herausziehen; (*fig*) ④→ herausbekommen; (*quitar*) wegnehmen; ⑥ (*hacer salir*) herausbringen; (*conclusión*) ⑥ ziehen; (*novela etc*) herausbringen, veröffentlichen; (*ropa*) ausziehen; (*FOTO*) machen; (*beneficio*) herausholen, ziehen; (*entradas*) lösen; ~ **adelante** durchbringen; ⑨ ~ **a alguien a bailar** jdn zum Tanz auffordern; ~ **apuntes** Notizen machen; ~ **la cara por alguien** für jdn eintreten; ~ **la lengua** die Zunge herausstrecken.

⑥ ⑦ ⑧

© PONS Standardwörterbuch

Der Eintrag enthält aber noch viele weitere nützliche Informationen. Je besser du dein Wörterbuch kennst, desto mehr davon kannst du ihm entnehmen. Dies hilft z. B., **Fehler zu vermeiden** oder deinen **Wortschatz** und deine **Ausdrucksfähigkeit zu verbessern**.

Im oben abgedruckten Eintrag erfährst du z. B.:
① das Stichwort: Es gibt u.a. die richtige **Schreibung** an
② den Verweis auf die **Konjugationstabelle** im Anhang; dort erfährst du alles Wichtige über Unregelmäßigkeiten der Konjugation dieses Verbs
③ die **Wortklasse** oder die grammatische Kategorie, hier z. B., dass es sich um ein transitives Verb (= Verb mit direktem Objekt) handelt
④ eine oder mehrere **Bedeutungen**; mehrere Bedeutungen sind durch Strichpunkt getrennt
⑤ Hinweis auf **übertragene Bedeutung**; auch **Stilebenen** (z. B. Umgangssprache) werden so angegeben
⑥ **Erklärungen** zur Unterscheidung mehrerer Bedeutungen; hier lernst du oft nützliche Wörter mit ähnlicher Bedeutung kennen
⑦ wichtige oder typische **Wortverbindungen** (sog. Kollokationen)
⑧ Angabe des **Fachgebiets**, zu dem das Wort gehört oder in dem es in einer bestimmten Bedeutung verwendet wird
⑨ **Redewendungen**, die das Stichwort enthalten; die Tilde (~) ersetzt das unveränderte Stichwort

2. Suche aus dem Abkürzungsverzeichnis deines Wörterbuchs die Bedeutung der folgenden Abkürzungen heraus:

a) adj.	b) pl	c) irr	d) m
e) f	f) subj	g) vi	h) inv
i) AM	j) fam	k) prep	l) v.

Denke daran:
- Nimm nie gleich die erste angegebene Bedeutung eines Wortes.
- Lies den gesamten Eintrag zu einem Wort durch; suche gezielt nach dem Fachgebiet oder Bedeutungsfeld, das zu dem Satz passt, den du übersetzen willst.
- Kontrolliere immer die ausgewählte Bedeutung am Kontext des Satzes oder des Abschnitts.

UNIDAD 8

A De viaje en el cuarto de estar

🎧 La pandilla ha quedado hoy en casa de Rubén para ver las diapositivas de Perú que Ramiro ha traído.

Ramiro: Bueno, Rubén, ¿funciona o no funciona?
Rubén: No sé, es que este aparato es viejísimo. Sí, aquí
5   está la primera diapositiva… ¡Pilar, Barbara, empezamos!
Pilar: Espera, espera. ¿Qué es esto?
Ramiro: Es Cuzco, de donde es mi familia. Fue la capital de los incas y todavía hoy es una ciudad muy
10   importante. En Cuzco pasé trece años…

Jesús: ¿Y adónde os fuisteis después?
Ramiro: A Lima, donde vivimos ahora. Vas a
ver. ¿Dónde está la diapositiva? Ahorita
viene. Aquí estamos celebrando el cumpleaños de mi madre en casa. Yo soy el segundo   15
por la derecha. Estos son mis papás y mis
tíos.

Pilar: ¿Es Cuzco también?
Ramiro: No, no es Cuzco, sino Lima.
20   Como ven es una ciudad enorme, con 7
millones de habitantes. Es mucho más
grande que Madrid.
Rubén: En general las ciudades latinoamericanas son grandísimas. México tiene
25   que ser impresionante.
Ramiro: Y ya se pueden imaginar, hay muchos problemas en una ciudad así: el tráfico, la contaminación, la delincuencia…

Ramiro: Y ahora una foto del mercado, tipiquí-
sima. Fue la primavera pasada, en octubre…   30
Sole: En octubre y primavera… no me
acostumbro.
Ramiro: Claro, aquí es otoño.
Jesús: Oye, ¿hay muchos indios en Perú?
Ramiro: Cuidado: no les gusta la palabra   35
«indios», sino que prefieren «indígenas». Sí,
sí, la mayoría de la población no es de origen
europeo: hay indígenas, mestizos, orientales.
La familia del presidente Fujimori, por ejemplo, emigró de Japón hace muchos años.   40

Ramiro: Estos son los Andes, donde Perú ya es más auténtico. En esta región hay indígenas que no hablan español, sino quechua. La foto fue en el Camino Inca el verano pasado, de camino hacia Machu Picchu, las conocidísimas ruinas incas. 45

Chema: ¿Fuiste tú solo?

Ramiro: No, fui con unos amigos de Lima.

Barbara: Mi amiga Gabi visitó Machu Picchu hace dos años. 50

Ramiro: Sí, siempre está lleno de turistas, pero el Camino Inca es mucho mejor.

Sole: ¡Qué bonito!

Rubén: Hay que decir «¡qué lindo!», 55 como los latinoamericanos.

Ramiro: Es la fiesta del Intiraymi, una fiesta de origen inca de Cuzco. Pero hoy ya no es una verdadera fiesta tradicional, sino un espectáculo para los turistas.

60 *Jesús:* ¿Cuándo sacaste la foto?

Ramiro: La saqué en invierno, poco antes de mi viaje a España.

Ramiro: Estas diapositivas son más antiguas. Son de un viaje con mi familia, cuando visitamos a mis primos en la selva. ¡Los árboles allí 65 son enormes! La selva es el tercer paisaje típico de Perú, con la costa – casi un desierto – y los Andes.

Pilar: ¿Pasasteis mucho tiempo allí?

Ramiro: No, allí nadie puede pasar mucho 70 tiempo. Es que hace un calor horroroso. Al quinto o sexto día nos fuimos.

Ramiro: Éste es el hospital donde trabajaron mi prima y su marido. Son 75 médicos y en 1995 fueron a esta región para participar en un proyecto.

Barbara: ¡Qué interesante! ¿Les gustó el trabajo?

Ramiro: Sí, muchísimo, pero también fue 80 una experiencia un poco triste. Los indígenas viven en general en condiciones malísimas, están perdiendo su cultura, sus formas de vida. Es la otra cara de Perú, son los contrastes que hay en toda 85 Latinoamérica... bueno, y en Europa.

Ejercicios

1 ¿Cómo es Perú? *(G § 81)*

a) *Fede no fue a casa de Rubén con la pandilla. Unos días después pregunta a Chema cómo es Perú. Pero Chema no escuchó bien… Corrige sus frases falsas con la información del texto. Utiliza la conjunción* sino.

> *Ejemplo:* Cuzco fue la capital de los aztecas. → Cuzco no fue la capital de los aztecas, sino de los incas.

1. Lima es una ciudad enorme: tiene 10 millones de habitantes.
2. En Perú la primavera es en julio.
3. Cuzco es la capital de Perú.
4. La mayoría de los peruanos habla quechua.
5. Hay muchos ingleses en Perú.
6. En la selva hace mucho frío y en la costa llueve mucho.
7. Machu Picchu es una ciudad moderna.
8. La fiesta del Intiraymi es una fiesta de origen europeo.

b) *Saca del texto 8A y de las fotos toda la información sobre Perú. Ordénala y escribe un pequeño texto con no más de 10 frases.*

2 Los primos en la selva *(G §§ 77, 78)*

La pandilla tiene muchas más preguntas sobre el viaje de Ramiro a la selva y el trabajo de sus primos. Trabajad en parejas: A hace preguntas, B (= Ramiro) responde con la ayuda de la información entre paréntesis. Controlad mutuamente las preguntas y respuestas. (Kontrolliert gegenseitig eure Fragen und Antworten.)

—¿Cuándo / visitar / tú / primos en la selva? —Los visité en la selva hace tres años.	—¿Cuándo visitaste a tus primos en la selva? (hace 3 años)
—¿Ir / tú / solo? —Fui con mi familia.	—¿Fuiste solo? (con mi familia)
—¿Sacar /vosotros / muchas fotos / selva? —Sí, sacamos muchas fotos allí/de/en la selva.	—¿Sacasteis muchas fotos de/en la selva? (Sí, muchas)
—¿Trabajo en el proyecto / ser / 1ᵉʳ trabajo de tus primos? —No, (no fue su primer trabajo,) antes trabajaron en un hospital en Arequipa.	—¿El trabajo en el proyecto fue el primer trabajo de tus primos? (No / antes trabajar / hospital en Arequipa).
—¿Primos / no echar de menos / la ciudad? —Sí, echaron de menos el ambiente de la ciudad.	—¿Tus primos no echaron de menos la ciudad? (Sí / el ambiente de la ciudad)
—¿Qué idioma / hablar / con los indígenas? —Estudiaron un poco quechua; también los ayudó un indígena que sabe español.	—¿Qué idioma hablaron con los indígenas? (Estudiar / un poco quechua; también / ayudar un indígena que sabe español)
—¿Cuánto tiempo / quedarse / ellos / en la selva? —Se quedaron dos años en la selva.	—¿Cuánto tiempo se quedaron en la selva? (2 años)
—¿Ayudar / vosotros / a tus primos / en su trabajo? —No, no los ayudamos (en su trabajo).	—¿Ayudasteis a tus primos en su trabajo? (no)

3 Visita Perú *(G §§ 77, 78)*

Aquí hay un folleto de una agencia de viajes.

7° día: Visitan Arequipa con sus casas e iglesias de la época colonial.
8° día: Van a Cuzco; visitan la ciudad.
9° día: Toman el tren a Machu Picchu. Disfrutan de las ruinas en medio de un paisaje impresionante.
10°-13° día: Pasan estos días en el Camino Inca.
14° día: Van a Lima; de camino visitan el mercado indígena en Pisac; allí encuentran artesanía textil barata e interesante.
15° día: Terminan su viaje con la visita a Lima; visitan sus monumentos y van también al museo arqueológico. Van de compras a las elegantes tiendas de la capital donde, seguro, encuentran cosas muy lindas.

1° día: Llegan a Lima por la tarde.
2° día: Dejan Lima muy temprano; desayunan en Ancón; pasan por una región preciosa.
3° día: Visitan las ruinas de Chavín de Huantar.
4° día: Continúan hasta Huanchaco; nadan en el Océano Pacífico. Observan a los pescadores.
5° día: Les enseñamos Trujillo y sus monumentos incas.
6° día: Toman el avión a Nazca para ver las conocidísimas «líneas de Nazca».

Fuiste a Perú con esta agencia. Cuando vuelves, cuentas todo a tu amigo o amiga.

El primer día llegué a Lima… ▶ *¡Continúa!*

un pescador Fischer – **un avión** Flugzeug
la artesanía textil Textilhandwerk(sarbeiten)
una tienda Geschäft

 ## 4 Viaje, viajar, viajero

a) *Busca palabras y expresiones que tienen que ver con viajes y ordénalas en una red. Piensa también en palabras de las unidades anteriores. (… die mit Reisen zu tun haben und ordne sie in einem Vokabelnetz. Denke auch an Wörter aus vorausgehenden Lektionen.)*

 b) *Describe un viaje que hiciste. Utiliza palabras que has encontrado en la parte a) del ejercicio. (… eine Reise, die du gemacht hast …)*

5 En la comisaría *(G § 79)*

El viernes pasado el señor Pérez fue en autobús al trabajo como todos los días. Pero el viernes pasado no fue un día normal. Pasó esto:

entrar en el autobús n° 1 – sentarse – hablar con un señor – bajar del autobús – chocar con una chica – ayudar a una señora mayor con las bolsas – necesitar un periódico – pasar delante de un quiosco – entrar y comprar el periódico – pagar – no encontrar la cartera – robarme

a) *El señor Pérez fue a la comisaría enseguida. Contó:*
Esta mañana he entrado en el autobús n° 1 como todos los días. Me he sentado…
▶ *¡Continúa!*

b) *El sábado un periódico publicó un pequeño artículo:*
Ayer por la mañana un señor entró en el autobús n° 1… ▶ *¡Continúa!*

un quiosco ein Kiosk – **una cartera** eine Brieftasche – **robar** berauben

6 El primero es el primero (G § 80)

a) *Trabajad en parejas. A pregunta como en el ejemplo con las palabras en la 1ª y 2ª columna, B responde con la ayuda de la información en la 3ª y 4ª columna. (Wenn ein anderes Verb als* ser *verwendet werden muss, ist dieses in Klammern angegeben.)*

1. presidente de Alemania	6. fiestas del Intiraymi (celebrar)	a) Adán y Eva	e) los incas
2. coche (circular)		b) Neil Armstrong y	f) 1805
3. personas en la luna	7. hombre y mujer	Edwin Aldrin	g) 1896
4. europeo en América	8. Mario Vargas Llosa	c) Cristóbal Colón	h) 1956
5. Juegos Olímpicos	(publicar) libro	d) Theodor Heuss	**la luna** Mond

Ejemplo: ¿Quién fue el primer presidente de Alemania? ¿Cuándo…? ▶ *¡Ahora vosotros!*

b) *¿Conocéis bien vuestro libro de español? Pregunta a tus compañeros y compañeras. Utiliza números ordinales en las preguntas.*

Ejemplo: ¿Hay un texto en la décima página?

1. texto / página 10
2. cuántas personas / textos / unidad 7
3. tema / unidad 4
4. piso / familia Petersen
5. cuántos monumentos / Pilar / texto 1B

6. hacer / resumen / texto 6
7. qué / foto 8 del libro
8. información sobre el grupo Cárabo / textos / unidad 5

un piso Stockwerk

c) *Encontrad más preguntas como en el ejercicio a) o b).*

 ## 7 Un peruano conocido

Escucha el texto en la cinta y toma nota:

NOMBRE Y APELLIDOS:
AÑO Y LUGAR DE NACIMIENTO:
CIUDADES EN QUE HA VIVIDO:
PROFESIÓN:

OBRAS CONOCIDAS:
PREMIOS:
OTRAS OCUPACIONES:
IDEAS SOBRE EL FUTURO:

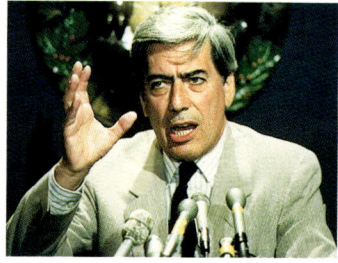

8 Una bebida de América: el chocolate

Combina estas frases. Utiliza conjunciones. Cuidado: a veces hay que cambiar el orden de las frases, hay que utilizar un pronombre en lugar de un sustantivo, etc.

adonde / cuando / donde / pero / por eso / porque / sino / sino que

(… Manchmal muss die Reihenfolge der Sätze geändert, ein Pronomen statt eines Substantivs verwendet werden o. Ä. Es können auch zwei Konjunktionen in einem Satz vorkommen.)

1. El chocolate viene de México. Hernán Cortés llega a México en 1519.
2. Cortés encuentra a los aztecas y, con ellos, conoce el chocolate.
3. Los aztecas no comen el chocolate. Lo beben.
4. En aquel tiempo el chocolate es algo especial. Los aztecas lo beben en copas de oro.
5. Los aztecas llaman al chocolate «xocoatl». Los españoles cambian el nombre a «chocolate». La palabra «xocoatl» es muy difícil.
6. Cortés lo trae a Europa. Para los médicos primero es un medicamento.
7. En Europa hoy mucha gente come chocolate. Está rico.
8. No sólo a nosotros nos gusta comer chocolate. Los astronautas también lo comen.

cambiar (a) ändern zu – **una copa de oro** Goldbecher

Entremés: Trabajar con el diccionario II

Auf S. 83 hast du bereits gesehen, wie du mit Hilfe des **spanisch-deutschen Wörterbuchs** spanische Texte besser verstehen kannst. Sicher willst du auch schon öfter etwas auf Spanisch sagen, aber dir fehlen dazu die Wörter. In solchen Fällen kannst du in einem **deutsch-spanischen Wörterbuch** nachschlagen. Aber Vorsicht: Nur wenn du alle Informationen nutzt, die dir dein Wörterbuch bietet, kannst du Missverständnisse oder unfreiwillig komische oder auch peinliche Situationen vermeiden, wie sie z. B. die Person in der Abbildung erlebt.

Nehmen wir an, du willst den folgenden Satz ins Spanische übersetzen:
«Meine Schwester **bekommt** ein Kind.»

Unter «bekommen» findest du im Wörterbuch z. B.:

bekommen *irr* **1.** *vt* recibir; (*Preis*) ganar; (*Kind: erwarten*) ir a tener; (*gebären*) tener; (*Krankheit*) contraer; (*Zug*) coger, alcanzar; **2.** *vi*: **jdm gut/schlecht** ~ caer bien/mal a alguien; (*Essen*) sentar bien/mal a alguien; (*Sonne*) hacer bien/mal a alguien; **etw satt** [*o* **über**] ~ hartarse de algo; **etw fertig** ~ lograr terminar algo; **ich habe es nicht zu sehen** ~ no he conseguido verlo; **der bekommt von mir was zu hören!** ¡le cantaré las cuarenta!

© PONS Standardwörterbuch

Der Eintrag ist ähnlich aufgebaut wie im spanisch-deutschen Teil des Wörterbuchs (vgl. S. 83). Allerdings beziehen sich hier die Angaben zu Wortarten, Konjugationsmustern usw. auf das deutsche Stichwort.

Wie gehst du vor, um die richtige spanische Übersetzung eines Wortes zu finden?
- Wie bei der Benutzung des spanisch-deutschen Wörterbuchs gilt: Nimm nie gleich die erste angegebene Bedeutung, sondern **lies den gesamten Eintrag genau durch**.
- Achte vor allem auf die Erklärungen zur **Unterscheidung mehrerer Bedeutungen**: Sie geben dir Aufschluss über den Kontext, in dem die jeweilige Übersetzung des Stichworts verwendet werden kann. Suche die Erklärung, die dem von dir zu übersetzenden Satz am nächsten kommt.
- Wenn die Angaben nicht ausreichen oder du unsicher über ihre genaue Bedeutung bist: Schlag das spanische Wort im **spanisch-deutschen Teil des Wörterbuchs** nach. Dort findest du weitere Informationen.
- Falls du mit deiner „Ausbeute" nicht zufrieden bist, kannst du auch noch unter einem (deutschen) **Synonym** nachschlagen.

> *Bei deutschen Sätzen merkst du meist schnell, dass „etwas nicht stimmt", wenn du ein Wort falsch übersetzt hast; im Spanischen fehlt dir dieses Sprachgefühl. Deshalb sieh dir die Angaben zur Bedeutung im deutsch-spanischen Teil des Wörterbuchs besonders genau an!*

1. Wie heißt also der oben genannte Satz korrekt auf Spanisch?
2. Schlage die übrigen im Eintrag angegebenen Wörter, die du noch nicht kennst, im spanisch-deutschen Teil des Wörterbuchs nach. Mit welchem Verb hat wohl der Mann in der Zeichnung «bekommen» übersetzt? Kannst du erklären, weshalb sein spanischer Gesprächspartner dies lustig findet?

UNIDAD 8

B ¿Toda la vida niños de la calle?

Oscar Olívar trabaja para el CEDIC, una organización de Guatemala que ayuda a los niños de la calle.

Reportero: Todos conocemos la expresión
5 «niños de la calle», pero ¿quiénes son estos niños?
Olívar: Muchas veces son niños y jóvenes que vivieron en condiciones familiares muy difíciles. Un día salieron de casa,
10 conocieron a otros niños en la misma situación y se quedaron en la calle. Viven y duermen en la calle, trabajan en pequeñas cosas… Son víctimas de todo tipo de peligros.

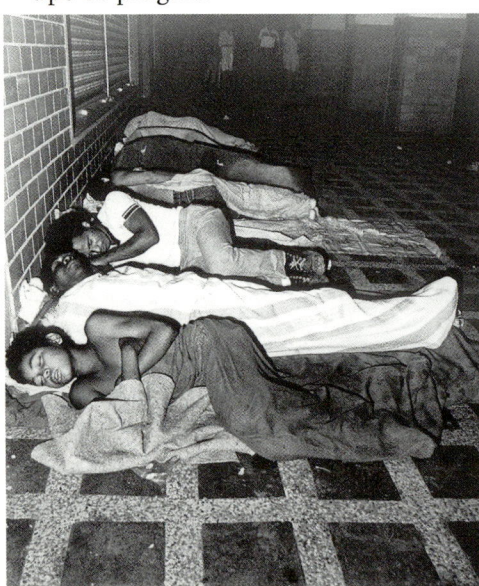

El problema no sólo existe en Guatemala: niños de la calle en Bogotá (Colombia).

15 **Reportero:** Hace cinco años abristeis este centro en la capital. ¿No crees que ya hay muchas organizaciones que ayudan a estos niños y jóvenes?
Olívar: No, no lo creo. Pienso que no son
20 suficientes porque el problema todavía sigue ahí.
Reportero: ¿Por qué fundasteis vuestra organización? ¿Qué hicisteis de otra forma?

Olívar: Al principio aprendimos del traba- 25 jo de otras organizaciones, como es normal. Pero nuestra organización no sólo saca a los chicos de la calle, también les enseñamos una profesión.
Reportero: ¿Puedes darnos un ejemplo? 30
Olívar: Sí, claro, Fernando, por ejemplo. Fernando estuvo con su familia en EE. UU. durante un año. Allí conocieron el «Primer Mundo». Pero un año después tuvieron que irse del país; ya sabes, 35 ilegales. Entonces el padre empezó con la bebida, abandonó a la familia, la madre tuvo hijos con otro hombre… Y Fernando a los 11 años salió de casa y no volvió. 40
Reportero: ¿Y dónde lo conociste?
Olívar: Tuve el primer encuentro con él y con otros chicos en la calle. Conocí sus problemas con las drogas, la policía… Esta toma de contacto es la primera fase 45 del proyecto.
Reportero: ¿Tuviste dificultades para poderte comunicar con él?
Olívar: No. Ellos necesitan a alguien y están contentos cuando alguien los 50 ayuda.

La primera fase de un proyecto: la toma de contacto

Reportero: ¿Y después empieza una segunda fase, no?
Olívar: Así es. Fernando vino al centro para comer gratis. Nosotros sólo le 55 pusimos una condición: las drogas y los cuchillos se quedan fuera.

Reportero: Pero este no es el final de la
historia, ¿no?

60 *Olívar:* No, no, ahora empieza el trabajo
de verdad: darles un futuro. Fernando
hizo muchos esfuerzos y lo ha conseguido: ahora nos ayuda en el proyecto.

Reportero: ¿Y es así en todos los casos?

65 *Olívar:* No, claro que no. Sacar a los
niños de la calle es relativamente fácil y
barato; darles un trabajo, dificilísimo.
En nuestra organización viven todos
juntos en un piso y reciben una forma-
70 ción profesional. Pero ellos no han trabajado nunca, no están acostumbrados
a la regularidad, y por eso tienen problemas. Además, sin educación escolar

normal, con su pasado… Por eso tuvi-
mos que abrir nosotros un taller, donde 75
ahora pueden trabajar. Esta cuarta fase
existe en muy pocos proyectos.

Reportero: Porque es cara, ¿no? ¿Piensas
que el proyecto tiene futuro?

Olívar: Sí, sí lo creo. Hay proyectos más 80
baratos, claro, pero ¿con qué resultado?:
Los niños pasan unas semanas en algún
centro con profesores sin cualificación y
después vuelven a la calle. Nada cambia.
Nuestro proyecto es más caro, pero al 85
final no son niños de la calle con más
años, sino jóvenes, al menos, con un
poco de futuro.

Un texto más: Natras en acción

*«Natras en acción» es una revista que hicieron unos niños de la calle en Estelí
(Nicaragua) para otros jóvenes como ellos. Aquí hay dos textos de esta revista:*

Me llamo Felipe Antonio Talavera, tengo 12 años, trabajo
vendiendo guineos. En algunas casas que llego y dicen sentate y
ponen alguna empleada allí que me esté cuidando porque creen que yo
les voy a robar, que soy niño ladrón como esos otros que caminan ahí
yo no toco nada y llega la señora, me compra y salgo tranquilo y voy
diciendo ¡los guineos!, ¡los guineos!. En algunos lugares me compran
bastante.

Yo con los riales que me gano le doy una parte a mi mamá y
la otra parte me queda a mí, a veces me gano diez pesos, cinco le doy
a mi mamá, si gano cinco le doy dos cincuenta.

Me gusta trabajar porque yo me gano la vida y lo que no me
gusta es que ponen a las empleadas a que me cuiden, que creen que
les voy a robar…

¿Cuál es tu nombre?
José Ventura Aráuz.
¿Qué trabajo hacés?
Lustro zapatos en el parque.
¿Cuánto ganás al día?
De siete a diez córdobas, según el día.
¿A qué hora entrás y a qué hora salís?
*Bueno, yo vengo a la hora que yo quiero,
pero siempre, casi siempre me voy a las
siete de la noche.*
¿Qué hacés con el dinero que ganás?
*Le ayudo a mi mamá con la comida,
cuando puedo compro una camisita…*
¿En qué otro trabajo te gustaría trabajar?
En mecánica, carpintería, electricista.
¿Estás estudiando?
*No, porque no tengo dinero para comprar
cuadernos y lápices.*
¿Cómo niño trabajador qué derechos pensás
que tenés?
Derecho a una salud, educación y otros.

una revista Zeitschrift – **el guineo** el plátano – **cuidar a alguien** auf jdn. aufpassen – **robar** berauben – **un
ladrón** Dieb, Gauner – **tocar** anfassen – **un rial/un peso** nicaraguanische Währung (1 Rial/Peso entspricht
ca. 0,10 €) – **si** wenn – **hacés, ganás, etc.** *Form für haces, ganas etc. in einigen Ländern Lateinamerikas*
lustrar polieren, putzen – **un zapato** Schuh – **un córdoba** un peso – **la carpintería** Tischlerei, Schreinerei –
un cuaderno Heft – **un lápiz** Bleistift – **un derecho** Recht – **la salud** Gesundheit

Ejercicios

 1 Los niños de la calle

Leed otra vez el texto 8B. Tenéis 5 minutos para buscar todas las palabras del campo semántico «niños de la calle». Comparad los resultados con los otros grupos. ¿Qué grupo encuentra más palabras? Discutid los resultados.

2 Un proyecto

a) Saca del texto 8B toda la información sobre estos temas:
   1. ¿Por qué terminan estos niños en la calle?   2. Las fases del proyecto del CEDIC.

b) Transforma las partes de la entrevista que hablan de estos temas en un artículo. Primero ordena lógicamente la información que has encontrado en la parte a) del ejercicio y después escribe el artículo.

3 Las aventuras del Sr. Gutiérrez   (G §§ 82, 83)

despertarse

comer un bocadillo y beber un café

tener que trabajar

abrir la puerta

salir de casa

estar en la ventana

conocer a una chica

divertirse mucho

no ver a nadie

caer del 3er piso

volver a casa

recibir una carta

venir la ambulancia

acostarse

Ordena los dibujos y cuenta una historia. Puedes dejar 1 ó 2 dibujos y no hay una solución, sino varias. (... sondern mehrere.)
Ayer, el Sr. Gutiérrez...   ▶ *¡Ahora tú!*

4 Entrevistar a Fernando

Buscad información en el texto 8B sobre la vida de Fernando. Preparad en grupos preguntas para él. Otro grupo representa a Fernando y responde a vuestras preguntas. Después intercambiad los papeles.

5 Jóvenes de Latinoamérica *(G §§ 84, 85)*

Aquí hay unas fotos de niños o jóvenes latinoamericanos. ¿Qué piensas?: ¿quiénes son?, ¿qué hicieron?, etc.

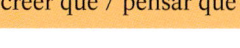

creer que / pensar que

Ejemplo: Creo que el chico en la primera foto trabaja mucho.

▶ *¡Ahora tú!*

  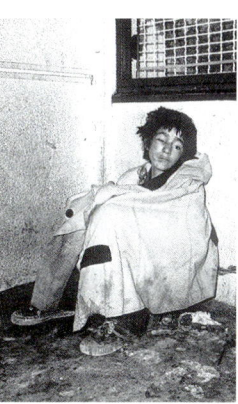

6 Retrato de Guatemala *(Porträt Guatemalas)*

a) *Escribe un artículo con esta información. Utiliza también información del texto 8B.*

nombre: Guatemala
geografía: selva, altiplano, volcanes, ríos
población: unos 10 millones
capital: Ciudad de Guatemala
idioma: español, idiomas indígenas
cultura: antiguas ciudades mayas y ciudades
    coloniales
economía: café, bananos, cardamomo, maíz
personalidades: Rigoberta Menchú, Miguel
    Angel Asturias, Álvaro Arzú Irigoyen

b) *Escucha la entrevista en la cinta. ¿Qué más entiendes sobre Guatemala? Completa tu artículo.*

el altiplano (*latinoam.*) meseta

7 Viaje a las Américas: un juego

Una persona empieza y dice: «Mañana salgo para las Américas y me llevo…» *(p. ej.* «mucho dinero»). *La segunda persona repite esta frase y dice otra cosa más:* «Mañana salgo para las Américas y me llevo mucho dinero y una camisa.» ▶ *¡Continuad!*

llevarse algo etw. mitnehmen

UNIDAD 8

C Los países de Hispanoamérica

Estados Unidos de América

OCÉANO ATLÁNTICO

México

Ciudad de México

Haití

La Habana

Cuba

República Dominicana Santo Domingo

Puerto Rico (EE.UU.)

Belice

Jamaica

Guatemala

Ciudad de Guatemala

El Salvador

San Salvador

Honduras

Tegucigalpa

Nicaragua

Managua

Costa Rica

San José

Panamá

Panamá

Caracas

Orinoco

Venezuela

Bogotá

Colombia

Guayana

Surinam

Guayana Francesa

Quito

Ecuador

Amazonas

Amazonas

OCÉANO PACÍFICO

Perú

Lima

Brasil

Lago Titicaca

La Paz

Bolivia

Paraguay

Paraná

Chile

Paraguay

Asunción

Santiago

Paraná

Buenos Aires

Argentina

Montevideo

Uruguay

✎ 1 En español

Übersetze mit Hilfe des Wörterbuchs die folgenden Ausdrücke oder Sätze. Denke daran:
– *Nimm nicht gleich die erstbeste Übersetzung.*
– *Lies den Eintrag genau durch und suche die passende Übersetzung aus.*
– *Prüfe in Zweifelsfällen im spanisch-deutschen Wörterbuch(teil).*

1. La Paz **liegt** in Bolivien.
   Uruguay **liegt** im Osten Südamerikas.
   Mir **liegt** nichts daran.
2. Puerto Rico **gehört** zu den Vereinigten Staaten.
   Das **gehört** sich nicht.
3. Die Bevölkerung Südamerikas **nimmt zu**.
   Ich habe dieses Jahr **zugenommen**.

2 Montañas, ríos, ciudades...

a) *Stelle eine Liste aller Begriffe zusammen, die du bereits kennst, um Länder zu beschreiben und ordne sie in einem Vokabelnetz. Ergänze deine Liste mit Hilfe des Wörterbuchs.*

👥 b) *Trabajad en parejas. A dibuja un país verdadero o inventado (... zeichnet ein wahres oder erfundenes Land ...) con montañas, ríos, ciudades... B hace preguntas a A sobre este país y dibuja el país según la información que recibe. Al final comparad los dos dibujos... y repetid el ejercicio: B dibuja y A pregunta. Utilizad las palabras que habéis encontrado en el ejercicio a).*

¡Así se dice!

Angaben über Länder und Städte machen

– *Hauptstadt*	Lima es la capital de Perú.
– *Bevölkerung*	Perú tiene unos 23 millones de habitantes. La mayoría de la población no es de origen europeo. Muchos habitantes emigraron de … La emigración interior se dirige a …
– *Sprache*	La lengua (oficial) es el español. Hay varias lenguas indígenas. En España, la población no sólo habla español, sino también catalán, gallego o vasco.
– *Landschaften und ihre geographische Lage*	La región está/se encuentra al oeste/este/en el norte/sur de la península. La ciudad está cerca de la frontera/del mar. En Perú hay tres paisajes: la costa, las montañas y la selva. La costa es casi un desierto. El paisaje es precioso.
– *Lebens- und Umweltbedingungen*	Los indígenas viven en condiciones malas. Los niños de la calle son jóvenes que vivieron en condiciones familiares difíciles. En las grandes ciudades hay muchos problemas: el tráfico, la contaminación, la droga.

Entremés: ¡No hagas eso!

a) *En una calle*

b) *En un museo*

c) *Un dibujo*

Estos carteles significan: (Diese Schilder bedeuten:)

a) *No entres/No entréis aquí en bicicleta o en coche.*

b) *No bebas/No bebáis en las otras salas del museo.*

si wenn – **conducir (-zco)**
(Auto) fahren

1. Suche aus den Erklärungen zu den Abbildungen a) und b) die verneinten Verbformen heraus. Um welches Tempus und Modus handelt es sich?
2. Zu welchen Konjugationen gehören die verneinten Verben? Was stellst du für die Endungen der neuen Formen fest?
3. Sieh dir das Schild in Abbildung c) an. Vergleiche Stamm und Endung des verneinten Verbs mit den Formen, die du bereits gefunden hast.
4. Formuliere die Regel für die Bildung des neuen Modus.

 G § 86

MÓDULO 1

Un día de diario

🎧 15 de junio

Esta mañana he recibido una carta de Iñaki y Patxi con un folleto. A principios de agosto van a participar en un proyecto de reconstrucción de pueblos abandonados y voy a ir también. Es verdad lo que dice Iñaki: «No pienses más en la
5 maldita separación, no te aburras solo en Salamanca durante las vacaciones, ven con nosotros.»

Es un proyecto del Ministerio de Educación y es precioso. Tenemos que participar activamente en todos los trabajos y actividades del pueblo: por la mañana algunos trabajan en la reconstrucción del pueblo, otros producen lo que comemos…
10 y por la tarde podemos participar en diferentes actividades como fotografía, vídeo, cursillos de salud y de medio ambiente. Yo quiero trabajar en los jardines. Para mí es el trabajo menos complicado del mundo. Es fenomenal. Mis primos siempre tienen las ideas más interesantes. Son unos tíos estupendos, super enrollados, con diferencia los más activos de mi familia. No cambiéis, seguid así.
15 Justamente el día 4 mi padre quiere mudarse a Gijón. Creo que para mis padres va a ser más fácil. Así pasan los primeros días de la separación sin mí. De todos modos no puedo resolver sus problemas. Mi madre está de acuerdo, me ha dicho: «No te quedes aquí, no seas tonto». Además viene mi abuela, no va a estar sola esos días. Bueno, mi padre habló conmigo sobre todo lo que va a pasar y ya me
20 he hecho a la idea, y sé perfectamente que en el futuro voy a tener padres separados, pero prefiero no estar aquí esos días. La despedida es horrorosa, es la situación más complicada, y sobre todo con mi abuela… Naturalmente, ha dado los consejos más razonables a mis padres, del tipo «No escuchéis todas las historias de separaciones que os van a contar vuestros amigos.» o «No perdáis la
25 paciencia y no pongáis pegas. Vamos a encontrar una solución justa.» y sobre todo «No discutáis delante del niño.» El niño soy yo: su nieto más joven, lo que significa que, para ella, probablemente voy a tener 5 años hasta la muerte.
Pero no sé lo que voy a hacer con la fiesta de despedida de Barbara. Es el 3 y no voy a estar. Barbara ha sido parte de la pandilla, y con ella hemos pasado un
30 año verdaderamente estupendo. No vamos a separarnos fácilmente de ella. La vamos a echar de menos. Barbara quiere venir todos los años, lo ha prometido, y yo tengo ganas de conocer Alemania, pero… en fin, Jesús, no hagas promesas y no escribas aquí lo que no puedes cumplir. Alemania no está ahí al lado.

Ejercicios

1 Mi amigo Jesús

Jesús ya ha hablado con Fede sobre la separación de sus padres, pero también sobre sus planes para las vacaciones. Haced un diálogo con la información del diario de Jesús.

2 Siempre más   (G § 89)

a) *Hay récords estupendos en el mundo. Busca un adjetivo y un verbo para cada récord y forma frases.*

   Ejemplo: rana / unos 11 mm* → La rana más pequeña
   (del mundo) mide unos 11 mm.

   ▶ *¡Ahora tú!*

1. bicicleta / unos 2 cm*
2. conductor / 104 años
3. personas / 2,63 m (hombre);
   2,47 m (mujer)
4. coche / unos 150 dólares
5. edificio / 475,18 m
6. española / 112 años
7. lugar / -58° C
8. restaurante / 1725 / Madrid

b) *Otros récords: ¿Qué? ¿Quién? ¿Dónde? Forma frases. (Atención a los tiempos del verbo.)*

   Ejemplo: puente / viejo / Izmir → El puente más viejo (del mundo) está en Izmir.

1. montañas / alto / el Himalaya
2. paella / grande / Valencianos en 1992
3. lugar / seco / costa de Chile
4. bebida / popular / coca-cola
5. hombres / pobre / Mindanao (Filipinas)
6. ciudad / poblado / Ciudad de México
7. iglesia / pequeño / Málaga
8. santuario / viejo / El Juyo (norte de España)

   medir (-i-) messen, groß sein – **poblado, -a** bevölkerungsreich – **un santuario** Heiligtum

3 ¡Perfectamente!

   (G § 87)

*Describe estas situaciones.
Utiliza adverbios.
Atención a los tiempos del
verbo.*

comer todo – fácil

resolver – correcto

	LU	MA	MIE	JUE	VIE
9°°			Mate		—
10°°	Mate				
11°°					Mate
12°°					
13°°		Mate			
14°°					
15°°			Mate		

matemáticas – diario

terminar – feliz

ver la televisión – tranquilo

 4 Una historia con los dados

Sacad de los textos de la unidad 8 y del módulo 1 doce adjetivos. Formad los adverbios y numeradlos. Tirad los dados y formad la primera frase de una historia con el adverbio que corresponde al número de los dados. Continuad hasta que hayáis utilizado todos los adverbios. (… Würfelt und bildet mit dem Adverb, das der gewürfelten Zahl entspricht, den ersten Satz einer Geschichte. Spielt weiter, bis ihr alle Adverbien mindestens einmal verwendet habt.)

5 ¡No hagas eso! *(G § 86)*

Patxi e Iñaki están preparando ya las vacaciones. Patxi ha llamado a Iñaki para preguntarle algunas cosas. Reconstruid el diálogo.

Patxi	Iñaki
—¿Llevo las cintas y los Cds? —No, no los lleves, allí no hay cadena de música.	(No / no llevar; allí / no haber / cadena de música.)
(No / no escribir; yo / ya / escribir)	—¿Qué piensas? ¿Escribo a la oficina de turismo para pedir folletos de la región? —No, no escribas, ya he escrito yo.
—Pero yo quiero comprar algunos mapas y una guía de la región. —No los compres, mi padre tiene unos muy buenos.	(No comprar; mi padre / tener / unos muy buenos)
(No / no preguntar; yo / ya /preguntar a mi madre; ella / llevarnos)	—Voy a preguntar a mi padre. Seguro que él nos va a llevar al autobús. —No, no le preguntes. Yo ya he preguntado a mi madre; ella va a llevarnos.
—Oye, quiero hablar con Jesús para pedirle su mochila. Él tiene dos, ¿no? —Sí, pero no lo hagas porque ya la tengo yo.	(Sí, pero no hacerlo; yo / ya tenerla)
(Vale, pero / no venir ahora; yo / salir)	—¿Qué te parece: voy a ir a tu casa y hablamos de todo más tranquilamente? —Vale, pero no vengas ahora; voy a salir.
—Vale. Adiós.	—Vale. Te llamo mañana. Adiós.

6 No estés triste *(G § 86)*

a) Jesús está muy deprimido por la separación de sus padres. (Jesús ist wegen der Trennung seiner Eltern sehr deprimiert.)
¡Dale consejos! Utiliza imperativos.

Ejemplo: —No te quedes en casa. Sal con tus amigos.
                  —No hagas…
          ▶ *¡Continúa!*

b) Inventa otras situaciones (p. ej., un amigo tiene malas notas, una amiga tiene problemas con un profe o con sus padres) y da consejos con imperativos.

7 Me quiere. No me quiere... (G § 88)

Eva sale con Javier desde hace unas semanas, pero no sabe qué pensar de él.
Forma frases. Utiliza el pronombre relativo lo que.

Ejemplo: la semana pasada / estar (él) de vacaciones / escribirme / una carta – eso / no
querer / decir / nada. → La semana pasada estuvo de vacaciones y me escribió una
carta, lo que no quiere decir nada.

1. esta semana / ir (nosotros) dos veces al cine – eso querer decir / (yo) ser / al menos un
   poco importante para él
2. el miércoles / ayudarme / deberes de alemán – ser increíble / saber (él)
3. ayer / estar / todo el día / junto – hablar de todo / pasarnos
4. hablarme / problemas / tener / su hermano mayor – tener un accidente / explicarme / pasar
5. además / hablarme / de su padre / ser profesor de español – ser interesante / pensar /
   profesores / alumnos
6. esta mañana / recreo / ver (a él) / cafetería / con Irene – eso poder significar / ella / gustarle
7. además / llamar (yo) / a su casa / ahora / estar estudiando / con Irene – no saber (yo) /
   pensar
8. ahora mismo / llamarle (yo) – decirle / pensar (yo) / no, mejor escribirle
9. ¡ah! no saber (yo) / querer (yo)

8 ¿Cómo despedir a Barbara?

a) Busca palabras del campo semántico *despedida y ordénalas en una red. Los textos ante-*
riores (y el diccionario) pueden ayudarte. (… in einem Netz. Die vorausgehenden Texte …)

b) La pandilla está haciendo planes para la fiesta de despedida de Barbara, pero todavía*
no tiene muchas ideas. ¡Ayúdalos! Inventa una discusión entre los amigos.

lugar y medio de transporte

comida y bebida

música y actividades

regalo para Barbara

un regalo Geschenk

 c) ¿Y qué pasó en la fiesta? ¡Cuenta la historia!

¡Así se dice!

Gefühle äußern	
– *Bedauern/Sehnsucht*	Vamos a echar de menos a Barbara.
– *Traurigkeit*	Estoy triste.
– *Ratlosigkeit*	No sé lo que voy a hacer.
Meinungen ausdrücken	
– *eine Meinung erfragen*	¿Crees que puedes ayudarlos? ¿Qué piensas? ¿Piensas que el proyecto tiene futuro?
– *die Meinung zum Ausdruck bringen*	Creo que así es más fácil. Pienso que el proyecto es muy interesante. Para mí, son unos tíos estupendos.
– *Zustimmung oder Ablehnung äußern*	Mi madre (no) está de acuerdo. Sí, lo creo. No, no lo creo. No, no pienso así.
– *zum Ausdruck bringen, dass etwas die Meinung einer anderen Person ist*	Para ella está claro: hay que estudiar. Según Ramiro, los argentinos llaman gallegos a los españoles.

Y de postre

Inolvidable Granadilla

En el verano de 1995 un grupo de jóvenes, todos hijos e hijas de emigrantes españoles en Alemania, estuvo una semana en Granadilla, un pueblo abandonado. Aquí están algunas de sus impresiones.

La primera impresión fue horrorosa: casas derrumbadas, calles en malas condiciones… Pensamos: ¡esto es el fin del mundo! (Al pueblo más cercano a Granadilla no se puede ir andando.) ¡La semana que viene va a ser negra y estar llena de trabajo! Pero la primera sorpresa fue la casa donde dormimos: muy grande y más bien confortable.

Poco después llegaron los grupos de Medina del Campo y de Valladolid. Para ellos nosotros éramos los alemanes. Pensaban que no hablábamos ni una palabra de español y se sorprendieron al oírnos hablar. Pero después de unos días nos entendimos muy bien, en todos los sentidos. El contacto con los españoles nos ha ayudado mucho a mejorar nuestro español, porque antes hablabamos «alemañol» (una mezcla de español y alemán). Una cosa que nos sorprendió mucho fue que los españoles tutean a sus profesores.

El trabajo fue un poco raro y duro, porque nosotros vivimos en la ciudad y no conocemos la vida del campo. (Ahora sí la conocemos.) Cada día hacíamos un trabajo diferente: pintar puertas y ventanas, ayudar a reconstruir casas, cuidar de los animales, trabajar en los jardines…

Fue una semana estupenda: ¡aprendimos muchas cosas e hicimos muy buenos amigos! Así que la despedida fue tristísima. Intercambiamos direcciones y ahora muchos nos escribimos con ellos y algunos han ido incluso a visitarlos a Valladolid y a Medina del Campo. Para todos los que hemos formado parte del proyecto de Granadilla ha sido una gran experiencia. Nos gustaría hacer otro viaje a España con el mismo grupo… pero, ¡esta vez sin trabajo!

inolvidable unvergesslich – **derrumbado, -a** zerfallen – **el mundo** Welt – **una sorpresa** Überraschung – **éramos** wir waren – **pensaban** sie dachten – **hablábamos** wir sprachen – **sorprenderse** überrascht sein – **el sentido** Bedeutung, Sinn – **mejorar** verbessern – **una mezcla** Mischung – **tutear** duzen – **duro, -a** hart – **hacíamos** wir machten – **pintar** streichen – **cuidar de** hüten – **incluso** sogar – **nos gustaría** wir würden gerne

Entremés: ¿Toño o Toñi?

En una discoteca, el sábado por la tarde.
Pedro: ¡Hola, Mari Carmen! ¿Has visto a Paco? Es que
   Alexa y yo hemos quedado con él aquí y no lo vemos.
   ¿No está aquí?
Mari Carmen: Ya no, ha salido con Toño.
Alexa: ¿Qué dice?, ¡con la música, no entiendo nada!
Pedro: Dice que Paco ya no está aquí, que ha salido con
   Toño.
Juan: ¿Qué dices? ¿Que Paco sale con Toñi?
Alexa: No, no sale con Toñi, he dicho que ha salido con
   Toño.
Ana a Mario: ¿Sabes una cosa? Paco sale con Toñi.
Mario: ¿De verdad? Pero yo lo he visto muchas veces con
   Mari Carmen.
Ana: ¡Dices que lo has visto con Mari Carmen! Pues Juan
   ha dicho que sale con Toñi. ¡Pobre Mari Carmen!
Ana y Mario (se dirigen adonde está Mari Carmen):
   ¡Pobre!
Mari Carmen: ¿Por qué me dices «pobre»?
Mario: Con la música no te oigo.
Ana: Te pregunta por qué le dices «pobre».
Mario: Pero… ¿no sabes nada de Paco y Toñi?
Mari Carmen: ¿Me preguntas si sé algo de Paco y Toñi?
   ¿Qué pasa con Paco y Toñi?
Mario: Paco sale con Toñi, ¿no lo sabes? La semana
   pasada Juan los vio juntos.
Mari Carmen: ¿Qué? Por ahí viene y le voy a decir dos
   cosas. (*Se dirige a Paco que acaba de volver*): Ah, ya
   estás aquí. La semana pasada pensaste mucho en mí, ¿eh?
   ¡Eres un…!
Paco: ¿Qué pasó la semana pasada? ¿Qué he hecho yo
   ahora?
Mari Carmen: ¿Tú me preguntas qué pasó la semana pasada
   y qué has hecho ahora? Lo sé todo. Los otros me han
   contado todo: que sales con Toñi, que la semana pasada
   os vieron juntos… Puedes salir con mil chicas, pero yo no
   quiero verte nunca más. ¿Entendido?

1. Lies den Text genau durch und notiere die Ausdrücke, mit denen die Sprecherinnen und
   Sprecher ihren Satz einleiten, wenn sie die Rede einer anderen Person wiedergeben. In
   welchem Tempus stehen sie?
2. Sieh dir die wiedergegebene Rede an. Was ändert sich? Was bleibt gleich?
3. Formuliere die Regel für die Bildung der indirekten Rede.

➡ G § 90

  Erfindet in Gruppen eine ähnliche Geschichte, bei der ein Sachverhalt immer wieder erzählt und
dabei verändert wird.

¡Déjate de historias!

Hola, buenos días, ¿quiénes son ustedes?

Somos Don Quijote y Sancho Panza, los dos personajes más conocidos de España. Nosotros...

Por fin os encuentro. ¡Hala, al libro!

Ustedes son los Reyes Católicos, ¿no?

¿Qué dice, hijo?, ¿qué le ha preguntado?

Le ha preguntado si son los Reyes Católicos.

¡Carlitos... deja la espada! ¡Este niño es una batalla perdida!

Pues sí, yo soy Colón, de profesión descubridor de América. A usted... no le conozco.

¡ATENCIÓN! ¡ATENCIÓN! EMPEZAMOS?

HISTORIA DE ESPAÑA

¿Quién es? y, ¿qué dice?

No pasa nada. Es la dibujante, mi colega, y pregunta si empezamos.

¡Claro que no! Yo nací casi un siglo después de su muerte. Soy Velázquez, el pintor de Felipe IV.

Sí, mirad, ahí hay una puerta abierta.

Pues vamos.

Durante la Edad Media en la Península Ibérica convivieron en paz tres culturas: la árabe, la judía y la cristiana. Así nació la cultura más avanzada de Europa en la época: traducciones de obras científicas y filosóficas, la matemática y la astrología, el papel…

¡No, no y no! Hay que traducir esta expresión así.

¡Qué va! Así está mal.

Ya le he dicho muchas veces que ustedes no entienden nada de griego.

En 1492 los Reyes Católicos finalizaron la lucha contra los árabes con la conquista del último reino árabe, Granada.
Ese año expulsaron también a los judíos.

¿Y ahora qué conquistamos?

¿Qué te parece? ¿Mandamos a Cristóbal a América?

Ese año descubrí América.

Dice que nos descubrió, pero nuestras culturas son más antiguas que la mayoría de las culturas europeas. Y además se equivocó: ¡ha dicho durante toda su vida que descubrió las Indias!

¿Y esto, qué es?

No sé muy bien, pero los indios dicen que sobre todo lo comen los alemanes.

En la época de Carlos I (Carlos V de Alemania), España es el país más poderoso de Europa. La cultura y la lengua españolas pasan a América.

Mi abuelo es austríaco, mi padre holandés, mi madre española… Yo soy emperador de Alemania, rey de España y de muchas tierras en América… Algunos dicen que soy Carlos I, otros que soy Carlos V. Me pregunto quién soy yo.

Pasamos a una época llamada «Siglo de Oro», la época más creadora de la cultura española. En realidad son dos siglos, el siglo XVI y el siglo XVII.

Mis novelas son las más leídas del mundo.

Don Miguel, ¡la pintura tampoco es el arte menos importante de esta época!

Un momento, enseguida termino.

¡Dios mío, hay que inventar la fotografía!

¡Aquellos tiempos! En mi época hemos perdido todas las colonias, hasta Filipinas y Cuba…

Bueno, ya podemos irnos.

¿Vamos al bar?

Sí, venga, hay que celebrarlo: ¡Por fin se acaba el libro!

¡Hurra!

Ejercicios

1 ¿Quién dice qué?

Dicen que nací en Génova, pero ya no sé, ¡he viajado muchísimo! El gran error de mi vida fue ir al oeste para llegar al este. Descubrí, sin embargo, una tierra preciosa.

Reiné con mi mujer. ¡Una mujer con carácter! Siempre consiguió todo. Con sus perlas pagó el viaje de un genovés para descubrir nuevas tierras.

Estudié en los Países Bajos, donde nací, pero a la muerte de mi abuelo, un español muy católico, tuve que venir a España. Mi otro abuelo me dejó todavía más tierras. ¡Es agotador tener un imperio enorme porque siempre hay algún sitio donde alguien lucha!

La gente habla de las aventuras de mis personajes, pero mi vida sí fue una aventura. Perdí un brazo en la batalla de Lepanto. ¡Por suerte fue el izquierdo, porque con el derecho escribí muchísimo!

Viví en una época triste de la historia de España. A unos amigos y a mí, la gente nos llama «la generación del 98» y dicen que somos muy pesimistas, pero fueron años de verdad muy difíciles.

a) *Asocia a los personajes con los monólogos. (Ordne die Personen den Monologen zu.)*

b) 1. *¿Qué culturas convivieron en España en la Edad Media y cómo?*
   2. *¿Qué hicieron los Reyes Católicos en 1492?*
   3. *¿Qué piensan los «indios» del descubrimiento de América?*
   4. *¿Qué es el Siglo de Oro? ¿Por qué es muy importante?*
   5. *¿Cómo está España en el siglo XIX?*

reinar regieren

2 ¿Quién soy yo?

Trabajad en grupos de 4 ó 5. Uno de vosotros elige un personaje histórico y los otros le hacen preguntas para saber quién es. Sólo puede responder sí o no.

3 Una puerta abierta   (G § 92)

a) *Busca en el texto del Módulo 2 los participios utilizados como adjetivos con el sustantivo (y su objeto, cuando hay uno). Escribe el verbo que es la base del participio y haz una lista según el modelo.*

los personajes más conocidos de España	conocido, -a	conocer
una batalla perdida	perdido, -a	...

▶ *¡Continúa!*

b) *Formad parejas o grupos. ¿Cuántos participios podéis formar en 5 minutos? ¿Pueden servir todos como adjetivos? Discutid los resultados.*

4 Ejercicio de estilo *(G § 92)*

Combina las dos frases. Transforma los verbos subrayados en participios y utilízalos como adjetivos. (... Wandle die unterstrichenen Verben in Partizipien um und verwende sie als Adjektive.)

Ejemplo: Los Reyes Católicos <u>expulsaron</u> a los judíos españoles en 1492. Los judíos españoles se llaman sefardíes.   → Los judíos expulsados en 1492 se llaman sefardíes.

▶ *¡Ahora tú!*

1. En Toledo los traductores <u>estudiaron</u> obras griegas y latinas. Estas obras fueron muy importantes para la cultura europea.
2. Nebrija escribió la primera gramática de la lengua castellana. La <u>publicó</u> en 1492.
3. Granada fue el último reino árabe en España. Lo <u>conquistaron</u> los Reyes Católicos en 1492.
4. Colón <u>hizo</u> otro viaje a América en 1493. Fue el segundo viaje de Colón a América.
5. Con los conquistadores <u>llegaron</u> muchos productos nuevos de América. Estos productos cambiaron la comida europea.
6. Algunas bibliotecas <u>conservan</u> libros mayas. Estos libros están en Dresde, París y Madrid.
7. Los siglos XVI y XVII fueron una época muy creadora. Estos siglos <u>se llaman</u> Siglo de Oro.
8. En 1713 España, Inglaterra, Francia y Holanda <u>firmaron</u> el Tratado de Utrecht. Desde el Tratado de Utrecht Gibraltar es inglés.

un tratado Vertrag

5 ¿Qué dicen?, ¿qué preguntan? *(G § 90)*

Tu has escuchado estas conversaciones. Cuenta a un compañero/a una compañera lo que han dicho las personas.

Ejemplo: El chico pregunta a la chica si le ha gustado la película. La chica responde que ...
▶ *¡Continúa!*

6 Perdón, no he entendido. *(G § 90)*

El viejo árabe de los primeros dibujos no entiende bien y tiene que preguntar siempre. Imagínate que tú estás con él y tienes que explicarle la conversación de los dibujos 4 a 11.

Ejemplo: El árabe dice que hay que traducir esa expresión así. El judío dice que no, que así está mal. El cristiano...   ▶ *¡Continúa!*

👥 7 Hemos hablado de un montón de cosas...   (G § 90)

*Chema conoció ayer a una chica en la piscina y hoy han hablado por teléfono de un mon-
tón de cosas: de lo que han hecho hoy, de su clase en el instituto y de lo que van a hacer
mañana juntos. Después Chema ha encontrado a Jesús en la calle y le ha contado todo.
Imaginad en parejas el diálogo entre Chema y Jesús.*

8 ¿El más poderoso? ¿La más importante?   (G § 89)

a) Forma frases. Utiliza el superlativo y también «creo que/pienso que».

1. Don Quijote y Sancho Panza / Romeo y
   Julieta // personajes de la literatura /
   conocido
2. Edad Media / siglo XX // cultura / avanzado
3. pintura / literatura // arte del Siglo de Oro /
   creador
4. Granada / América // conquista / difícil

5. mayas / aztecas // reino / antiguo
6. Cervantes / Unamuno // novelas / leído
7. Velázquez / Picasso // pintor / moderno
8. Cristóbal Colón / Hernán Cortés // descubridor / importante
9. Carlos I / Felipe IV // rey de España /
   poderoso

Ejemplo: Lima / México // ciudad de Hispanoamérica / grande
   → —Yo creo que Lima es la ciudad más grande de Hispanoamérica.
   —No, no lo creo. Yo creo que México es la ciudad más grande…

b) Encontrad más ejemplos.

9 Cristóbal Colón cuenta   (G § 79)

*Aquí hay notas según el diario de Cristóbal Colón durante
su viaje a América.*

3-8-1492: He salido del puerto de Palos con tres barcos. Hemos
   ido al oeste para encontrar una ruta más corta a las Indias.
12-08: Las Islas Canarias. Hemos comprado comida y agua.
17-09: El viaje es agotador. Por la noche los hombres se
   acuestan cansados.
11-10: Rodrigo de Triana ha visto tierra.
12-10: Por la noche, a las dos, hemos estado con el barco delante de la costa, pero hemos espe-
   rado hasta la mañana. Entonces he descubierto algo en la playa: hemos visto a los primeros
   indios. Los indios nos han observado con cuidado y al final han venido hasta la costa. Hemos
   bajado del barco y he tomado posesión de la tierra para los reyes. Hemos ofrecido a los indios
   pequeñas cosas que les han gustado. Hemos disfrutado de la fruta que nos han ofrecido.
13-10: Nos hemos dirigido al sur para buscar oro. Entretanto los indios han avisado a su rey.
18-12: Hemos encontrado al rey de los indios de esta región. Es muy pobre y tiene poco oro.
   Los indios de aquí tampoco conocen los cuchillos.
16-01-1493: Hemos puesto las velas para volver a España. Llevamos a algunos indios.
4-3: Hemos vuelto a Europa. Hemos llegado a Portugal.
Abril de 1493: He estado con los Reyes Católicos en Barcelona. Les he hablado de mi viaje.

un diario Tagebuch – **un barco** Schiff – **tomar posesión de** in Besitz nehmen – **la vela** Segel

a) Colón cuenta su viaje a los Reyes Católicos. El 3 de agosto de 1492 salí… ▶ *¡Continúa!*
b) Escribe el relato del viaje. (… den Bericht über die Reise.)
   El 3 de agosto de 1492, Colón salió…   ▶ *¡Continúa!*

¡Así se dice!

Y de postre

 Clavelitos

Clavelitos *es una canción de la tuna de Salamanca. Las tunas son grupos musicales de estudiantes de la universidad. Sólo pueden ser hombres. Muchas veces, de noche, puedes verlos cantar debajo de la ventana de sus novias y amigas. Van vestidos de negro, como los estudiantes de otros siglos, y llevan cintas que les han dado sus amigas.*

Mocita, dame un clavel,
dame el clavel de tu boca,
para eso no hay que tener
mucha vergüenza ni poca.
Yo te daré un cascabel,
te lo prometo, mocita,
si tú me das esa miel
que llevas en la boquita.

Clavelitos, clavelitos,
clavelitos de mi corazón,
hoy te traigo clavelitos
colorados igual que un tizón.

Si algún día clavelitos
no lograra poderte traer,
no te creas que ya no te quiero,
es que no te los pude coger.

La tarde que a media luz
vi tu boquita de guinda,
yo no he visto en Santa Cruz
otra boquita más linda
y luego al ver el clavel
que llevabas en el pelo,
mirándolo, creí ver
un pedacito de cielo.

Clavelitos, clavelitos…

una cinta Band – **una mocita** Mädchen – **un clavel** Nelke – **la vergüenza** Scham – **daré** ich werde geben – **un cascabel** Glöckchen – **prometer** versprechen – **si** wenn – **la miel** Honig – **boquita, clavelito, etc.** *Verkleinerungsformen für* boca, clavel etc. – **el corazón** Herz – **colorado igual que un tizón** *hier:* ganz dunkel(rot) – **lograra** ich könnte – **no te creas** glaube nicht – **pude** ich konnte – **coger** pflücken – **la luz** Licht – **una guinda** Sauerkirsche – **llevabas** du trugst – **el pelo** Haar – **un pedacito** Stückchen – **el cielo** Himmel

VOCABULARIO

Die Aussprache der spanischen Buchstaben

Die Aussprache der spanischen Buchstaben und Buchstabenkombinationen erfolgt nach ganz festen Regeln. Wenn du diese Regeln beherrschst, weißt du bei jedem neuen Wort sofort, wie es gesprochen wird. Im Folgenden werden in alphabetischer Reihenfolge diejenigen Buchstaben erläutert, die im Spanischen grundsätzlich anders ausgesprochen werden als im Deutschen. Rechts neben dem Buchstaben steht in eckigen Klammern das Lautsymbol. Viele Lautsymbole sehen aus wie normale Buchstaben. Wenn kein Kommentar dahinter steht, kannst du davon ausgehen, dass sie ungefähr so ausgesprochen werden wie die entsprechenden Buchstaben im Deutschen.

1. Konsonanten

Beispiele

b	[b]	im Anlaut (d. h. am Wortanfang nach einer Sprech-pause) sowie nach *m* und *n*	Barcelona, rumba, bueno, biblioteca
	[β]	*(ein [b], das als Reibelaut gesprochen wird, d. h. mit leicht geöffneten Lippen, so dass Luft durch-fließen kann)* im Inlaut (d.h. innerhalb eines Wortes oder einer Wortgruppe), außer nach *m* und *n*	Cuba, la Habana, Pablo, el banco, una biblioteca
ch	[tʃ]	*(klingt wie das deutsche* tsch *in* Matsch*)*	chocolate, mucho
c	[k]	vor den Vokalen *a, o, u* und vor Konsonanten	Carlos, costa, película, claro, concreto
	[θ]	*(klingt wie das stimmlose englische* th *in* thing*)* vor den Vokalen *e* und *i*	Barcelona, cine
d	[d]	im Anlaut und nach *l* und *n*	dos, maldito, Andalucía
	[ð]	*(klingt ähnlich wie das stimmhafte englische* th *in* this*)* im Inlaut (außer nach *l* und *n*)	adiós, Pedro, la discoteca
g	[x]	*(klingt wie das deutsche* ch *in* ach*)* vor *e* und *i*	ingeniero, región
	[g]	im Anlaut vor *a, o, u* und Konsonanten; im Inlaut nach *n* (wenn *a, o, u* oder Konsonant folgen)	Galicia, gobierno, gustar, gracias, tango, inglés
	[ɣ]	*(ein [g], das als Reibelaut gesprochen wird, d. h. zwischen Zungenrücken und Gaumen kann Luft durchfließen)* im Inlaut, außer vor *e* und *i* und nach *n*	iglesia, amigo, la Sagrada Familia, una gala
gu	[g]	im Anlaut vor *e* und *i*	guerra, guitarra
	[ɣ]	im Inlaut vor *e* und *i*	hamburguesa, una guitarra

> Das *u* wird vor *e* und *i* nicht gesprochen!

	[gw]	im Anlaut vor *a* und im Inlaut nach *n*	guano, lengua
	[ɣw]	im Inlaut vor *a* (außer nach *n*)	agua, la Guardia civil

> Das *u* wird vor *a* wie das englische *w* in *water* gesprochen!

gü	[gw]	im Anlaut vor *e* und *i*	cigüeña (*Storch*)
	[ɣw]	im Inlaut vor *e* und *i*	pingüino (*Pinguin*)

> Das Trema (die zwei Punkte) bewirken, dass das *u* gesprochen wird.

h		wird nicht gesprochen		un hotel [uno'tel]
j	[x]	*(klingt wie das deutsche* ch *in* ach*)*		trabajar, ejemplo, José, Julia
ll	[ʎ]	*(klingt ähnlich wie* [j]*)*		llamar, calle
ñ	[ɲ]	*(klingt, als ob* [n] *und* [j] *gleichzeitig gesprochen würden, wie das französische* gn *in* compagnon*)*		España
qu	[k]	Das u wird nicht gesprochen!		¿quién?, ¿qué?
r	[r]	*(einfach gerolltes Zungen-*r*)* im Inlaut, außer nach *n, l* und *s*, und im Auslaut		San Fermín, Aragón, Barcelona, el mar
	[rr]	*(mehrfach gerolltes Zungen-*r*)* im Anlaut sowie im Inlaut nach *n, l* und *s*		Ramón, un restaurante, el río, las ranas
rr	[rr]	siehe r		guitarra, Navarra
s	[s]	*(stimmlos)* außer vor stimmhaften Konsonanten		fiesta, adiós, museo
	[z]	*(stimmhaftes* s*)* vor stimmhaften Konsonanten		isla, las Ramblas
v	[b]	im Anlaut und nach *n*	V wird genauso wie b ausgesprochen.	vacaciones, un viaje
	[ß]	im Inlaut, außer nach *n*		¿de verdad?, Cervantes
y	[j]	vor Vokalen (siehe. 2. „Diphthonge")		playa, Goya, yo
	[i]	als Wort in der Bedeutung „und"		Maribel y Luis
z	[θ]	*(klingt wie das stimmlose englische* th *in* thing*)*		plaza, abrazo, zumo

2. Diphthonge (Zwie- oder Doppellaute)

Wenn zwei unterschiedliche Vokale aufeinandertreffen, werden sie meist als Diphthonge, d.h. als eine einzige Silbe ausgesprochen (Ausnahmen s. unten).

Ist der erste Bestandteil des Diphthongs *a, e* oder *o* und der zweite Bestandteil *i* oder *u*, so wird der erste Bestandteil stärker betont:

ai	[ai]	Jaime	au	[au]	restaurante
ei	[ei]	seis	eu	[eu]	Europa
oi	[oi]	boina (*Baskenmütze*)			

Beachte:
Das *e* behält auch in Diphthongen seine Aussprache [e] bei. Die Kombination *ei* wird also nicht, wie im Deutschen, als [ai] ausgesprochen, und *eu* nicht als [oi].

Ist der erste Bestandteil des Diphthongs *i* oder *u*, so wird er zum Halbvokal [j] oder [w] abgeschwächt, und der zweite Bestandteil wird stärker betont:

ia	[ja]	Alemania	ua	[wa]	estatua
ie	[je]	fiesta	ue	[we]	bueno
io	[jo]	vacaciones	uo	[wo]	antiguo
iu	[ju]	ciudad	ui	[wi]	cuidado

Beachte:
1. Nach *g* wird das *u* in *ue* und *ui* nicht gesprochen (s. oben unter gu). Das *u* bewirkt hier nur, dass das g als [g] oder [ɣ] und nicht als [x] ausgesprochen wird. Auch in der Kombination *qu* wird das *u* nicht gesprochen.

2. Wenn das *i* oder das *u* einen Akzent trägt, so werden die beiden Buchstaben als getrennte Vokale in getrennten Silben gesprochen:

    día ['dia]   río ['rio]   caído [ka'iðo]

    Trägt dagegen ein anderer Bestandteil einen Akzent, so bedeutet dies nur, dass die Silbe, die den Diphthong enthält, betont ist:

    excursión [ekskur'sjon]   adiós [a'ðjos]   habláis [a'ßlais]

    (Der Akzent sitzt immer auf dem Vokalbestandteil, der stärker betont ist.)
3. Wenn *a, e* oder *o* untereinander kombiniert werden, werden sie immer zweisilbig gesprochen. Die Kombinationen *ae, ao, ea, eo, oa* und *oe* bilden also keine Diphthonge:

    paella [pa'eʎa]   ideal [iðe'al]   duchaos [du'tʃaos]   museo [mu'seo]   oeste [o'este]

Betonung und Akzent

Auch die Betonung der spanischen Wörter erfolgt nach festen Regeln. In den folgenden Beispielen ist die betonte Silbe jeweils rot unterstrichen:

* Wörter, die auf einen Vokal oder auf *s* oder *n* enden, werden auf der vorletzten Silbe betont:

    fiesta, Pamplona, restaurante, vacaciones, examen

* Wörter, die auf einen anderen Konsonanten als *s* oder *n* enden, werden auf der letzten Silbe betont:

    popular, hotel, fenomenal, Madrid, Beatriz

* Bei Wörtern, die entgegen diesen beiden Regeln betont werden, erhält der Vokal oder Diphthong der betonten Silbe einen Akzent. Eine Silbe mit Akzent wird also immer betont:

    San Fermín, excursión, adiós, espectáculo, película, Almodóvar, mamá

    Anmerkung:
    Auch bestimmte einsilbige oder zweisilbige Wörter, bei denen dies aus Betonungsgründen nicht notwendig wäre, tragen einen Akzent. Dieser steht
    1. zur Unterscheidung von Homographen (gleich geschriebenen Wörtern):
        él (Personalpronomen *er*) – *el (*bestimmter Artikel)
    2. bei Fragewörtern und Ausrufen:
        ¿quién?, ¿qué?, ¿cómo?
        ¡Qué bonito!, ¡Cuánta gente!

Lektionsbegleitendes Vokabular

Das lektionsbegleitende Vokabular enthält nur den Lernwortschatz der jeweiligen Unidad. Hier nicht aufgeführt sind diejenigen Wörter und Ausdrücke, die im Zusammenhang einer Übung erklärt sind sowie diejenigen, die (z. B. mit den auf den Seiten 31 und 51 eingeführten Lerntechniken) erschlossen werden können. Diese finden sich – zusammen mit ihrer Übersetzung – im „Diccionario"; ihre aktive Beherrschung wird später nicht vorausgesetzt.

Die Randziffern entsprechen den Übungsnummern.

Abkürzungen:

adj	Adjektiv	*pl*	Plural	*G*	Grammatisches
adv	Adverb	*pp*	Partizip Perfekt		Beiheft
m	maskulin	*sg*	Singular		
f	feminin	*südam.*	das Spanische Süd-		
fam	umgangssprachlich		und Mittelamerikas		
inf	Infinitiv	*subst*	Substantiv		

Vacaciones en España

vacaciones *f*	Ferien
en	in; an; auf
España *f*	Spanien
en España	in Spanien
la frontera	die Grenze
en la frontera	an der Grenze
una fiesta	ein Fest, eine Feier
la fiesta	das Fest, die Feier
popular	volkstümlich, populär
una fiesta popular	ein volkstümliches Fest; ein Volksfest
de	von
San Fermín	St. Firminius *(spanischer Heiliger)*
la fiesta de San Fermín	das Fest des San Fermín
un río	ein Fluss
el río	der Fluss
un día	ein Tag
una iglesia	eine Kirche
y	und
un museo	ein Museum
el museo Picasso	das Picasso-Museum
una paella	eine Paella *(span. Reisgericht)*
un restaurante	ein Restaurant, ein Gasthaus

por fin	schließlich, endlich
una costa	eine Küste
una foto	ein Foto
en la foto	auf dem Foto
un hotel	ein Hotel
una playa	ein Strand
el mar	das Meer
con	mit
un amigo	ein Freund
una amiga	eine Freundin
una guitarra	eine Gitarre
una excursión	ein Ausflug
una noche	eine Nacht
un espectáculo	ein Schauspiel
es	(er/sie/es) ist
En Granada, la noche es un espectáculo.	In Granada ist die Nacht ein Schauspiel.
(el) flamenco	(der) Flamenco *(spanischer Tanz)*
un cine	ein Kino
una película	ein Film
¡Adiós!	Auf Wiedersehen!
fenomenal	toll, klasse

2	¡Hola!	Hallo!
	un abrazo	eine Umarmung *(auch Schlussformel im Brief)*

Unidad 1A

Spanische Städte

Pamplona · Barcelona
Valencia · Granada

Sonstige geographische Namen

el (río) Ebro · Fluss im Norden Spaniens
Aragón m · spanische Region/Verwaltungseinheit
la Costa del Sol · Küste im Süden Spaniens

Berühmte spanische Bauwerke

la Sagrada Familia · Kirche in Barcelona („die Heilige Familie")
la Alhambra · maurische Palastanlage in Granada

Spanische Persönlichkeiten

Pablo Picasso · Maler und Bildhauer (1881–1973)
Fernando Trueba · Filmregisseur (*1955)

Unidad 1

A: El final de las vacaciones

el final · das Ende
el final de las vacaciones · das Ferienende
una calle · eine Straße
en una calle · auf einer Straße
una chica · ein Mädchen
un chico · ein Junge
Perdón. · Entschuldigung.
buscar (G § 6) · suchen
un instituto · ein Gymnasium
estudiar · studieren; in die Schule gehen; lernen
allí · dort
¿Estudias allí? · Gehst du dort in die Schule?
sí · ja; doch (s. Kasten)
yo (G § 5) · ich
también · auch
ser (G § 5) · sein

Yo soy Jesús. · Ich bin Jesús.
tú · du
¿cómo? · wie?
¿Cómo te llamas? · Wie heißt du?
Me llamo … · Ich heiße …
de verdad · wirklich
¿De verdad estudias allí? · Gehst du wirklich dort in die Schule?
no · nein; nicht
¿no? · nicht wahr? (s. Kasten)
aquí · hier

¿Eres de aquí? · Bist du von hier?
—Sí./No. · – Ja./Nein.
Tú no eres de aquí, ¿no? · Du bist nicht von hier, nicht wahr?
—Sí./No. · – Doch./Nein.

mi · mein(e)
el padre · der Vater
un alemán · ein Deutscher
Mi padre es alemán. · Mein Vater ist Deutscher.
la madre · die Mutter
una española · eine Spanierin
Mi madre es de Santander. · Meine Mutter kommt aus Santander.
ahora · jetzt
trabajar · arbeiten
Ahora mi padre trabaja aquí. · Jetzt arbeitet mein Vater hier.
un ingeniero · ein Ingenieur
hablar · sprechen
muy (adv) · sehr
bien (adv) · gut
el español · Spanisch, die spanische Sprache
Hablas muy bien español. · Du sprichst sehr gut Spanisch.
¿Qué tal? · Wie geht's?
—Bien, ¿y tú? · – Gut, und dir?
—Así, así. · – So so la la./Es geht so.
¿quién? (G § 8) · wer? (sg)
¿Y tú, quién eres? · Und wer bist du?
una alemana · eine Deutsche
él · er
un compañero · ein Klassenkamerad
Somos compañeros de Jesús. · Wir sind Klassenkameraden von Jesús.

¿De dónde eres?	Woher bist du?	interesante	interessant
Alemania *f*	Deutschland	¿qué?	was?
¡Ah!	Ah!/Ach (so)!/Aha!	esto	dies, das (hier/da)
Hamburgo	Hamburg	¿Qué es esto?	Was ist das?
en español	auf Spanisch	una universidad	eine Universität
En español es Hamburgo.	Auf Spanisch heißt es/ sagt man Hamburgo.	una estatua	eine Statue, ein Denkmal
vosotros/vosotras *(G § 5)*	ihr *(m/f pl)*	un escritor	ein Schriftsteller
sí *(adv)*	tatsächlich	bastante *(adv)*	ziemlich (viel); genügend
pero	aber	conocido, -a	bekannt
Jesús y Chema sí son de Salaman- ca, pero yo no.	Jesús und Chema sind (schon) aus Salaman- manca, aber ich nicht.	un escritor bastante conocido en España	ein in Spanien ziem- lich bekannter Schriftsteller
cerca de	in der Nähe von, bei	un nombre	ein Name
cerca de Salamanca	bei Salamanca	una rana	ein Frosch
mal *(adv)*	schlecht	¿dónde?	wo?
mucho *(adv)*	viel; sehr	pequeño, -a	klein
¿Cómo?	Wie bitte?	una mascota	ein Maskottchen
Bueno, bueno…	Na gut, …/Na ja, …	una persona	eine Person
nosotros/nosotras	wir *(m/f)*	importante	wichtig
llegar	(an-)kommen	un puente	eine Brücke
los profesores	die Lehrer	un perro	ein Hund
¿quiénes? *(G § 8)*	wer? *(pl)*	un toro	ein Stier
¡Mira!	Schau/Sieh' mal!	un símbolo	ein Symbol, ein Wahrzeichen
un profesor	ein Lehrer	una catedral	eine Kathedrale
el inglés	Englisch, die eng- lische Sprache	dos	zwei
un profesor de inglés	ein Englischlehrer	nuevo, -a	neu
ella	sie *(f sg)*	viejo, -a	alt
una profesora	eine Lehrerin	el interior	das Innere
(la) física	(die) Physik	hoy	heute
ellos/ellas *(G § 5)*	sie *(pl)*	tomar	nehmen; *auch:* zu sich nehmen (= *essen, trinken*)
6 entrar	eintreten, hineingehen	algo	(irgend)etwas
¿Entramos?	Gehen wir hinein?	un café	ein Café
8 tu	dein(e)	una plaza	ein Platz
		la Plaza Mayor	der Marktplatz
		Vale.	In Ordnung./OK.

B: Visitamos la ciudad

visitar	besuchen, besichtigen	precioso, -a	(wunder)schön
una ciudad	eine Stadt	un camarero	ein Kellner
bonito, -a *(G § 10)*	schön, hübsch	guapo, -a	hübsch *(für Personen)*
grande	groß	una coca-cola	ein Coca-Cola
hay *(G § 15)*	es gibt, da ist/sind	un zumo	ein Saft
una casa	ein Haus	una naranja	eine Orange
antiguo, -a	alt	un zumo de naranja	ein Orangensaft
un monumento	ein Monument, eine Sehenswürdigkeit	ahora mismo	sofort, jetzt gleich
		simpático, -a	nett, sympathisch
		eso	das (da)

todo	alles
Eso es todo.	Das ist alles.
Gracias.	Danke.
terminar	(be)enden, aufhören; *hier:* austrinken
Las vacaciones terminan hoy.	Die Ferien enden heute.
¿Terminas el zumo?	Trinkst du den Saft aus?
una concha	eine Muschel
raro, -a	seltsam, außergewöhnlich
una biblioteca	eine Bücherei
una visita	ein Besuch, eine Besichtigung
¿Qué tal la visita?	Wie ist / Was macht die Besichtigung?
siempre	immer
¡Claro!	Klar! / Natürlich!
¡Claro que no!	Natürlich nicht!
una discoteca	eine Diskothek
un polideportivo	eine Sporthalle, ein Sportstadion
una piscina	ein Schwimmbad
el ambiente	die Atmosphäre, die Stimmung
una hamburguesería	ein Hamburgerrestaurant
una hamburguesa	1. eine Hamburgerin 2. ein Hamburger (Brötchen)
bueno, -a	gut
¿eh?	was? / wie?
2 ¿De quién es?	Wem gehört er/sie/es?

Unidad 2

A: En casa de Barbara

en casa	zu Hause
en casa de alguien	bei jdm. zu Hause
Es la una y media. *(G § 12)*	Es ist halb zwei (Uhr).
ir *(G § 14)*	gehen
a	nach, (hin) zu
a casa	nach Hause
Van a casa.	Sie gehen nach Hause.

estar *(G §§ 14, 15)*	sein, sich befinden
delante de	vor
delante de la casa	vor dem Haus
un número	eine Nummer, eine Zahl
17 = diecisiete *(G § 11)*	siebzehn
ya	schon
Ya estamos aquí.	Wir sind schon hier.
un momento	ein Augenblick
¿Entráis un momento?	Kommt ihr einen Augenblick herein?
el cumpleaños	der Geburtstag
mis *(G § 16)*	meine *(pl)*
un hermano	ein Bruder
mis hermanos	meine Brüder; meine Geschwister
los padres	die Eltern
sus *(G § 16)*	seine/ihre
sus amigos	seine/ihre Freunde
entonces	(also) dann
hasta	bis
luego	dann, später
¡Hasta luego!	Bis nachher/später!
una señora *(Abkürzung* Sra.)	eine Dame
La señora Petersen está en casa.	Frau Petersen ist zu Hause.
la cocina	die Küche
preparar	zu-/vorbereiten
una comida	ein Essen, eine Mahlzeit
preparar la comida	das Essen zubereiten
mamá	Mama
una hija	eine Tochter
una hora	eine Stunde
¿Qué hora es?	Wie viel Uhr ist es?
menos	weniger
veinte	zwanzig
Son las dos menos veinte.	Es ist zwanzig vor zwei.
una clase	eine Unterrichtsstunde
las clases	der Unterricht
¿Qué tal las clases?	Wie war der Unterricht?
nuestro, -a *(G § 16)*	unser(e)
el alemán	Deutsch, die deutsche Sprache
fácil	einfach
¿A qué hora …?	Um wie viel Uhr …?

un cuarto	ein Viertel
un cuarto de hora	eine Viertelstunde
a las dos y cuarto	um viertel nach zwei
antes	vorher, zuvor
tus *(G § 16)*	deine
tus profesores	deine Lehrer
esperar	warten
¡Espera!	Warte!
¿adónde? *(G § 22)*	wohin?
su	sein(e), ihr(e)
una habitación	ein Zimmer
Barbara va a su habitación.	Barbara geht in ihr Zimmer.
un cuarto	ein Raum, ein Zimmer
una cama	ein Bett
un armario	ein Schrank
al lado de	neben
al lado de la cama	neben dem Bett
una ventana	ein Fenster
una silla	ein Stuhl
una mesa	ein Tisch, *auch:* ein Schreibtisch
un ordenador	ein Computer
una cinta	ein (Ton-)Band; eine Kassette
un libro	ein Buch
una estantería	ein Regal
en la estantería	auf dem Regal
a la derecha de	rechts von
a la derecha de la estantería	rechts vom Regal
una puerta	eine Tür
sobre	über
sobre la cama	über dem Bett
una cadena	eine Kette
(la) música	(die) Musik
una cadena de música	eine Stereoanlage
a la izquierda de	links von
un póster *(pl* posters)	ein Poster
llamar	rufen
el cuarto de estar	das Wohnzimmer
mirar	(an-/hin-)schauen
un cómic	ein Comic(heft)
Mira un cómic.	Er schaut einen Comic an.
seguro *(adv)*	sicher(lich)
¿Tu cinta? Está en tu cuarto, seguro.	Dein Tonband? Es ist sicher in deinem Zimmer.

debajo de	unter
debajo de la cama	unter dem Bett
una cosa	eine Sache, ein Ding
igual	der-/die-/dasselbe
¡Siempre igual!	Immer dasselbe!
diez	zehn
el comedor	das Esszimmer
La comida está en la mesa.	Das Essen steht auf dem Tisch.

Preposiciones **Präpositionen**

Carmen está **en** su habitación.
Hay un libro **en** la mesa.
Hay un póster **sobre** la mesa.
La cama está **delante de** la ventana.
El perro está **debajo de** la cama.
Hay un armario **al lado de** la ventana.
Está **a la derecha de** la cama.
La mesa está **a la izquierda** de la cama.

por favor	bitte
Un momento, por favor.	Einen Augenblick, bitte.
el cuarto de baño	das Badezimmer
un espejo	ein Spiegel
gracioso, -a	komisch, witzig
vuestro, -a *(G § 16)*	euer(e)
una discusión	eine Diskussion
Vamos.	Gehen wir.

1	una familia	eine Familie
2	Ponen una película.	Es läuft ein Film.
3	una hermana	eine Schwester
	un inglés	ein Engländer
	una clase	eine Klasse

un señor (*Abkürzung* Sr.)	ein Herr	llamar (por teléfono)	anrufen
el señor Pérez	Herr Pérez	tener (*G § 18*)	haben
5 llegar a casa de alguien	zu jdm. (nach Hause) kommen	(el) tiempo	(die) Zeit
después	danach, später	(no) tener tiempo	(keine) Zeit haben
		¡Anda!	Nun komm schon!

B: Un trabajo interesante

un trabajo	eine Arbeit
un recreo	eine Pause (*in der Schule*)
una cafetería	eine Cafeteria; ein Café
comer (algo) (*G § 17*)	(etw.) essen
un bocadillo	ein belegtes Brötchen
beber (algo)	(etw.) trinken
ir de excursión	einen Ausflug machen
Roma	Rom
necesitar algo	etw. benötigen, etw. brauchen
(el) dinero	(das) Geld
para	für
un viaje	eine Reise
un periódico	eine Zeitung
preguntar (algo) (a alguien)	(jdn.) (etw.) fragen
responder (a alguien)	(jdm.) antworten
leer (algo)	(etw.) lesen
un anuncio	eine Anzeige
una agencia	eine Agentur
usted/ustedes (*G § 19*)	Sie (*Höflichkeitsform*)
el francés	Französisch, die französische Sprache
o	oder
¿Habla usted francés o inglés?	Sprechen Sie Französisch oder Englisch?
joven (*pl* jóvenes)	jung
una tarde	ein Nachmittag
por la tarde (*G § 24*)	nachmittags
un teléfono	ein Telefon
45 = cuarenta y cinco (*G § 21*)	fünfundvierzig
38 = treinta y ocho (*G § 21*)	achtunddreißig

¿qué … ?(+ *subst*)	was für ein(e) …?
¿Qué trabajo es? (*G § 20*)	Was für eine Arbeit ist es?
una cabina	eine Kabine, eine (Telefon-)Zelle
pasar algo a alguien	jdm. etw. reichen/ geben
un empleado	ein Angestellter
Dígame.	*Eröffnungsformel des Angerufenen am Telefon (wörtl.: „Sagen Sie mir.")*
Buenos días.	Guten Tag.
un anuncio sobre algo	eine Anzeige wegen etw./etw. betreffend
hablar sobre algo	über etw. sprechen
un/una guía	ein(e) Fremden-führer(in)
enseñar algo a alguien	jdm. etw. zeigen
un/una turista	ein(e) Tourist(in)
un idioma	eine Sprache

Nacionalidades	Nationalitäten
Juan es **español**.	Spanier
Pilar es **española**.	Spanierin
Son **españoles**.	Spanier
Hans es **alemán**.	Deutscher
Elke es **alemana**.	Deutsche
Son **alemanes**.	Deutsche
John es **inglés**.	Engländer
Mary es **inglesa**.	Engländerin
Son **ingleses**.	Engländer

Idiomas	Sprachen
Hablo **español, alemán, inglés** y **francés**.	Spanisch, Deutsch, Englisch und Französisch.
la edad	das (Lebens-)Alter
vivir (*G § 17*)	leben, wohnen
Vivo en Salamanca.	Ich wohne in Salamanca.
un año	ein Jahr

Tengo 17 años.	Ich bin 17 Jahre alt.
abrir	öffnen
desde ... hasta ...	von ... bis ...
Abrimos desde las	Wir haben von neun
nueve hasta la una.	bis ein Uhr geöffnet.
una mañana	ein Vormittag; ein
	Morgen
las diez de la	zehn Uhr morgens /
mañana *(G § 24)*	vormittags
el mediodía	der Mittag
(G § 24)	
el nombre	*hier:* der Vorname
el apellido	der Nachname,
(vgl. S. 30)	der Familienname
una dirección	eine Adresse
59 = cincuenta y	neunundfünfzig
nueve *(G § 21)*	
escribir (algo)	(etw. auf)schreiben
escuchar (algo)	zuhören; etw. anhören
Eva no escucha.	Eva hört nicht zu.
Escuchamos una	Wir hören eine
cinta.	Kassette an.
¿cuándo?	wann?
mañana	morgen
primero	zuerst
una entrevista	ein Interview; *hier:*
	ein Vorstellungs-
	gespräch
un curso	ein Kurs, ein Lehrgang
Primero hay una	Zuerst findet ein Vor-
entrevista, después	stellungsgespräch
un curso.	statt, danach ein Kurs.
un mes	ein Monat
El curso son dos	Der Kurs dauert zwei
meses.	Monate.
una vendedora	eine Verkäuferin
una entrada	eine Eintrittskarte;
	ein Eingang
pasar	geschehen
¿Qué pasa?	Was ist los?
1 un texto	ein Text
5 ¿Qué ponen en	Was kommt / läuft im
la radio?	Radio?
7 los hijos	die Söhne; die Kinder

Unidad 3

A: El grupo Cárabo

un grupo	eine Gruppe
querer algo (-ie-)	etw. (gerne) wollen,
(G § 26)	gerne haben
preferir algo	etw. vorziehen,
(a algo/alguien)	etw. lieber mögen
(-ie-)	(als etw./jdn.)
gris	grau
verde	grün
sucio, -a	schmutzig, dreckig
limpio, -a	sauber
una montaña	ein Berg; ein Gebirge
la basura	der Abfall, der Müll
un árbol	ein Baum
sin	ohne
una solución	eine Lösung
pensar (en algo)	(an etw.) denken
(-ie-)	
el futuro	die Zukunft
así	so; solch ein(e)
No quiero vivir	Ich möchte nicht so
así.	leben.
un grupo así	eine solche Gruppe
¿por qué?	warum, weshalb
participar	(an etw.) teilnehmen,
(en algo)	(bei etw.) mitmachen
Galicia	Galicien *(Landschaft*
	in Nordspanien)
una región	ein Gebiet, eine
	Region
mucho(s), -a(s)	viel(e)
(G § 28)	
un pueblo	ein Dorf
la industria	die Industrie
la gente	die Leute
La gente **es**	Die Leute **sind** nett.
simpática.	
un campo	ein Feld
el campo	das Land
trabajar en el	auf dem Land
campo	arbeiten
ir al campo	aufs Land gehen /
	fahren
el medio ambiente	die Umwelt
porque	weil

¿Por qué no participas? —**Porque** no tengo tiempo.	**Warum** machst du nicht mit? – **Weil** ich keine Zeit habe.

la naturaleza	die Natur
seco, -a	trocken
poco(s), -a(s) (G § 28)	wenig(e)
un problema	ein Problem
poco (adv) (G § 28)	wenig; zu wenig
dar (G § 25)	geben
una información	eine Information
dar información (a alguien) (sobre algo)	(jdn.) (über etw.) informieren
entender algo (-ie-)	etw. verstehen
la importancia	die Bedeutung, die Wichtigkeit
la ecología	die Ökologie, die Umweltforschung
sobre todo	vor allem
el fin	das Ende
una semana	eine Woche
un fin de semana	ein Wochenende
Los fines de semana vamos al campo. (G § 31)	Am Wochenende fahren wir (immer) aufs Land.
observar algo	etw. beobachten
un animal	ein Tier
una planta	eine Pflanze
un jardín	ein Garten
plantar (un árbol)	(einen Baum) pflanzen
la verdad	die Wahrheit
Es verdad.	Es ist wahr.
normal	normal
Sí hay problemas.	Es gibt sehr wohl Probleme.
ecológico, -a	ökologisch, Umwelt-
un parque	ein Park
bastante(s) (G § 28)	ziemlich viel(e); genügend
un coche	ein Auto
(el) agua f	(das) Wasser
Hay **poca** agua.	Es gibt wenig Wasser.
concreto, -a	konkret
un ejemplo	ein Beispiel
por ejemplo	zum Beispiel
separar algo de algo	etw. von etw. trennen

(el) papel	(das) Papier
un papel	ein (Blatt/Stück) Papier
una botella	eine Flasche
limpiar algo	etw. reinigen, etw. saubermachen
el patio	der (Schul-)Hof
un chicle	ein Kaugummi
el suelo	der Boden

B: Un fin de semana divertido

divertido, -a	lustig, unterhaltsam
viernes m	Freitag
casi	fast
los viernes (G § 31)	freitags
No hay clase.	Es findet kein Unterricht statt.
¡Chisss!	He!, Ssst!
hacer algo (hago) (G § 30)	etw. machen, etw. tun
ir a hacer algo (G § 32)	etw. tun werden
¿Qué vas a hacer el fin de semana?	Was machst du am Wochenende?
saber algo (G § 30)	etw. wissen
a lo mejor	vielleicht
domingo m	Sonntag
el domingo (G § 31)	am Sonntag, diesen Sonntag
jugar (-ue-) (G § 29)	spielen (Sport und Spiele, vgl. Kasten)
el tenis	Tennis
tocar (algo)	(etw.) spielen (Musik, vgl. Kasten)
una batería	ein Schlagzeug
el fútbol	Fußball

jugar al tenis	Tennis spielen
jugar al fútbol	Fußball spielen
tocar la batería	Schlagzeug spielen
tocar la guitarra	Gitarre spielen
Mecano **toca** hoy.	Die Gruppe Mecano spielt heute.

ahí	da, dort
decir algo (a alguien) (digo) (G § 30)	(jdm.) etw. sagen
otro, -a (G § 33)	(ein) anderer/-s, (eine) andere

salir (salgo) (G § 30)	(weg-/hinaus-/aus-) gehen
La profesora sale.	Die Lehrerin geht hinaus.
¿Salimos hoy por la tarde?	Gehen wir heute abend aus?
lunes *m*	Montag
quedar	sich verabreden; sich treffen
¿A qué hora quedamos?	Wann treffen wir uns?
saber hacer algo	etw. tun können (*gelernt haben*)
¿Sabes jugar al tenis?	Kannst du Tennis spielen?
(el) deporte	(der) Sport
hacer deporte	Sport treiben
sólo	nur
¿Haces deporte? —Sólo en el instituto.	Treibst du Sport? – Nur im Gymnasium.
favorito, -a	Lieblings-
mi deporte favorito	mein Lieblingssport
tener clase	Unterricht haben
martes *m*	Dienstag
pensar hacer algo	vorhaben etw. zu tun, etw. tun wollen
ver (veo) (G § 30)	sehen
la televisión	das Fernsehen
ver la televisión	fernsehen
un partido	Spiel, Match
el baloncesto	Basketball
un partido de baloncesto	ein Basketballspiel
contra	gegen
España contra Alemania	Spanien gegen Deutschland
¿Tú qué dices?	Was sagst/meinst du (dazu)?
ganar	gewinnen
ganar un partido	ein Spiel gewinnen
el abuelo	der Großvater
la abuela	die Großmutter
los abuelos	die Großeltern
nadar	schwimmen
tener ganas de hacer algo	Lust haben, etw. zu tun
jueves *m*	Donnerstag
un sitio	ein Platz, ein Ort
una idea	eine Idee

proponer algo (a alguien) (propongo) (G § 30)	(jdm.) etw. vorschlagen
Propongo ir al cine.	Ich schlage vor, dass wir ins Kino gehen.
un concierto	ein Konzert
miércoles *m*	Mittwoch
todavía	noch (immer)
malo, -a	schlecht, schlimm
un bar	eine Bar, eine Kneipe
estupendo, -a	toll
venir (vengo) (G § 30)	kommen
¿Vienes?	Kommst du (mit)?
2 sábado *m*	Samstag

Los días de la semana

lunes	Montag
martes	Dienstag
miércoles	Mittwoch
jueves	Donnerstag
viernes	Freitag
sábado	Samstag
domingo	Sonntag

Unidad 4

A: Una fiesta en el instituto

diciembre *m*	Dezember
el 31 (= **treinta y uno**) **de** diciembre	der **31.** Dezember
la compra	der Einkauf
ir a la compra	einkaufen gehen
comprar algo	etw. kaufen
una bebida	ein Getränk
¿cuánto(s), -a(s)?	wie viel(e)?
un limón	eine Zitrone
(el) limón	*hier:* (die) Zitronenlimonade
(la) naranja	*hier:* (die) Orangenlimonade
demasiado(s), -a(s)	zu viel(e)
unos, -as (+ *Zahl*)	ungefähr
unos diez días	ungefähr zehn Tage

unas dos semanas	ungefähr zwei Wochen
más	mehr
60 o más	60 oder mehr
tanto(s), -a(s)	so viel(e)
una almendra	eine Mandel
una patata	eine Kartoffel
frito, -a	gebraten, gebacken
(las) patatas fritas	(die) Kartoffelchips
un sándwich ['sandwitʃ]	ein Sandwich
una tarta	ein Kuchen
demasiado *(adv)*	zu (sehr/viel)
dulce	süß
La tarta es demasiado dulce.	Der Kuchen ist zu süß.
Trabajas demasiado.	Du arbeitest zu viel.
(el) chocolate	(die) Schokolade *(auch Getränk)*
un churro	*span. in Öl gebratenes Salzgebäck*
pues	also, nun
os *(G § 38)*	euch
parecer	(er-)scheinen
Parecen simpáticos.	Sie scheinen nett zu sein.
Me parecen simpáticos.	Ich finde sie nett.
¿Qué os parece?	Was haltet ihr davon?
un postre	ein Nachtisch
¿Preparo un postre?	Soll ich einen Nachtisch machen?
(la) fruta	(das) Obst
una macedonia	ein Obstsalat
gustar a alguien	jdm. schmecken; jdm. gefallen
me *(G § 38)*	mir; mich
La macedonia me gusta.	Ich mag Obstsalat.
¡En marcha!	Auf geht's!/Los!
un hipermercado	ein (großer) Supermarkt
un euro ['euro] (*pl* euros ['euros])	ein Euro
importar	wichtig sein
No importa.	Das macht nichts.
150 = ciento cincuenta *(G § 34)*	hundertfünfzig
ó *(zwischen Ziffern)*	oder
200 = doscientos, -as	zweihundert

200 € = doscientos euros *(G § 34)*	zweihundert Euro
doscientas personas *(G § 34)*	zweihundert Personen
pagar	(be)zahlen
hacer cuentas	abrechnen
una panadería	eine Bäckerei
(el) pan	(das) Brot
ideal	ideal
caro, -a	teuer
el mercado	der Markt
una charcutería	eine Metzgerei
(el) jamón	(der) Schinken
(el) queso	(der) Käse
una frutería	ein Obststand; ein Obstladen

Vamos a la compra

¿Adónde vamos?	¿Qué compramos?
la panadería	el pan
la frutería	la fruta, las patatas
la charcutería	el jamón, el queso, …
el hipermercado	las bebidas, el queso, la fruta, el pan, …
el mercado	

una tendera	eine Ladenbesitzerin, eine Händlerin
poner (pongo, *G § 30*)	setzen, stellen, legen; *hier:* geben
¿Qué te/os/le/les pongo? *(G § 38)*	Was darf's sein?
un kilo	ein Kilo
medio, -a *(G § 36)*	(ein/eine) halbe(r/s)
un kilo y medio	eineinhalb Kilo
ese, esa, esos, esas (+ *subst*) *(G § 37)*	diese(r/s) … (dort)
ése, ésa, ésos, ésas	diese(r/s) (dort)
este, esta, estos, estas (+ *subst*)	diese(r/s) … (hier)
éste, ésta, éstos, éstas	diese(r/s) (hier)
una manzana	ein Apfel
costar (-ue-) *(G §§ 29, 42)*	kosten
aquel, aquella, aquellos, -as (+ *subst*) *(G § 37)*	jene(r/s) …, der/die/ das … dort
aquél, aquélla, aquéllos, -as	jene(r/s), der/die/ das dort

amarillo, -a	gelb
un céntimo	ein Cent
rojo, -a	rot
1,10€ = un euro diez	1 Euro 10
barato, -a	billig
rico, -a	lecker, schmackhaft
Un kilo es poco.	Ein Kilo ist zu wenig.
nos (G § 38)	uns
una pera	eine Birne
500=quinientos, -as (G § 34)	fünfhundert
un gramo	ein Gramm
quinientos gramos	fünfhundert Gramm
un plátano	eine Banane
faltar	fehlen
¿Nos falta algo?	Brauchen wir noch etwas?
Nos faltan unas cosas.	Wir brauchen noch einiges.
a ver	mal sehen
te (G § 38)	dir; dich
una mandarina	eine Mandarine
¿Cuánto es?	Wie viel macht das?
les (G § 38)	ihnen
las vueltas f	das Wechselgeld
una bolsa	eine Tüte, ein Beutel
esta noche	heute Abend
pesar	wiegen
La bolsa pesa cinco kilos.	Die Tüte wiegt fünf Kilo.
pelar algo	etw. schälen

1	cada (+ *subst*)	jede(r/s)
4	un/una cantante	ein(e) Sänger(in)
	un novio	ein (fester) Freund
	una mujer	eine Frau
	moderno, -a	modern
5	el precio	der (Kauf-)Preis
6	un kilómetro	ein Kilometer
	estar a … kilómetros de …	… km von … entfernt sein
7	una novia	eine (feste) Freundin
	tener novia	eine Freundin haben

B: Nochevieja

la Nochevieja	Silvester(abend)
¡Venga!	Los!/Mach(t) schon!
deprisa (*adv*)	schnell

una uva	eine Weintraube
quitar la mesa	den Tisch abräumen
el cuidado	die Vorsicht, die Sorgfalt
tener cuidado (con algo)	achtgeben, aufpassen (auf/mit etw.)
un vaso	ein (Trink-)Glas
un plato	ein Teller
¡Atención! f	Achtung!
señoras y señores	meine Damen und Herren
un poco	ein bisschen
feliz (pl felices) (G § 44)	glücklich
¡Feliz año nuevo!	Gutes neues Jahr!
abrazar a alguien	jdn. umarmen
el marido	der Ehemann
poder hacer algo (-ue-)	etw. tun können (in der Lage sein oder die Möglichkeit haben)
imposible	unmöglich
pobre	arm
¡Pobre!	Du Ärmste(r)!
la suerte	das Schicksal; das Glück
la mala suerte	das Unglück, das Pech
tener suerte	Glück haben
tener mala suerte	Pech haben
unos, unas	einige, ein paar
unos días	ein paar Tage
unas horas	ein paar Stunden
un minuto	eine Minute
llamar a la puerta	(an der Tür) läuten
Llaman a la puerta.	Es läutet (an der Tür).
un beso	ein Kuss (auch Grußformel)
volver (-ue-) (G § 42)	zurückkehren
antes de (las vacaciones)	vor (den Ferien)
el desayuno	das Frühstück
coger algo (G § 44)	etw. (mit)nehmen
bajar	hinuntergehen; (aus einem Fahrzeug) aussteigen
subir	einsteigen; hinaufgehen
tarde	spät; zu spät
Vamos a llegar tarde.	Wir kommen zu spät.
una sala	ein Saal, ein Raum

¡Cuánta gente!	Was für eine Menge Leute!
¿qué?	na? / und?
increíble	unglaublich
alto, -a	groß, hochgewachsen
rubio, -a	blond
una camisa	ein Hemd
blanco, -a	weiß
los pantalones	die (lange) Hose
azul	blau
conocer algo / a alguien	etw. / jdn. kennen / kennen lernen
¿Conoces Madrid?	Kennst du Madrid?
Por fin conozco a Rubén.	Endlich lerne ich Rubén kennen.
moreno, -a	dunkelhaarig
un jersey [xer'sei]	ein Pullover
negro, -a	schwarz

Colores	**Farben**
rojo, -a	rot
azul	blau
amarillo, -a	gelb
verde	grün
gris	grau
blanco, -a	weiß
negro, -a	schwarz

Perú m	Peru
la barra	die Bar, die Theke
presentar a alguien	jdn. vorstellen
Te presento a Rubén.	Darf ich dir Rubén vorstellen?
ofrecer algo a alguien (-zco)	jdm. etw. anbieten
un refresco	ein Erfrischungsgetränk
la pista	*hier:* die Tanzfläche
¿Qué te parece Rubén?	Wie findest du Rubén?
salir con un chico / una chica	mit einem Jungen / Mädchen gehen
la vida	das Leben
una canción	ein Lied
bailar	tanzen
si	ob
A ver si podemos (bailar).	Mal sehen, ob wir (tanzen) können.
3 devolver algo (-ue-)	etw. zurückgeben, etw. zurückbringen

Unidad 5

A: Una carta de Salamanca

una carta	ein Brief
enero m	Januar
Salamanca, 12 de enero de 1997	Salamanca, den 12. Januar 1997
todo, -a (G § 48)	ganz(e/er/es)
toda la clase	die ganze Klasse
septiembre m	September
¿Qué tal estáis?	Wie geht es euch?
Estoy bien.	Mir geht es gut.
una desgracia	ein Unglück
por desgracia	leider
difícil	schwierig
satisfecho, -a	zufrieden
Barbara está satisfecha.	Barbara ist zufrieden.
una nota	eine Note, eine Zensur
mejor	besser
como	wie
Hablas como una española.	Du sprichst wie eine Spanierin.
peor	schlechter; schlimmer
mandar algo a alguien	jdm. etw. schicken
se (G § 45)	sich
llamarse (G § 45)	heißen
entre	zwischen
entre Madrid y Portugal	zwischen Madrid und Portugal
más pequeño, -a que ... (G § 49)	kleiner als ...
menos (que)	weniger (als)
en general	im Allgemeinen
(estar) contento, -a (de algo)	zufrieden (mit etw.) (sein)
el principio	der Anfang
al principio	am Anfang
toda la gente	alle (Leute), jeder
un acento	ein Akzent
diario, -a	täglich, alltäglich
diferente	unterschiedlich, verschieden; anders
durante (+ *subst*)	während
durante la semana	während der Woche

levantarse	aufstehen
aburrirse	sich langweilen
en clase	im Unterricht
ducharse	sich duschen
desayunar	frühstücken
empezar (-ie-)	beginnen, anfangen

La palabra *clase*

La clase va de excursión.	Die Klasse macht einen Ausflug.
una clase de español	eine Spanischstunde
Esta profesora da clases de física.	Diese Lehrerin gibt Physikunterricht.
Tengo clases de tenis.	Ich nehme Tennis-stunden.
Me aburro en clase.	Ich langweile mich im Unterricht.

todos, -as (G § 48)	alle; jede(r/s)
todos los días	jeden Tag
además	außerdem
los deberes	die Hausaufgaben
otra cosa	etwas anderes
quedarse (en un sitio)	(an einem Ort) bleiben
cenar	zu Abend essen
(estar) lleno, -a	voll (sein)
(estar) abierto, -a	offen/geöffnet (sein)
ó (zwischen Ziffern)	oder
a las 5 ó 6 de la mañana	um 5 oder 6 Uhr morgens
acostarse (-ue-)	ins Bett gehen
dormir (-ue-)	schlafen
(estar) cansado, -a	müde (sein)
¡cómo no!	natürlich!
echar de menos algo /a alguien	etw./jdn. vermissen
divertirse (-ie-)	sich amüsieren
un intercambio	ein Austausch
febrero m	Februar
abril m	April
junio m	Juni
julio m	Juli
agosto m	August
marzo m	März
mayo m	Mai
pronto (adv)	bald; früh

Los meses

enero	mayo	septiembre
febrero	junio	octubre
marzo	julio	noviembre
abril	agosto	diciembre

Vienen *en* **mayo**.	Sie kommen *im* **Mai**.
Se quedan *todo* **mayo**.	Sie bleiben *den* **ganzen** Mai *über*.

3	un albergue juvenil	eine Jugendherberge
	aburrido, -a	langweilig
	lejos	weit weg, entfernt

B: La vida no es fácil para los jóvenes

un/una joven	ein junger Mann/ ein junges Mädchen, eine junge Frau
los jóvenes	(die) Jugendliche(n)
un tercio	ein Drittel
más de un tercio	mehr als ein Drittel
una generación	eine Generation
(estar) des-ilusionado, -a	desillusioniert, ohne Illusionen (sein)
un título	ein Titel, eine Überschrift
un informe	ein Bericht
que (Relativpron., G § 54)	der, die, das
acabar de hacer algo (G § 51)	gerade eben etw. getan haben
publicar algo	etw. veröffentlichen
un informe que acaban de publicar	ein Bericht, den sie gerade veröffent-licht haben
un instituto	hier: ein Institut
la juventud	die Jugend
el Instituto de la Juventud	Staatssekretariat für Jugendfragen
tener que hacer algo (G § 50)	etw. tun müssen
un esfuerzo	eine Anstrengung
hacer muchos esfuerzos	sich sehr anstrengen
el bachillerato	Oberstufe des Gymnasiums

la selectividad	*Aufnahmeprüfung an der Universität*
sacar algo	etw. herausziehen, -nehmen, -holen
sacar buenas notas	gute Noten bekommen
ir de vacaciones	Ferien/Urlaub machen
al final	am Ende
encontrar (-ue-) algo	etw. finden
sin embargo	trotzdem; (je)doch
una médica	eine Ärztin
Quiere ser médica. *(G § 55)*	Sie will Ärztin werden.
estar claro	klar/selbstverständlich sein
hay que hacer algo *(G § 50)*	man muss etwas tun
perder algo (-ie-)	etw. verlieren
ya no	nicht mehr
un empleo	eine Arbeit(sstelle)
A lo mejor ya no encuentra otro empleo.	Vielleicht findet er keine andere Stelle mehr.
seguro, -a	sicher
un médico	ein Arzt
una profesión	ein Beruf
no sólo …, también …	nicht nur …, auch …
ensuciarse	sich schmutzig machen
una mano	eine Hand
ensuciarse las manos	sich die Hände schmutzig machen
pesimista	pessimistisch
informarse (de algo)	sich (über etw.) informieren
el director	der Direktor/Leiter
un mecánico	ein (Auto-)Mechaniker
la formación profesional	die Berufsausbildung
SEAT	*spanische Autofirma*
un colegio	eine Schule
¡Qué rollo!	Wie langweilig/öde!
No puedes hablar en clase.	Man darf im Unterricht nicht sprechen.
un compañero (de trabajo)	ein (Arbeits-)Kollege
independiente	unabhängig
ganar (dinero)	(Geld) verdienen
(para) mí *(G § 53)*	(für) mich

estar en 2° (segundo) de bachillerato	*in der Abschlussklasse des Gynasiums sein*
mayor	älter
el hermano mayor	der ältere Bruder
un abogado	ein Rechtsanwalt
irse	weggehen
por eso	deshalb, daher
después de	nach
después del bachillerato	nach dem Gymnasium
una programadora	Programmiererin
hacer formación profesional de programadora	sich als Programmiererin ausbilden lassen
(la) informática	(die) Informatik
realista	realistisch
un(a) estudiante	ein(e) Student(in)

Expresiones adverbiales

Por fin llegan.	**Endlich** kommen sie.
Estudias 10 años y **al final** no encuentras trabajo.	Da studierst du 10 Jahre lang, und **am Ende** findest du keine Arbeit.
A lo mejor tenemos suerte.	**Vielleicht** haben wir Glück.
En general no hay problemas.	**Im Allgemeinen** gibt es keine Probleme.
Sin embargo hay que tener cuidado.	**Trotzdem** muß man vorsichtig sein.
Por desgracia no puedo venir.	**Leider** kann ich nicht kommen.

C: El horario de Barbara

un horario	ein Stundenplan
4° *(cuarto)* de ESO	10. Schuljahr/Klasse
1° *(primero)* de ESO	7. Schuljahr/Klasse
2° *(segundo)* de ESO	8. Schuljahr/Klasse
3° *(tercero)* de ESO	9. Schuljahr/Klasse
un alumno	ein Schüler
una alumna	eine Schülerin
una asignatura	ein (Schul-)Fach
optativo, -a	nicht verbindlich
una asignatura optativa	ein Wahlfach
elegir algo (-i-)	etw. (aus)wählen

Unidad 6

A: Una excusa estupenda

una excusa	eine Entschuldigung, eine Ausrede
haber *(Hilfsverb)* (G § 57)	haben
despertarse (-ie-)	aufwachen
Se ha despertado. (G §§ 56, 57)	Sie ist aufgewacht.
una tostada	ein(e Scheibe) Toast
la boca	der Mund
para (+ *inf*)	um … zu
antes	früher
para llegar antes	um früher anzu-kommen
una bicicleta	ein Fahrrad
ir en bicicleta	mit dem Rad fahren
un paseo	eine Promenade; eine breite Straße
girar	abbiegen
a la izquierda/ a la derecha	nach links/ nach rechts
chocar con algo	mit etw. zusammen-stoßen
caer (caigo)	fallen
Ha caído al suelo.	Sie ist hingefallen.
el conductor	der Fahrer
doler (-ue-)	weh tun, schmerzen
¿Dónde te duele?	Wo tut es dir weh?
señalar algo	auf etw. zeigen
una rodilla	ein Knie
un brazo	ein Arm
derecho, -a	rechte(r/s)
grave	ernst, schlimm
una ambulancia	ein Krankenwagen
asustado, -a	erschrocken
necesario, -a	notwendig, nötig
repetir algo (-i-) (G § 58)	etw. wiederholen
entretanto	inzwischen
un anciano	ein alter Mann
visto	*pp von* ver
explicar algo a alguien	jdm. etw. erklären
un accidente	ein Unfall
mi mujer	meine (Ehe-)Frau
una esquina	eine Ecke

un semáforo	eine Verkehrsampel
un carril	eine (Fahr-)Spur
ir por su carril	auf seiner Spur fahren
Es que …	Es ist (nämlich) so/ Das kommt daher, dass …
loco, -a	verrückt
servir para algo (-i-)	für etw. taugen; zu etw. dienen
ir por la ciudad	durch die Stadt fahren
la culpa	die Schuld
tener la culpa (de algo)	schuld (an etw.) sein
una vez (*pl* veces)	ein Mal
alguna vez	schon/irgend einmal
tener razón	Recht haben
seguir (-i-)	fortfahren, weitergehen
seguir todo recto	immer geradeaus fahren/-gehen
la ayuda	die Hilfe
con la ayuda de	mit Hilfe von
un hospital	ein Krankenhaus
pedir algo (-i-)	um etw. bitten; nach etw. fragen
llevar algo a un sitio	etw. an einen Ort bringen
avisar a alguien	jdn. benachrichtigen
cerca	in der Nähe, nahe
examinar a alguien	jdn. untersuchen

Adverbios y preposiciones

El hospital está muy **cerca (de** esta calle).	… in der Nähe (dieser Straße).
Vamos a la playa. No está **lejos (de** la ciudad).	… weit weg (von der Stadt).
El bar está **a la derecha (de** la panadería).	… rechts (von der Bäckerei).
Hay un café **al lado (de** esta casa).	… nebenan/neben diesem Haus.
Mañana voy al cine —¿Qué haces **antes (del** cine) y qué haces **después (del** cine)?	… vorher/ vor dem Kino … hinterher/nach dem Kino?

enseguida	sofort, gleich
despedirse (-i-)	sich verabschieden
doctor	Herr Doktor *(Anrede)*
el tráfico	der Verkehr
el cuerpo	der Körper; der Rumpf
un moratón	ein blauer Fleck
una pierna	ein Bein
una herida	eine Wunde, eine Verletzung
nada	nichts
tranquilo, -a	ruhig, still
roto, -a	gebrochen; zerbrochen
El brazo está roto.	Der Arm ist gebrochen.
La botella está rota.	Die Flasche ist zerbrochen.
llevar algo	etw. tragen *(auch Kleidung)*
la escayola	der Gips *(hier:* der Gipsverband)
2 cruzar (una calle)	(eine Straße) überqueren

B: ¿Dígame?

vuelto	*pp von* volver
puesto	*pp von* poner
poner una escayola	einen Gipsverband anlegen
(estar) hinchado, -a	geschwollen (sein)
siete **u** ocho *(G § 60)*	sieben **oder** acht
firmar	unterschreiben
nadie	niemand
el primero/ la primera	der/die Erste
incómodo, -a	unbequem
grande **e** incómodo *(G § 60)*	groß **und** unbequem
mover algo (-ue-)	etw. bewegen
¿Cómo voy a escribir?	Wie soll ich denn schreiben?
escrito	*pp von* escribir
nunca	niemals; noch nie
izquierdo, -a	linke(r/s)
¡Qué graciosa!	Wie witzig (du bist)!
tampoco *(G §§ 64, 65)*	auch nicht
Carlos no escribe y Pilar tampoco.	Carlos schreibt nicht und Pilar auch nicht.

próximo, -a	nächste(r/s)
en los próximos meses	in den nächsten Monaten
oye	hör mal; na so was!
el profe *(fam)*	*kurz für* profesor
algún, alguna *(G § 63)*	irgendein(e)
algunos, -as *(G § 63)*	einige, manche
ningún, ninguna *(G §§ 63, 65)*	kein(e)
una pega	*hier:* eine Schwierigkeit
poner pegas (a alguien)	(jdm.) Schwierigkeiten bereiten
un examen *(pl* exámenes)	eine Prüfung, ein Examen
oral	mündlich
el miedo	die Angst
¡Qué miedo!	Wie schrecklich!
hecho	*pp von* hacer
menos	*hier:* am allerwenigsten, schon gar nicht
la rabia	die Wut, der Zorn
¡Qué rabia!	Wie ärgerlich!
sevillanas *f pl*	*(Flamenco-)Tanz aus Sevilla*
algún día	irgendwann
estar *(ohne Ergänzung)*	hier/da/dort/zu Hause sein
No está.	Sie ist nicht da.
alguien	(irgend)jemand
conmigo *(G § 66)*	mit mir; bei mir
¿Vienes conmigo?	Kommst du mit mir?
Paco está conmigo.	Paco ist bei mir.
imaginarse algo	sich etw. vorstellen
imagínate	stell dir vor
vestirse (-i-)	sich anziehen
ayudar a alguien	jdm. helfen
poner algo a alguien	jdm. etw. anziehen
una camiseta	ein T-Shirt
una manga	ein Ärmel
corto, -a	kurz
el fastidio	der Ärger
¡Qué fastidio!	Wie unangenehm!
Ya, ya sé.	Sicher/Ja, ich weiß schon.
la paciencia	die Geduld
contigo *(G § 66)*	mit dir; bei dir
traer algo a alguien (traigo)	jdm. etw. (mit)bringen

Traer y llevar

¿Puedes **traer**me un periódico de la ciudad?	Kannst du mir eine Zeitung aus der Stadt **mitbringen**?
Tengo que **llevar** estos libros a la biblioteca.	Ich muß diese Bücher zur Bücherei (weg-) **bringen.**
Barbara **lleva** una escayola.	Barbara **trägt** einen Gipsverband.
Luis **lleva** un jersey azul.	Luis **trägt** einen blauen Pullover.
los apuntes	die (Unterrichts-) Notizen
ayer	gestern
recuerdos *m pl*	Grüße
dar recuerdos a alguien	jdm. Grüße ausrichten
Da recuerdos a … de mi parte.	Grüße … von mir.
una pandilla	eine Clique, eine Bande
tomarse algo	etw. essen/trinken
Tomaos una coca-cola por mí.	Trinkt ein Coca-Cola für mich/an meiner Stelle.

2	morir (-ue-)	sterben
	ha muerto	er **ist** gestorben
	un muerto	ein Toter
	último, -a	letzte(r/s)
	por última vez	zum letzten Mal
	poner la mesa	den Tisch decken
	querer a alguien (-ie-)	jdn. lieben; jdn. gern haben
4	un hombre	ein Mann
5	lavarse	sich waschen
	temprano *(adv)*	früh

Unidad 7

A: ¿Adónde vamos?

estar preparando algo *(G §§ 68, 69)*	gerade etw. vorbereiten/dabei sein, etw. vorzubereiten
una oficina	ein Büro
el turismo	der Tourismus
una oficina de turismo	ein Fremden-verkehrsamt
donde *(Relativadverb; G § 70)*	wo
una oficina de turismo, donde …	ein Fremdenverkehrs-amt, in dem/wo …
un folleto	eine Broschüre
sentarse (-ie-)	sich setzen
parecer algo	aussehen wie etw.
Irlanda *f*	Irland
un gallego	ein Galicier
estar haciendo algo *(G §§ 68, 69)*	etw. gerade tun/machen
muchísimo, -a *(G § 71)*	sehr viel
la publicidad	die Reklame, die Werbung
un tipo (de)	eine Art, eine Sorte, ein Typ
según	nach, gemäß
un argentino	ein Argentinier
un emigrante	ein Emigrant, ein Auswanderer
el gallego	die galicische Sprache
una lengua	eine Sprache; eine Zunge
(la) literatura	(die) Literatur
gallego, -a	galicisch
¿Qué pone?	Was steht drin?
el oeste	der Westen
al oeste (de)	im Westen (von)
una península	eine Halbinsel
una comunidad	eine Gemeinschaft
autónomo, -a	autonom, selbst-ständig, unabhängig
una Comunidad Autónoma	eine Autonome Region *(span. Region mit eigenen politischen Institutionen)*
ser conocido, -a por algo	bekannt wegen/für etw. sein
un camino	ein Weg
el camino de Santiago	der (Pilger-)Weg nach Santiago
una mochila	ein Rucksack
una cámara (de fotos)	ein Fotoapparat
la capital	die Hauptstadt
adonde *(Relativadverb; G § 70)*	wohin

la capital, adonde van a …	die Hauptstadt, in die sie gehen um … zu
disfrutar de algo	etw. genießen
(el) vino	(der) Wein
(los) mariscos	(die) Meeresfrüchte
un montón	ein Haufen
un montón de veces (fam)	unzählige Male, sehr oft
unirse	sich vereinigen
el norte	der Norden
el sur	der Süden
industrial	industriell, Industrie-
cosmopolita	kosmopolitisch, weltoffen
el mismo, la misma	der/die/das gleiche
al mismo tiempo	gleichzeitig
tradicional	traditionell; traditionsbewusst
mediterráneo, -a	südländisch, zum Mittelmeer(raum) gehörend
estar situado, -a	liegen, sich befinden
el este	der Osten

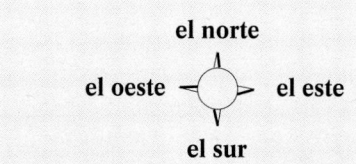

el norte

el oeste — **el este**

el sur

encontrarse	sich befinden
un edificio	ein Gebäude
el catalán	die katalanische Sprache
el gobierno	die Regierung
Cataluña f	Katalonien
un puerto	ein Hafen
las Ramblas	berühmte Straße in Barcelona
un barrio	ein Stadtviertel
el barrio gótico	Stadtviertel in Barcelona
olvidar algo	etw. vergessen
ver un folleto	eine Broschüre durchsehen
un país	ein Land
vasco, -a	baskisch
el País Vasco	das Baskenland
super (fam)	super, höchst, hoch…

peligroso, -a	gefährlich
¡Qué va!	Ach was!
tener familia	Verwandte haben
Euskadi	das Baskenland (baskischer Name)
un tío	ein Onkel
una tía	eine Tante
los tíos	Onkel und Tante
un paisaje	eine Landschaft
un primo	ein Cousin
dejar	lassen; loslassen; verlassen
dejar algo a alguien	jdm. etw. überlassen; jdm. etw. geben
una provincia	eine Provinz
el mar Cantábrico	der Golf von Biscaya
al norte/sur/…	im Norden/Süden/…
una meseta	eine Hochebene
castellano, -a	kastilisch (Kastilien betreffend); spanisch
dibujar algo	etw. zeichnen
el hombre	der Mensch
pesquero, -a	Fischer-, Fischerei-
un siglo	Jahrhundert
formarse	entstehen
un centro	ein Zentrum
dirigirse a un sitio	sich zu einem Ort hinwenden, sich an einen Ort begeben
la emigración interior	die Emigration innere(r/s), Binnen- (innerhalb des Landes)
un habitante	ein Einwohner, ein Bewohner
un vasco	ein Baske
conservar algo	etw. erhalten, etw. bewahren
la cultura	die Kultur
una tradición	eine Tradition, ein Brauch
el vasco/el euskera	die baskische Sprache

Los idiomas de España

el castellano	el catalán
el gallego	el vasco / el euskera

Statt «castellano» wird im Spanischen häufig «español» verwendet.

el origen	die Herkunft, der Ursprung
desconocido, -a	unbekannt
¡Al País Vasco!	Auf ins Baskenland!

B: Un día agotador

agotador, agotadora	erschöpfend, sehr ermüdend
el sol	die Sonne
Hace sol.	Die Sonne scheint.
el tiempo	das Wetter
Hace buen tiempo.	Es ist schönes Wetter.
andar	(zu Fuß) gehen, wandern
una guía	ein Reiseführer *(Buch)*
Falta poco para llegar.	Es dauert nicht mehr lange, bis sie ankommen.
un caserío	ein Bauernhof/Landhaus in Nordspanien
una nube	eine Wolke
llover (-ue-)	regnen
la prisa	die Eile
darse prisa	sich beeilen
frío, -a	kalt
Hace frío.	Es ist kalt.
un impermeable	ein Regenmantel
Aquí lo/la/los/ las tengo. *(G § 72)*	Hier habe ich ihn/ es/sie.
meter algo en algo	etw. in etw. stecken; etw. in/auf etw. stellen/legen
un anorak	ein Anorak
¿cuál?/¿cuáles? *(G § 75)*	welche(r/s)?
Da igual.	Es ist egal.
caminar	gehen, wandern
la lluvia	der Regen
cuando	als; wenn
Cuando llegan a casa están cansados.	Als sie nach Hause kommen, sind sie müde.
Cuando vienen, vamos al cine.	Immer wenn sie kommen, gehen wir ins Kino.
(estar) empapado, -a	durchnässt (sein)

cambiarse	sich umziehen
encender algo (ie-)	etw. anzünden
un fuego	ein Feuer
caliente	warm, heiß
ponerse con alguien	sich zu jdm. setzen
el calor	die Wärme, die Hitze
Hace calor.	Es ist warm/heiß.
una sopa	eine Suppe
una taza	eine Tasse
alguno, -a *(G § 74)*	irgendeiner
algunos, -as *(G § 74)*	einige
mayor	(schon) älter; alt, betagt
utilizar algo	etw. benutzen
algún/alguna	*hier:* manche(r/s)
La vida en la ciudad es diferente a la vida en el campo.	Das Leben in der Stadt ist anders als das Leben auf dem Land.
un disco	eine Schallplatte
ninguno, -a *(G § 74)*	kein, keiner, keine
poner un disco	eine Schallplatte auflegen
latinoamericano, -a	lateinamerikanisch
la voz	die Stimme
(estar) listo, -a	fertig (sein)
un mantel	ein Tischtuch

El verbo poner

Pon los vasos en la mesa.	**Stell** die Gläser auf Tisch.
¿Qué disco **pongo**?	Welche Platte soll ich **auflegen**?
El médico me ha **puesto** una escayola.	Der Arzt hat mir einen Gibsverband **angelegt**.
Ponte una camisa.	**Zieh** dir ein Hemd **an**.
Él no ha **puesto** pegas.	Er hat keine Schwierigkeiten **bereitet**.
¿**Ponemos** la mesa?	Sollen wir den Tisch **decken**?
Tendera: ¿Qué le/ les/te/os **pongo**?	Verkäuferin: Was **darf es sein**?
Ponen *Carmen* en el cine.	Im Kino läuft *Carmen*.
¿Qué **pone** en el periódico?	Was **steht** in der Zeitung?

Unidad 8

A: De viaje en el cuarto de estar

(estar) de viaje	auf Reisen (sein)
una diapositiva	ein Dia
funcionar	funktionieren
un aparato	ein Gerät, ein Apparat
los incas	die Inka *(Bevölke-rungsgruppe der Ureinwohner aus der Gegend von Peru)*
pasar un tiempo	eine Zeit verbringen
Pasé tres años en Cuzco. *(G § 77)*	Ich verbrachte drei Jahre in Cuzco.
¿Adónde os fuisteis? *(G § 78)*	Wo gingt ihr hin?
ahorita *(fam)*	*südam.:* jetzt, gleich
celebrar algo	etw. feiern
segundo, -a *(G § 80)*	zweite(r/s)
el segundo por la derecha	der zweite von rechts
mis papás *(fam)*	meine Eltern
sino *(G § 81)*	sondern
Esto no es Cuzco, sino Lima.	Das ist nicht Cuzco, sondern Lima.
No me gusta Lima, sino que prefiero Cuzco.	Ich mag Lima nicht, sondern ziehe Cuzco vor.
Como ven …	*südam.:* Wie ihr seht …
enorme	riesig
un millón	eine Million
7 millones de habitantes	7 Millionen Einwohner
México ['mexiko]	Mexiko *(Land und Stadt)*
la contaminación	die Umweltverschmutzung
la delincuencia	die Kriminalität
típico, -a	typisch
la primavera	das Frühjahr
pasado, -a	vergangene(r/s), letzte(r/s)
el año pasado	letztes Jahr
acostumbrarse a algo	sich an etw. gewöhnen
el otoño	der Herbst
un indio	ein Indio, ein Indianer
un/una indígena	ein(e) Ureinwohner(in)
la mayoría	die Mehrheit
la población	die Bevölkerung
europeo, -a	europäisch
un mestizo	ein Mestize *(Mischling zwischen Weißen und Indios)*
un oriental	ein Orientale; ein Asiate
el presidente	der Präsident
emigrar (de)	auswandern (aus)
Japón *m*	Japan
hace un año/ muchos años	vor einem Jahr/ vielen Jahren
los Andes	die Anden *(südam. Gebirgskette)*
auténtico, -a	authentisch, echt; ursprünglich
el quechua	Ketschua *(eine Sprache der Ureinwohner von Peru)*
fue *(G § 78)*	er/sie/es war; er/sie/es ging
inca *(adj)*	Inka-
(estar) solo, -a	allein (sein)
el verano	der Sommer
hacia	nach/zu (… hin)
(estar) de camino hacia …	auf dem Weg nach … (sein)
una ruina	eine Ruine
las conocidísimas ruinas de Machu Picchu	die überaus bekannten Ruinen von Machu Picchu
lindo, -a	*südam.:* hübsch
verdadero, -a	wahr(haftig), echt
sacar una foto	ein Foto machen
el invierno	der Winter

Las estaciones (Die Jahreszeiten)

la primavera	el verano
el otoño	el invierno

una selva	ein (großer) Wald; *südam.:* Urwald
tercer(o), -a	dritte(r/s)
un desierto	eine Wüste
horroroso, -a	entsetzlich
quinto, -a	fünfte(r/s)
sexto, -a	sechste(r/s)

una prima	eine Cousine
un proyecto	ein Projekt, ein Vorhaben
una experiencia	eine Erfahrung, ein Erlebnis
triste	traurig
una condición	eine Bedingung; ein Zustand; eine Lage
una cara	ein Gesicht
un contraste	ein Gegensatz
Latinoamérica *f*	Lateinamerika
Europa *f*	Europa

B: ¿Toda la vida niños de la calle?

un niño	ein Kind; ein Junge
una organización	eine Organisation
un reportero	ein Reporter
una expresión	ein Ausdruck
familiar	familiär; Familien-
salir de casa	aus dem Haus gehen
una víctima (de algo)	ein Opfer (von etw.)
un peligro	eine Gefahr
existir	existieren; da sein; vorhanden sein
Colombia *f*	Kolumbien
creer algo	etw. glauben
No lo creo. *(G § 85)*	Ich glaube es nicht.
que *(Konjunktion, G § 84)*	dass
suficiente(s)	genügend, ausreichend
Pienso que no son suficientes.	Ich finde, dass es nicht genug davon gibt.
seguir (-i-)	bleiben, weiterhin bestehen
una razón	ein Grund
fundar algo	etw. gründen
de otra forma	auf andere Art
aprender (algo)	(etw.) lernen
enseñar algo a alguien	jdn. etw. lehren; jdn. in etwas unterrichten
EE. UU. (los Estados Unidos)	Vereinigte Staaten von Amerika, USA
el mundo	die Welt
ilegal	illegal, ungesetzlich *hier:* ohne Aufenthaltserlaubnis

la bebida	*hier:* das Trinken (von Alkohol)
abandonar a alguien	jdn. verlassen
tener un hijo	ein Kind bekommen

Parientes — Verwandte

la madre	die Mutter
el padre	der Vater
los padres	die Eltern*
la hija	die Tochter
el hijo	der Sohn
los hijos	die Kinder*
la hermana	die Schwester
el hermano	der Bruder
los hermanos	die Geschwister*
la abuela	die Großmutter
el abuelo	der Großvater
los abuelos	die Großeltern*
la tía	die Tante
el tío	der Onkel
los tíos	Onkel und Tante*
la prima	die Cousine
el primo	der Cousin
los primos	Cousin(s) und Cousin(en)*

* Auch die Maskulin-Plural-Bedeutung ist möglich: die Väter, die Söhne, die Brüder usw.

a los 11 años	mit 11 Jahren, im Alter von 11 Jahren
¿Dónde lo conociste?	Wo hast du ihn kennengelernt?
un encuentro	eine Begegnung
una droga	eine Droge
la policía	die Polizei
el contacto	der Kontakt
una toma de contacto	eine Kontaktaufnahme
una fase	eine Phase, eine Stufe
una dificultad	eine Schwierigkeit
tener dificultades para hacer algo	Schwierigkeiten haben, etw. zu tun
comunicarse con alguien	sich mit jdm. verständigen
gratis	gratis, unentgeltlich
poner una condición a alguien	jdm. eine Bedingung stellen
un cuchillo	ein Messer

fuera	draußen
quedarse fuera	draußen bleiben
una historia	eine Geschichte
conseguir algo (-i-)	etw. erreichen, etw. erhalten
un caso	ein Fall
relativamente *(adv)*	relativ, ziemlich
junto(s), -a(s)	zusammen
un piso	ein Stockwerk; eine Wohnung
recibir algo	etw. erhalten, etw. bekommen
estar acostum- brado, -a a algo	an etw. gewöhnt sein
la regularidad	die Regelmäßigkeit
la educación	die Erziehung, die Bildung
escolar	schulisch, Schul-
el pasado	die Vergangenheit
un taller	eine Werkstatt
tener futuro	eine Zukunft haben
un resultado	ein Resultat, ein Ergebnis
una cualificación	eine Qualifikation, eine Befähigung
cambiar	sich ändern
con más años	(ein paar Jahre) älter
al menos	wenigstens; mindestens

C: Los países de Hispanoamérica

Hispanoamérica *f*	das spanischsprachige Lateinamerika

Módulo 1

Un día de diario

un diario	ein Tagebuch
a principios de (agosto)	Anfang (August)
la reconstrucción	der Wiederaufbau
abandonado, -a	verlassen
lo que dice *(G § 88)*	(das) was er sagt
No pienses más en ella. *(G § 86)*	Denke nicht mehr an sie.

maldito, -a	verdammt, verflucht
una separación	eine Trennung
un ministerio	ein Ministerium
el Ministerio de Educación	das Kultusministerium
activo, -a *(adj)*	aktiv *(adj)*
activamente *(adv)* *(G § 87)*	aktiv *(adv)*
una actividad	Aktivität, Tätigkeit
Podemos participar en diferentes actividades.	Wir können an mehre- ren/verschiedenen Aktivitäten teil- nehmen.
producir algo (-zco)	etw. herstellen, etw. erzeugen
la fotografía	die Fotografie
el vídeo	das Video, die Video- technik
un cursillo	ein Kurs, ein Lehrgang
la salud	die Gesundheit
complicado, -a	kompliziert
un tío *(fam)*	*hier:* ein Typ, ein Kerl
Son unos tíos estupendos.	Es sind (ein paar) tolle Typen.
enrollado, -a *(fam)*	aktiv, engagiert, gut drauf
con diferencia los más activos	mit Abstand die aktivsten
justamente *(adv)*	genau, gerade
mudarse (a …)	umziehen (nach …)
de todos modos	auf alle Fälle, jedenfalls
resolver (-ue-) un problema	ein Problem lösen
de acuerdo	einverstanden
Mi madre está de acuerdo.	Meine Mutter ist einverstanden.
tonto, -a	dumm
hacerse a algo	sich an etw. gewöhnen
perfectamente	vollkommen; *hier:* genau
separado, -a	getrennt
la despedida	der Abschied
naturalmente	natürlich
un consejo	ein Rat
razonable	vernünftig
contar algo	etw. erzählen
justo, -a	gerecht
discutir	diskutieren, streiten
un nieto	ein Enkel(sohn)
significar algo	etw. bedeuten

probablemente	wahrscheinlich	Sancho Panza	*Diener des Don Quijote*
la muerte	der Tod	un personaje	eine Persönlichkeit, eine (Roman-)Figur
una parte	ein Teil		
ser parte de algo	ein Teil von etw. sein, zu etw. gehören	¡hala!	los!; auf geht's!
		un rey	ein König
prometer algo	etw. versprechen	católico, -a	katholisch
en fin	schließlich, letzten Endes	los Reyes Católicos	*Beiname des Königs-paares Isabel I und Fernando II (1451–1504 / 1452–1516)*
una promesa	ein Versprechen		
cumplir algo	etw. ausführen		
cumplir una promesa	ein Versprechen erfüllen	Carlitos	*Koseform für Carlos; hier: König Carlos I (1500–1558)*

2 11 mm (milímetros) 11 mm
   2 cm (centímetros) 2 cm

		dejar algo	etw. (liegen / stehen / in Ruhe) lassen
Medidas	**Längenmaße**		
		una espada	ein Schwert
un milímetro	1 Millimeter	una batalla	eine Schlacht
dos centímetros	2 Zentimeter	perdido, -a *(G § 92)*	verloren
tres metros	3 Meter	ser una batalla perdida	ein hoffnungsloser Fall sein
cuatro kilómetros	4 Kilometer		
medir (-i-) … metros	… Meter messen / groß sein	Cristóbal Colón	Christoph Kolumbus *(1451–1506)*
estar a … km de …	… km von … entfernt sein	de profesión	von Beruf
		un descubridor	ein Entdecker
		nacer	geboren werden
Cantidades	**Mengenangaben**	Diego Rodrigo de Silva y Velázquez	*spanischer Maler (1599–1660)*
un kilo	1 Kilogramm	la muerte	der Tod
[un gramo]	1 Gramm	un pintor	ein Maler
[un litro]	1 Liter	Felipe IV	*König Philipp IV. von Spanien (1605–1665)*
una bolsa de almendras	eine Tüte Mandeln		
una taza / un vaso de agua	eine Tasse / ein Glas Wasser	un / una dibujante	ein(e) Zeichner(in)
		un / una colega	ein Kollege / eine Kollegin
una botella de zumo	eine Flasche Saft	la Edad Media	das Mittelalter
		ibérico, -a	iberisch *(= die Pyrenäenhalbinsel betreffend)*

Módulo 2

¡Déjate de historias!

		convivir	zusammen leben
¡Déjate de historias!	Erzähl' keine Märchen!	la paz	der Friede
		árabe	arabisch
Don Quijote	*Titelfigur aus einem Roman von Miguel de Cervantes (1547–1616)*	judío, -a	jüdisch
		cristiano, -a	christlich
		avanzar	vorrücken, voran-kommen
		avanzado, -a	fortschrittlich, hoch entwickelt
		una época	eine Epoche, eine Zeit
		una traducción	eine Übersetzung

una obra	ein Werk
científico, -a	wissenschaftlich
filosófico, -a	philosophisch
(la) matemática	(die) Mathematik (als Wissenschaft)
(la) astrología	(die) Astrologie
traducir algo (-zco)	etw. übersetzen
el griego	Griechisch, die griechische Sprache
finalizar algo	etw. beenden
una lucha	ein Kampf
un/una árabe	ein(e) Araber(in)
una conquista	eine Eroberung
un reino	ein (König-)Reich
expulsar a alguien	jdn. vertreiben
un judío	ein Jude
conquistar algo	etw. erobern
descubrir algo	etw. entdecken
equivocarse	sich irren
dicho	pp von decir
las Indias	hier: (Vorder- und Hinter-)Indien
poderoso, -a	mächtig
pasar a un lugar	zu einem Ort weitergehen, an einen Ort gelangen
pasar a un tema	zu einem Thema übergehen
un austríaco	ein Österreicher
un holandés	ein Holländer
un emperador	ein Kaiser
la tierra	die Erde; das Land, das Gebiet
los países de la tierra	die Länder der Erde
las tierras de los aztecas	die Gebiete der Azteken
(el) oro	(das) Gold
creador, creadora	kreativ, schöpferisch
la realidad	die Wirklichkeit

en realidad	in Wirklichkeit
una novela	ein Roman
Don	Herr (vor männl. Vornamen: besonders höfliche Anrede)
la pintura	die Malerei
un arte	eine Kunst
Dios	Gott
¡Dios mío!	Mein Gott!
inventar algo	etw. erfinden
la fotografía	die Fotografie
una colonia	eine Kolonie
Cuba f	Kuba
Filipinas f pl	die Philippinen
acabarse	zu Ende gehen, enden

Derivación de palabras (Wortableitungen)

traducir	übersetzen
la traducción	die Übersetzung
el traductor	der Übersetzer
descubrir	entdecken
el descubrimiento	die Entdeckung
el descubridor	der Entdecker
conquistar	erobern
la conquista	die Eroberung
el conquistador	der Eroberer
pintar	malen
la pintura	die Malerei
el pintor	der Maler
reinar	herrschen
el reino	das (König-)Reich
el rey	der König
la reina	die Königin
informarse	sich informieren
la información	die Information

Diccionario

Dieses alphabetische Wörterverzeichnis enthält alle in *Línea uno* verwendeten Wörter und Ausdrücke, mit Ausnahme der im Anschluss an Übungen oder fakultative Zusatztexte erklärten. Mit ‹ › gekennzeichnet ist sogenannter „rezeptiver" Wortschatz, d. h. diese Wörter brauchst du nicht zu lernen, du solltest sie aber wiedererkennen und – im Kontext – verstehen. Die Ziffern und Buchstaben geben die Lektion und ggf. Übung an, in der das Wort zum ersten Mal verwendet wird, z.B.

0	= Einstiegskapitel *Vacaciones en España*
2B	= Lektionstext der Unidad 2B
4A, 6	= Unidad 4A, Übung 6
M1	= Módulo 1

P	= Y de postre
G	= Grammatisches Beiheft

A

a 2A nach, (hin) zu
Va **a** su habitación. **2A** Sie geht in ihr Zimmer.
estar **a** … kilómetros de … **4A**, 6 … km von … entfernt sein
¡**A** *(+ Ortsangabe)*! **7A** Auf nach …!, Auf in …!
al final **5B** am Ende
a favor de ‹7A, 8› für, zugunsten von
al lado de **2A** neben
a los 11 años **8B** mit 11 Jahren
al menos **8B** wenigstens; mindestens
a lo mejor **3B** vielleicht
al oírnos hablar ‹M1, P› als sie uns sprechen hörten
al principio **5A** am Anfang
a principios de (agosto) **M1** Anfang (August)
a que ‹8B, *Un texto más*› *hier:* damit
a ver **4A** mal sehen
al ver ‹M2, P› als ich sah
abandonado, -a M1 verlassen
abandonar a alguien **8B** jdn. verlassen
el **abecedario** ‹7B, P› das Alphabet, die Fibel
(estar) **abierto, -a 5A** offen/geöffnet (sein)
un **abogado 5B** ein Rechtsanwalt
una **abogada** ‹5B, 9› eine Rechtsanwältin

abrazar a alguien **4B** jdn. umarmen
un **abrazo 0**, 2 eine Umarmung
abril *m* **5A** April
abrir 2B öffnen
absoluto, -a ‹7A, 2› absolut
un superlativo **absoluto** ‹7A, 2› ein absoluter Superlativ
(no …) en **absoluto** ‹5C, P› überhaupt (… nicht)
absurdo, -a ‹5A, 5› absurd
la **abuela 3B** die Großmutter
el **abuelo 3B** der Großvater
los **abuelos 3B** die Großeltern
aburrido, -a 5A, 3 langweilig
aburrirse 5A sich langweilen
acabar de hacer algo **5B** gerade eben etw. getan haben
acabarse M2 zu Ende gehen, enden
un **accidente 6A** ein Unfall
una **acción** ‹5C, P› eine Handlung
un **acento 5A** ein Akzent
acostarse (-ue-) **5A** ins Bett gehen
estar **acostumbrado, -a** a algo **8B** an etw. gewöhnt sein
acostumbrarse a algo **8A** sich an etw. gewöhnen
una **actividad** ‹5A, 8›; **M1** eine Aktivität, eine Tätigkeit
activo, -a ‹4B, 9›; **M1** aktiv
activamente *(adv)* **M1** aktiv
actual ‹6B, 8› gegenwärtig
estar de **acuerdo M1** einverstanden sein

además 5A außerdem
¡**Adiós! 0** Auf Wiedersehen
un **adjetivo** ‹5A, 3› ein Adjektiv
admitir ‹5A, 3› zulassen, aufnehmen
adonde *(Relativadverb)* **7A** wohin
¿**adónde? 2A** wohin?
un **adverbio** ‹M1, 3› ein Adverb
una **agencia 2B** eine Agentur
una **agencia** de viajes ‹5A, 3› ein Reisebüro
agosto *m* **5A** August
agotador, -ora 7B erschöpfend, sehr ermüdend
la **agricultura** ‹7B, 9› die Landwirtschaft
(el) **agua** *f* **3A** (das) Wasser
ahí 3B da, dort
ahora 1A jetzt
ahora mismo **1B** sofort, jetzt gleich
ahorita *(fam)* **8A** *südam.:* jetzt, gleich
el **aire** ‹3B, P› die Luft
un **albergue** juvenil **5A**, 3 eine Jugendherberge
alemán, alemana ‹7B, 3› deutsch
un **alemán 1A** ein Deutscher
una **alemana 1A** eine Deutsche
el **alemán 2A** Deutsch, die deutsche Sprache
Alemania *f* **1A** Deutschland
algo 1B (irgend)etwas
alguien 6B (irgend)jemand

algún/alguno, alguna 6B; 7B irgendein(e/r/s); manche(r/s)
  alguna vez **6A** schon/irgend einmal
  algún día **6B** irgendwann
algunos, -as 6B; 7B einige, manche
un **álibi** ‹6B, 2› ein Alibi
allí 1A dort
una **almendra 4A** eine Mandel
alto, -a 4B groß, hoch, hochgewachsen
un **alumno**/una **alumna** ‹2B, 2›; **5C** ein Schüler/eine Schülerin
amarillo, -a 4A gelb
el **ambiente 1B** die Atmosphäre, die Stimmung
  el medio **ambiente 3A** die Umwelt
una **ambulancia 6A** ein Krankenwagen
América ‹8A, 6› Amerika
  las **Américas** ‹8B, 7› Nord- und Südamerika
americano, -a ‹4A, 4› amerikanisch
un **amigo**/una **amiga 0** ein Freund/eine Freundin
añadir algo ‹4B, 2› etw. hinzufügen
un **anciano 6A** ein alter Mann
andar 7B (zu Fuß) gehen, wandern
  ¡Anda! 2B Nun komm schon!
los **Andes** ‹7B, 9›; **8A** die Anden
un **animal 3A** ein Tier
un **año 2B** ein Jahr
  Tengo 17 **años. 2B** Ich bin 17 Jahre alt.
  a los 11 **años 8B** mit 11 Jahren, im Alter von 11 Jahren
  con más **años 8B** (ein paar Jahre) älter
un **anorak 7B** ein Anorak
la **Antártida** ‹7B, 9› die Antarktis
antes 2A; 6A vorher; früher
  antes de (las vacaciones) **4B** vor (den Ferien)
antiguo, -a 1B alt
un **anuncio 2B** eine Anzeige
un **aparato** ‹6A, 8›; **8A** ein Gerät, ein Apparat

el **apellido 2B** der Nachname, der Familienname
aprender (algo) **8B** (etw.) lernen
los **apuntes 6B** die (Unterrichts-)Notizen
aquél, aquélla, aquéllos, -as (Pronomen) **4A** jene(r/s), der/die/das dort
aquel, aquella, aquellos, -as (+ subst) **4A** jene(r/s) ..., der/die/das ... dort
aquí 1A hier
árabe M2 arabisch
  un/una **árabe M2** ein(e) Araber(in)
un **árbol 3A** ein Baum
Argentina ‹7B, 9› Argentinien
un **argentino 7A** ein Argentinier
  una **argentina** ‹7B, 9› eine Argentinierin
  argentino, -a ‹7B, 9› argentinisch
un **argumento** ‹7A, 8› ein Argument
un **armario 2A** ein Schrank
arqueológico, -a ‹6A, 2; 8A, 3› archäologisch
un **arte M2** eine Kunst
un **artículo** ‹5A, 8› ein Artikel
así 3A so; solch ein(e)
  un grupo **así 3A** eine solche Gruppe
  Así, así 1A So so la la./Es geht so.
  así que ‹M1, P› so dass
una **asignatura 5C** ein (Schul-)Fach
  una **asignatura** optativa **5C** ein Wahlfach
la **asistencia** ‹2B, 2› die Anwesenheit
(la) **astrología M2** (die) Astrologie
un **astronauta** ‹8A, 8› ein Astronaut
asustado, -a 6A erschrocken
¡Atención! 4B Achtung!
un **austríaco M2** ein Österreicher
auténtico, -a 8A authentisch, echt; ursprünglich
un **autobús** ‹5A, 3› ein Omnibus
autónomo, -a 7A autonom, selbstständig, unabhängig

  una Comunidad **Autónoma 7A** eine Autonome Region (span. Region mit eigenen politischen Institutionen)
avanzado, -a M2 fortschrittlich, hochentwickelt
avanzar M2 vorrücken, vorankommen
una **aventura** ‹8B, 3; M2, 1› ein Abenteuer
un **avión** ‹8A, 3› ein Flugzeug
avisar a alguien **6A** jdn. benachrichtigen
ayer 6B gestern
la **ayuda 6A** die Hilfe
  con la **ayuda** de **6A** mit Hilfe von
ayudar a alguien **6B** jdm. helfen
  ayudar a hacer algo ‹4B, 9› helfen etw. zu tun
un/una **azteca** ‹8A, 1› ein Azteke/eine Aztekin
azul 4B blau

B

el **bachillerato 5B** Oberstufe des Gymnasiums
  estar en 2° de **bachillerato 5B** in der Abschlussklasse des Gymnasiums sein
bailar 4B tanzen
bajar 4B hinuntergehen; (aus einem Fahrzeug) aussteigen
el **baloncesto 3B** Basketball
un **banano** ‹8B, 6› (südam.) Banane
un **banco** ‹2A, 3› eine Bank
un **baño** ‹5A, 3› ein Bad
  el cuarto de **baño 2A** das Badezimmer
un **bar 3B** eine Bar, eine Kneipe
barato, -a 4A billig
la **barra 4B** die Bar, die Theke
un **barrio 7A** ein Stadtviertel
  el **barrio** gótico **7A** Stadtviertel in Barcelona
una **base** ‹M2, 3› eine Basis, eine Grundlage
bastante (adv) **1B** ziemlich (viel); genügend
bastante(s) 3A ziemlich viel(e); genügend

la **basura** **3A** der Abfall, der Müll

una **batalla** **M2** eine Schlacht
ser una **batalla** perdida **M2** ein hoffnungsloser Fall sein

una **batería** **3B** ein Schlagzeug

beber (algo) **2B** (etw.) trinken

una **bebida** **4A** ein Getränk
la **bebida** **8B** das Trinken (von Alkohol)

un **becario** ‹2B, 2› ein Stipendiat

un **beso** **4B** ein Kuss *(auch Grußformel)*

una **biblioteca** **1B** eine Bücherei

una **bicicleta** **6A** ein Fahrrad

bien *(adv)* **1A** gut
el **bien** amado ‹7B, P› der Geliebte, der geliebte Mensch

biodegradable ‹4B, 9› biologisch abbaubar

la **biología** ‹5C› die Biologie

blanco,-a **4B** weiß
lo **blanco** ‹7B, P› das Weiß, die weiße Farbe

la **boca** **6A** der Mund

un **bocadillo** **2B** ein belegtes Brötchen

una **bolsa** **4A** eine Tüte, ein Beutel

bonito,-a **1A** schön, hübsch

una **botella** **3A** eine Flasche

Brasil *m* ‹7B, 9› Brasilien

un **brazo** **6A** ein Arm

bueno,-a **1B** gut
Bueno, bueno... **1A** Na gut, .../Na ja, ...
buen + *m sg* **7B** gut
Buenos días. **2B** Guten Tag.

buscar **1A** suchen

C

una **cabina** **2B** eine Kabine, eine (Telefon-)Zelle

cada (+ *subst*) **4A**, 1 jede(r/s)

un **cadáver** ‹6B, 2› eine Leiche

una **cadena** **2A** eine Kette
una **cadena** de música **2A** eine Stereoanlage

caer (caigo) **6A** fallen

un **café** **1B** ein Café
el **café** ‹8B, 6› der Kaffee

una **cafetería** **2B** eine Cafeteria; ein Café

caliente **7B** warm, heiß

una **calle** **1A** eine Straße

el **calor** **7B** die Wärme, die Hitze
Hace **calor**. **7B** Es ist warm/heiß.

una **cama** **2A** ein Bett

una **cámara** (de fotos) **7A** ein Fotoapparat

un **camarero** **1B** ein Kellner
una **camarera** ‹5B, 8› eine Kellnerin

cambiar **8B** sich ändern

cambiarse **7B** sich umziehen

en **cambio** ‹7B, 9› dagegen

caminar **7B** gehen, wandern

un **camino** **7A** ein Weg
el **camino** de Santiago **7A** der (Pilger-)Weg nach Santiago
(estar) de **camino** hacia ... **8A** auf dem Weg nach ... (sein)

una **camisa** **4B** ein Hemd

una **camiseta** **6B** ein T-Shirt

una **camisita** ‹8B, *Un texto más*› *Verkleinerungsform für* camisa

un **campo** **3A** ein Feld
el **campo** **3A** das Land
un **campo** semantico ‹8B, 1› ein Wortfeld

un **canario** ‹7B, P› ein Kanarienvogel

una **canción** **4B** ein Lied

(estar) **cansado,-a** **5A** müde (sein)

el mar **Cantábrico** **7A** der Golf von Biscaya

un/una **cantante** **4A**, 4 ein(e) Sänger(in)

cantar ‹4B, P› singen

el **canto** ‹7B, P› das Lied, der Gesang

la **capital** ‹4B, 7›; **7A** die Hauptstadt

una **cara** **8A** ein Gesicht

el **carácter** ‹M2, 1› der Charakter

el **cardamomo** ‹8B, 6› Kardamom *(Gewürz)*

(la) **carne** ‹7B, 9› (das) Fleisch

caro,-a **4A** teuer

un **carril** **6A** eine (Fahr-) Spur
ir por su **carril** **6A** auf seiner Spur fahren

una **carta** **5A** ein Brief
un juego dc **cartas** ‹5A, 7› ein Kartenspiel

una **casa** **1B** ein Haus
en **casa** **2A** zu Hause
en **casa** de alguien **2A** bei jdm. zu Hause
a **casa** **2A** nach Hause
llegar a **casa** de alguien **2A**, 5 zu jdm. (nach Hause) kommen
salir de **casa** **8B** aus dem Haus gehen

un **caserío** **7B** ein Bauernhof, ein Landhaus in Nordspanien

casi **3B** fast

un **caso** **8B** ein Fall

castellano,-a **7A** kastilisch, spanisch
el **castellano** **7A**, 7 Spanisch, die spanische Sprache

el **catalán** **7A** die katalanische Sprache

Cataluña *f* **7A** Katalonien

una **catarata** ‹7B, 9› ein Wasserfall

una **catedral** **1B** eine Kathedrale

católico,-a **M2** katholisch
los Reyes **Católicos** **M2** *Beiname des Königspaares Isabel I (1451–1504) und Fernando II (1452–1516)*

catorce **2A**, G vierzehn

un **Cd** ‹M1, 5› eine CD

celebrar algo **8A** etw. feiern

cenar **5A** zu Abend essen

un **céntimo** **4A** ein Cent

un **centro** ‹4B, 7›; **7A** ein Zentrum
un **centro** de interés ‹5C, P› ein Interessenschwerpunkt

cerca **6A** in der Nähe, nahe
cerca de **1A** in der Nähe von, bei
cercano,-a ‹M1, P› nahe, nahegelegen

cerrado,-a ‹5A, 3› geschlossen

un envío **certificado** ‹2B, 2› ein Einschreiben

una **charcutería** **4A** eine Metzgerei

una **chica** **1A** ein Mädchen

un **chicle** **3A** ein Kaugummi

un **chico** **1A** ein Junge

¡**Chisss!** **3B** He!, Ssst!

chocar con algo **6A** mit etw. zusammenstoßen

(el) **chocolate 4A** (die) Schokolade *(auch Getränk)*

un **churro 4A** *span. in Öl gebratenes Salzgebäck*

un/una **ciclista** ‹6B, 8› ein(e) Radfahrer(in)

las **ciencias** de la naturaleza ‹5C› die Naturwissenschaften

científico,-a M2 wissenschaftlich

ciento/cien 4A, G hundert

cinco 2A, G fünf

cincuenta 2B, G fünfzig

un **cine 0** ein Kino

una **cinta 2A** ein (Ton-)Band; eine Kassette

una **cita** ‹4B, 9› eine Verabredung

una **ciudad 1B** eine Stadt

un **ciudadano** ‹4B, 9› (Staats-)Bürger

¡Claro! 1B Klar!/Natürlich!

claro,-a ‹7B, P› hell, klar

¡Claro que no! **1B** Natürlich nicht!

una **clase 2A**; **2A**, 3 eine Unterrichtsstunde; eine Klasse

las **clases 2A** der Unterricht

No hay **clase. 3B** Es findet kein Unterricht statt.

tener **clase 3B** Unterricht haben

en **clase 5A** im Unterricht

esa **clase** de trabajo ‹5B, 10› diese Art von Arbeit

clásico,-a ‹5C› klassisch

el **clima** ‹7B, 9› das Klima

2 **cm** (centímetros) **M1**, 2 2 cm

una **coca-cola 1B** ein Coca-Cola

un **coche 3A** ein Auto

la **cocina 2A** die Küche

coger algo **4B** etw. (mit)nehmen

un/una **colega M2** ein Kollege/eine Kollegin

un **colegio 5B** eine Schule

Colombia *f* **8B** Kolumbien

Cristóbal **Colón M2** Christoph Kolumbus (*1451–1506*)

una **colonia M2** eine Kolonie

colonial ‹8A, 3› Kolonial-

una **columna** ‹6A, 5› eine Spalte

una **combinación** ‹7A, 5› eine Kombination

combinar algo con algo ‹7A, 5› etw. mit etw. kombinieren

el **comedor 2A** das Esszimmer

comer (algo) **2B** (etw.) essen

un **cómic 2A** ein Comic(heft)

una **comida 2A** ein Essen, eine Mahlzeit

una **comisaría** ‹8A, 5› eine Polizeiwache

como ‹3B, 8›; **5A** wie

utilizar algo **como** algo ‹M2, 3› etw. als etw. benutzen

¿cómo? 1A wie?

¿Cómo? 1A Wie bitte?

¿Cómo voy a escribir? **6B** Wie soll ich denn schreiben?

¡cómo no! **5A** natürlich!

cómodo,-a ‹7A, 2› bequem

un **compañero 1A** ein Klassenkamerad

un **compañero** (de trabajo) **5A** ein (Arbeits-)Kollege

una **compañera** ‹3B, 8› eine Klassenkameradin

comparar algo ‹5A, 3› etw. vergleichen

completar algo ‹2A, 5› etw. vervollständigen

complicado,-a M1 kompliziert

la **compra 4A** der Einkauf

ir a la **compra 4A** einkaufen gehen

estar de **compras** ‹7A, 2› beim Einkaufen sein

ir de **compras** ‹8A, 3› einkaufen gehen

comprar algo **4A** etw. kaufen

comunicarse con alguien **8B** sich mit jdm. verständigen

una **comunidad 7A** eine Gemeinschaft

una **Comunidad** Autónoma **7A** eine Autonome Region (*span. Region mit eigenen politischen Institutionen*)

con 0; **6B**; **7B** mit; bei; zu

ponerse **con** alguien **7B** sich zu jdm. setzen

conmigo 6B mit mir; bei mir

contigo 6B mit dir; bei dir

una **concha 1B** eine Muschel

un **concierto 3B** ein Konzert

concreto,-a 3A konkret

una **condición 8A** eine Bedingung; ‹M1, P› ein Zustand

poner una **condición** a alguien **8B** jdm. eine Bedingung stellen

un **conductor 6A** ein Fahrer

confortable ‹M1, P› komfortabel, bequem

una **conjunción** ‹7B, 7› eine Konjunktion

conmigo 6B mit mir; bei mir

conocer algo/a alguien (-zco) **4B** etw./jdn. kennen/kennen lernen

conocido,-a 1B bekannt

ser **conocido,-a** por algo **7A** bekannt wegen/für etw. sein

las **conocidísimas** ruinas de Machu Picchu **8A** die überaus bekannten Ruinen von Machu Picchu

una **conquista M2** eine Eroberung

un **conquistador** ‹M2, 4› ein Eroberer

conquistar algo **M2** etw. erobern

conseguir algo (-i-) **8B** etw. erreichen, etw. erhalten

un **consejo M1** ein Rat

conservar algo **7A** etw. erhalten, etw. bewahren

la **construcción** ‹5A, 3› der Bau, die Erbauung

el **contacto 8B** der Kontakt

una toma de **contacto 8B** eine Kontaktaufnahme

la **contaminación** ‹6B, 8›; **8A** die Umweltverschmutzung

contar algo (-ue-) ‹5B, 3›; **M1** etw. erzählen

(estar) **contento,-a 5A** zufrieden (sein)

contigo 6B mit dir; bei dir

continuar ‹1B, 1› weitermachen

contra 3B gegen

argumentos en **contra** de algo ‹7A, 8› Argumente gegen etw.

un **contraste 8A** ein Gegensatz

controlar algo ‹6A, 5› etw. überprüfen

una **conversación** ‹6A, 3› ein Gespräch

convivir M2 zusammen leben

correcto,-a ‹4A, 1› richtig

corregir algo (-i-) ‹8A, 1› etw. korrigieren

cortar algo ‹4B, 2› etw. schneiden

cortarse ‹4B, 9› (ab)geschnitten werden

corto, -a 6B kurz

una **cosa 2A** eine Sache, ein Ding

otra **cosa 5A** etwas anderes

cosmopolita 7A kosmopolitisch, weltoffen

una **costa 0** eine Küste

costar (-ue-) **4A** kosten

creador, -ora M2 kreativ, schöpferisch

creer algo **8B** etw. glauben

creo que ‹7B, 9› ich glaube, dass

un **crimen** ‹6B, 2› ein Verbrechen

cristiano, -a M2 christlich

un **cristiano** ‹M2, 6› ein Christ

la **Cruz** Roja ‹2B, 2› das Rote Kreuz

cruzar (una calle) **6A**, 2 (eine Straße) überqueren

¿**cuál**? / ¿**cuáles**? **7B** welche(r/s)?

¿**Cuál** es tu nombre? ‹8B, *Un texto más*› Wie heißt du?

una **cualificación 8B** eine Qualifikation, eine Befähigung

cuando (*Relativadverb*) **7B** wenn

¿**cuándo**? **2B** wann?

¿**cuánto(s), -a(s)**? **4A** wie viel(e)?

¡**Cuánta** gente! **4B** Was für eine Menge Leute!

¿**Cuánto** es? **4A** Wie viel macht das?

¿**cuánto** tiempo? ‹8A, 2› wie lange?

cuarenta 2B, G vierzig

un **cuarto 2A** ein Raum, ein Zimmer; ein Viertel

el **cuarto** de estar **2A** das Wohnzimmer

el **cuarto** de baño **2A** das Badezimmer

un **cuarto** de hora **2A** eine Viertelstunde

a las dos y **cuarto 2A** um viertel nach zwei

cuarto, -a 8A, G vierte(r/s)

cuarto de ESO **5C** 10. *Schuljahr/10. Klasse*

cuatro 2A, G vier

Cuba *f* **M2** Kuba

un **cuchillo 8B** ein Messer

hacer **cuentas 4A** abrechnen

el **cuerpo 6A** der Körper; der Rumpf

el **cuidado 4B** die Vorsicht, die Sorgfalt

tener **cuidado** (con algo) **4B** achtgeben, aufpassen (auf/mit etw.)

la **culpa 6A** die Schuld

tener la **culpa 6A** schuld sein

la **cultura** ‹5C›; **7A** die Kultur

el **cumpleaños 2A** der Geburtstag

cumplir algo **M1** etw. ausführen

cumplir una promesa **M1** ein Versprechen erfüllen

un **cursillo M1** ein Kurs, ein Lehrgang

un **curso 2B** ein Kurs, ein Lehrgang

D

un **dado** ‹M1, 4› ein Würfel

dar 3A geben

Da igual. **7B** Es ist egal.

de 0 von

la fiesta **de** San Fermín **0** das Fest des San Fermín

¿**De** quién es? **1B**, 2 Wem gehört er/sie/es?

la Costa **del** Sol **0** *Küste im Süden Spaniens*

un zumo **de** naranja **1B** ein Orangensaft

¿**de** dónde? **1A** woher?

de verdad **1A** wirklich

estar **de** acuerdo **M1** einverstanden sein

Salamanca, 12 **de** enero **de** 1997 **5A** Salamanca, den 12. Januar 1997

7 milliones **de** habitantes **8A** 7 Millionen Einwohner

debajo de (la cama) **2A** unter (dem Bett)

deber ‹4B, 9› sollen, dürfen

los **deberes 5A** die Hausaufgaben

decir algo (a alguien) (digo) **3B** (jdm.) etw. sagen

se **dice** ‹5C, P› man sagt, es wird gesagt

diciendo ‹8B, *Un texto más*› *hier:* und sage dabei

Dígame. 2B *Eröffnungsformel des Angerufenen am Telefon*

dicho M2 gesagt

una **decisión** ‹7A, 6› eine Entscheidung

declarar algo ‹7B, P› *hier:* sagen, äußern

una **definición** ‹7A, 5› eine Definition

dejar 7A lassen; loslassen; verlassen

dejar algo a alguien **7A** jdm. etw. überlassen; jdm. etw. geben

dejar algo ‹8B, 3›; **M2** etw. weglassen; etw. (liegen/stehen/in Ruhe) lassen

¡**Déjate** de historias! **M2** Erzähl keine Märchen!

delante de (la casa) **2A** vor (dem Haus)

la **delincuencia 8A** die Kriminalität

demasiado (*adv*) **4A** zu (sehr/viel)

demasiado(s), -a(s) 4A zu viel(e)

un pronombre/determinante **demostrativo** ‹4A, 3› ein Demonstrativpronomen/begleiter

(el) **deporte 3B** (der) Sport

hacer **deporte 3B** Sport treiben

una instalación **deportiva** ‹5A, 3› eine Sportanlage

deprisa (*adv*) **4B** schnell

a la **derecha** de **2A** rechts von

(girar) a la **derecha 6A** nach rechts (abbiegen)

derecho, -a 6A rechte(r/s)

desayunar 5A frühstücken

el **desayuno 4B** das Frühstück

desconocido, -a 7A unbekannt

un **descubridor M2** ein Entdecker

un **descubrimiento** ‹M2, 1› eine Entdeckung

descubrir algo **M2** etw. entdecken

desde ... hasta ... **2B** von ... bis ...

una **desgracia 5A** ein Unglück

por **desgracia 5A** leider

un **desierto** **8A** eine Wüste

(estar) **desilusionado, -a** **5B** desillusioniert, ohne Illusionen (sein)

la **despedida** **M1** der Abschied

despedirse (-i-) **6A** sich verabschieden

  despedir a alguien ‹M1, 8› jdn. verabschieden

despertarse (-ie-) **6A** aufwachen

después **2A**, 5 danach, später

  después de ‹5A, 12›; **5B** nach

un **destinatario** ‹2B, 2› ein Empfänger

destruir ‹4B, 9› zerstören

un **detective** ‹3B, 6› ein Detektiv

un **determinante** demostrativo ‹4A, 3› ein Demonstrativbegleiter

devolver (-ue-) **4B**, 3 etw. zurückgeben, etw. zurückbringen

un **día** 0 ein Tag

  algún **día** **6B** irgendwann

  Buenos **días**. **2B** Guten Tag.

una **diapositiva** **8A** ein Dia

un **diario** **M1** ein Tagebuch

diario, -a **5A** täglich, alltäglich

un/una **dibujante** **M2** ein(e) Zeichner(in)

dibujar algo **7A** etw. zeichnen

un **dibujo** ‹4B, 5› eine Zeichnung

un **diccionario** ‹M1, 8› ein Wörterbuch

se **dice** ‹5C, P› man sagt, es wird gesagt

dicho **M2** gesagt

diciendo ‹8B, *Un texto más*› hier: und sage dabei

diciembre *m* **4A** Dezember

dieci... **2A** ...zehn (*bei den Zahlen* 16–19)

diez **2A** zehn

una **diferencia** ‹5A, 1› ein Unterschied

  con **diferencia** los más activos **M1** mit Abstand die aktivsten

diferente (a) **5A**; **7B** verschieden, unterschiedlich; anders (als)

  Podemos participar en **diferentes** actividades. **M1** Wir können an mehreren/verschiedenen Aktivitäten teilnehmen.

difícil **5A** schwierig

una **dificultad** ‹6B, 8›; **8B** eine Schwierigkeit

  tener **dificultades** para hacer algo **8B** Schwierigkeiten haben etw. zu tun

Dígame. **2B** *Eröffnungsformel des Angerufenen am Telefon*

(el) **dinero** **2B** (das) Geld

la **distribución** ‹5A, 3› die Auf-/Verteilung

Dios *m* **M2** Gott

  ¡**Dios** mío! **M2** Mein Gott

una **dirección** **2B** eine Adresse

el **director** ‹4B, 3›; **5B** der Direktor; der Leiter

dirigirse a un sitio **7A** sich zu einem Ort hinwenden/begeben

un **disco** **7B** eine Schallplatte

  poner un **disco** **7B** eine Schallplatte auflegen

una **discoteca** **1B** eine Diskothek

una **discusión** **2A** eine Diskussion

discutir ‹8B, 1›; **M1** diskutieren, streiten

disfrutar de algo **7A** etw. genießen

divertido, -a **3B** lustig, unterhaltsam

divertirse (-ie-/-i-) **5A** sich amüsieren

doce **2A**, G zwölf

doctor **6A** Herr Doktor *(Anrede)*

un **documento** ‹7A, 7› ein Dokument

un **dólar** ‹M1, 2› ein Dollar

doler (-ue-) **6A** weh tun, schmerzen

  ¿Dónde te **duele**? **6A** Wo tut es dir weh?

el **domicilio** ‹2B, 2› der Wohnsitz

domingo *m* **3B** Sonntag

  el **domingo** **3B** am Sonntag, diesen Sonntag

Don **M2** Herr *(vor männlichen Vornamen, besonders höfliche Anrede)*

donde *(Relativadverb)* **7A** wo

  ¿**dónde**? **1B** wo?

  ¿**adónde**? **2A** wohin?

  ¿de **dónde**? **1A** woher?

dormir (-ue-/-u-) **5A** schlafen

dos **1B** zwei

Dresde ‹M2, 4› Dresden

una **droga** **8B** eine Droge

una **ducha** ‹5A, 3› eine Dusche

ducharse **5A** sich duschen

dulce **4A** süß

un **dulce** ‹4A, 4› eine Süßspeise, eine Süßigkeit

durante *(+ subst)* **5A** während

E

e **6B** und *(vor [i])*

echar de menos algo /a alguien **5A** etw./jdn. vermissen

la **ecología** **3A** die Ökologie, die Umweltforschung

ecológico, -a **3A** ökologisch, Umwelt-

la **economía** ‹7B, 9› die Wirtschaft

la **edad** **2B** das (Lebens-) Alter

la **Edad** Media **M2** das Mittelalter

una **edición** ‹7B, 3› eine Ausgabe

un **edificio** **7A** ein Gebäude

la **educación** ‹5C›; **8B** die Erziehung, die Bildung

  (la) **educación** física ‹5C› (der) Sportunterricht

  (la) **Educación** Primaria ‹5C› *entspricht ungefähr der Grundschule*

  (la) **Educación** Secundaria Obligatoria ‹5C› s. **ESO**

  el Ministerio de **Educación** **M1** das Kultusministerium

EE. UU. (los Estados Unidos) **8B** Vereinigte Staaten von Amerika, USA

¿**eh**? **1B** was?/wie?

un **ejemplo** ‹1A, 4›; **3A** ein Beispiel

  por **ejemplo** **3A** zum Beispiel

un **ejercicio** ‹0› eine Übung

él **1A** er

el, la *(best. Artikel)* 0 der/die/das

  la señora Petersen **2A** Frau Petersen

  el señor Pérez **2A**, 3 Herr Pérez

el 98 ‹M2, 1› das Jahr 1898

un **electricista** ‹8B, *Un texto más*› ein Elektriker

elegante ‹6B, 3› elegant

elegir algo (-ie-) **5C** etw. wählen, etw. auswählen

un **elemento** ‹5A, 12› ein Element

ella 1A sie *(sg)*

ellos / ellas 1A sie *(pl)*

sin **embargo 5B** trotzdem; (je)doch

la **emigración 7A** die Emigration

un **emigrante 7A** ein Emigrant, ein Auswanderer

emigrar (de) **8A** auswandern (aus)

(estar) **empapado,-a 7B** durchnässt (sein)

un **emperador M2** ein Kaiser

empezar (-ie-) **5A** beginnen, anfangen

un **empleado 2B** ein Angestellter

una **empleada** ‹8B, *Un texto más*› eine Angestellte, *hier:* ein Dienstmädchen

un **empleo 5B** eine Arbeit, eine Arbeitsstelle

en 0 in; an; auf

en casa **2A** zu Hause

en una calle **1A** auf einer Straße

en España **0** in Spanien

en español **1A** auf Spanisch

en la foto **0** auf dem Foto

en la estantería **2A** auf dem Regal

en la frontera **0** an der Grenze

en la mesa **2A** auf dem Tisch

¡**en** marcha! **4A** Auf geht's!; Los!

en general **5A** im Allgemeinen

en fin **M1** schließlich, letzten Endes

un **encargado** ‹2B, 2› ein Erziehungsberechtigter

encender algo (-ie-) **7B** etw. anzünden

encontrar (-ue-) algo **5B** etw. finden

encontrarse 7A sich befinden

un **encuentro 8B** eine Begegnung

enero *m* **5A** Januar

enorme ‹7B, 9›; **8A** riesig

enrollado,-a M1 (*fam*) aktiv, engagiert, gut drauf

enseguida 6A sofort, gleich

enseñar algo (a alguien) **2B**; **8B** (jdm.) etw. zeigen; (jdn.) etw. lehren; (jdn. in) etwas unterrichten

ensuciarse 5B sich schmutzig machen

ensuciarse las manos **5B** sich die Hände schmutzig machen

entender algo (-ie-) **3A** etw. verstehen

entonces 2A (also) dann

una **entrada 2B** eine Eintrittskarte; ein Eingang

entrar 1B, 6 eintreten, hineingehen

entre 5A zwischen

entretanto 6A inzwischen

una **entrevista 2B** ein Interview; ein Vorstellungsgespräch

entrevistar a alguien ‹8B, 4› jdn. interviewen

un **envío** ‹2B, 2› eine (Post-) Sendung

un **episodio** ‹5C, P› eine Episode, *hier:* ein Teil, ein Kapitel

una **época** ‹5A, 3›; **M2** eine Epoche, eine Zeit

el **equilibrio** ‹4B, 9› das Gleichgewicht

el **equipaje** ‹7B, 3› das Gepäck

equivocarse M2 sich irren

un **error** ‹M2, 1› ein Irrtum

es 0 (er/sie/es) ist

es que ‹3B, P›; **6A** es ist (nämlich) so/Das kommt daher, dass …

la **escayola 6A** der Gips (-verband)

escolar 8B schulisch, Schul-

escribir (algo) **2B** (etw.) (auf)schreiben

escrito 6B geschrieben

un **escritor 1B** ein Schriftsteller

una **escritora** ‹6B, 3› eine Schriftstellerin

escuchar (algo) **2B** zuhören; etw. anhören

ése, ésa, ésos, ésas 4A diese(r/s) (dort)

ese, esa, esos, esas (+ *subst*) **4A** diese(r/s) … (dort)

un **esfuerzo 5B** eine Anstrengung

hacer muchos **esfuerzos 5B** sich sehr anstrengen

eso 1B das (da)

Eso es todo. **1B** Das ist alles.

por **eso 5B** deshalb, daher

la **ESO** (Educación Secundaria Obligatoria) ‹5C› *entspricht ungefähr der Mittelstufe/ Sekundarstufe I*

una **espada M2** ein Schwert

España *f* **0** Spanien

español, española ‹2B, 2› spanisch

el **español 1A** Spanisch, die spanische Sprache

en **español 1A** auf Spanisch

un **español** ‹1A, 8› ein Spanier

una **española 1A** eine Spanierin

especial ‹8A, 8› besondere(r/s)

un **espectáculo 0** ein Schauspiel

un **espejo 2A** ein Spiegel

esperar 2A warten

¡**Espera! 2A** Warte!

esquiar ‹7B, 9› Ski laufen

una **esquina 6A** eine Ecke

una **estación** ‹5A, 3› ein Bahnhof

los **Estados Unidos** (EE. UU.) **8B** die Vereinigten Staaten von Amerika

una **estantería 2A** ein Regal

estar 2A sein, sich befinden

estar a … kilómetros de … **4A**, 6 … km von … entfernt sein

¿Qué tal **estáis**? **5A** Wie geht es euch?

Estoy bien. **5A** Mir geht es gut.

estar claro **5A** klar/selbstverständlich sein

el cuarto de **estar 2A** das Wohnzimmer

No **está**. **6B** Sie ist nicht da.

estar haciendo algo **7A** etw. gerade tun/machen

una **estatua 1B** eine Statue, ein Denkmal

el **este 7A** der Osten

éste, ésta, éstos, éstas 4A diese(r/s) (hier)

este, **esta**, **estos**, **estas** (+ *subst*) **4A** diese(r/s) ... (hier)
  esta noche **4A** heute Abend
el **estilo** ‹M2, 4› der Stil
esto **1B** dies, das (hier/da)
un/una **estudiante** ‹2B, 2›; **5B** ein(e) Student(in)
estudiar **1A** studieren; in die Schule gehen; lernen
estupendo, -a **3B** toll
etc. **(etcétera)** ‹5C, 2› usw.
(la) **ética** ‹5C› (die) Ethik, (der) Ethikunterricht
un **euro** (*pl* euros) **4A** ein Euro
Europa *f* ‹4B, 9›; **8A** Europa
europeo, -a **8A** europäisch
  un **europeo** ‹8A, 6› ein Europäer
Euskadi **7A** das Baskenland (*baskischer Name*)
el **euskera** **7A** die baskische Sprache
una **evaluación** ‹2B, 2› eine Bewertung
exacto, -a ‹7B, 3› genau
un **examen** (*pl* exámenes) ‹3B, 9›; **6B** eine Prüfung, ein Examen
examinar a alguien **6A** jdn. untersuchen
una **excursión** **0** ein Ausflug
  ir de **excursión** **2B** einen Ausflug machen
una **excusa** **6A** eine Entschuldigung, eine Ausrede
la **existencia** ‹5C, P› die Existenz
existir ‹6B, 8›; **8B** existieren; da sein; vorhanden sein
una **experiencia** **8A** eine Erfahrung, ein Erlebnis
explicar algo a alguien **6A** jdm. etw. erklären
una **expresión** ‹4A, 5›; **8B** ein Ausdruck
expulsar a alguien **M2** jdn. vertreiben

F

para **fabricar** ... ‹4B, 9› um ... herzustellen
fácil **2A** einfach
falso ‹7A, 5› falsch

la **falta** de asistencia ‹2B, 2› das Fehlen (im Unterricht)
faltar **4A** fehlen
  ¿Nos **falta** algo? **4A** Brauchen wir noch etwas?
  Falta poco para llegar. **7B** Es dauert nicht mehr lange, bis sie ankommen.
una **familia** ‹2A, 1› eine Familie
  tener **familia** **7A** Verwandte haben
familiar ‹4A, 4›; **8B** familiär; Familien-
famoso, -a ‹7B, 9› berühmt
fantástico, -a ‹6B, P› fantastisch, wunderbar
una **fase** **8B** eine Phase, eine Stufe
el **fastidio** **6B** der Ärger
  ¡Qué **fastidio**! **6B** Wie unangenehm!
por **favor** **2A** bitte
  argumentos a **favor** de algo ‹7A, 8› Argumente für etw.
favorito, -a **3B** Lieblings-
el papel de **fax** ‹4B, 9› das Faxpapier
febrero *m* **5A** Februar
la **fecha** ‹2B, 2› das Datum
  la **fecha** de nacimiento ‹2B, 2› das Geburtsdatum
feliz **4B** glücklich
  ¡**Feliz** año nuevo! **4B** Gutes neues Jahr!
fenomenal **0** toll, klasse
una **fiesta** **0** ein Fest, eine Feier
  una **fiesta** popular **0** ein volkstümliches Fest; ein Volksfest
Filipinas *f pl* ‹M1, 2›; **M2** die Philippinen
filosófico, -a **M2** philosophisch
el **fin** **3A** das Ende
  un **fin** de semana **3A** ein Wochenende
  por **fin** **0** schließlich, endlich
  en **fin** **M1** schließlich, letzten Endes
el **final** **1A** das Ende
  el **final** de las vacaciones **1A** das Ferienende
finalizar algo **M2** etw. beenden
firmar **6B** unterschreiben
(la) **física** **1A** (die) Physik
(la) educación **física** ‹5C› (der) Sportunterricht

(el) **flamenco** **0** (der) Flamenco (*spanischer Tanz*)
un **folleto** **7A** eine Broschüre
una **forma** ‹4A, 3› eine Form
  de otra **forma** **8B** auf andere Art
la **formación** profesional **5B** die Berufsausbildung
formar algo ‹2B, 3› etw. bilden
formarse **7A** entstehen
una **foto** **0** ein Foto
  sacar una **foto** **8A** ein Foto machen
la **fotografía** ‹5C›; **M1**; **M2** die Fotografie
el **francés** **2B** Französisch, die französische Sprache
Francia *f* ‹M2, 4› Frankreich
una **frase** ‹3A, 7› ein Satz
frío, -a **7B** kalt
  Hace **frío**. **7B** Es ist kalt.
frito, -a **4A** gebraten
  (las) patatas **fritas** **4A** (die) Kartoffelchips
la **frontera** **0** die Grenze
  en la **frontera** **0** an der Grenze
(la) **fruta** **4A** (das) Obst
una **frutería** **4A** ein Obststand; ein Obstladen
el **fruto** ‹7B, P› die Frucht, der Ertrag (*im übertragenen Sinn*)
fue **8A** er/sie/es war; er/sie/es ging
un **fuego** **7B** ein Feuer
fuera **8B** draußen
  quedarse **fuera** **8B** draußen bleiben
funcionar **8A** funktionieren
fundar algo **8B** etw. gründen
el **fútbol** **3B** Fußball
el **futuro** **3A** die Zukunft
  tener **futuro** **8B** eine Zukunft haben

G

Galicia *f* **3A** Galicien (*Landschaft in Nordspanien*)
gallego, -a **7A** galicisch
  el **gallego** **7A** die galicische Sprache
  un **gallego** **7A** ein Galicier
la **ganadería** ‹7B, 9› die Viehzucht

tener **ganas** de hacer algo **3B** Lust haben, etw. zu tun

ganar (un partido) **3B** (ein Spiel) gewinnen

ganar dinero **5B** Geld verdienen

una **generación 5B** eine Generation

en **general 5A** im Allgemeinen

Génova ‹M2, 1› Genua

un **genovés** ‹M2, 1› ein Genuese

la **gente 3A** die Leute

(la) **geografía** ‹5C; 8B, 6› (die) Geographie

la **geología** ‹5C› die Geologie

girar 6A abbiegen

el **gobierno 7A** die Regierung

Gracias 1B Danke

gracioso,-a 2A komisch, witzig

una **gramática** ‹M2, 4› eine Grammatik

un **gramo 4A** ein Gramm

grande 1B groß

gratis 8B gratis, unentgeltlich

grave 6A ernst, schlimm

griego,-a ‹M2, 4› griechisch

el **griego M2** Griechisch, die griechische Sprache

un **grillo** ‹7B, P› eine Grille

gris 3A grau

un **grupo** ‹2B, 2›; **3A** eine Gruppe

un **grupo** de rock ‹5A, 8› eine Rockgruppe

guapo,-a 1B hübsch

un/una **guía 2B** ein(e) Fremdenführer(in)

una **guía 7B** ein Reiseführer *(Buch)*

una **guitarra 0** eine Gitarre

gustar a alguien **4A** jdm. schmecken; jdm. gefallen

La macedonia me **gusta. 4A** Ich mag Obstsalat.

me **gustaría** ‹6B, 8› mir würde gefallen, ich würde gern

H

haber *(Hilfsverb)* **6A**
Tiene que **haber**… ‹6B, 8› Es muss … geben.

una **habitación 2A** ein Zimmer

un **habitante 7A** ein Einwohner, ein Bewohner

hablar 1A sprechen

hacer algo (hago) **3B** etw. machen, etw. tun

Hace buen tiempo. **7B** Es ist schönes Wetter.

Hace calor. **7B** Es ist warm / heiß.

Hace frío. **7B** Es ist kalt.

hace un año / muchos años **8A** vor einem Jahr/vielen Jahren

hacer cuentas **4A** abrechnen

hacerse a algo **M1** sich an etw. gewöhnen

hecho 6B gemacht

hacia 7A nach/zu (… hin)

(estar) de camino **hacia** … **8A** auf dem Weg nach … (sein)

¡**hala**! **M2** los!; auf geht's!

Hamburgo 1A Hamburg

una **hamburguesa 1B** eine Hamburgerin; ein Hamburger *(Brötchen)*

una **hamburguesería 1B** ein Hamburgerrestaurant

hasta 2A bis

¡**Hasta** luego! **2A** Bis nachher/später!

desde… **hasta 2B** von … bis …

hay 1B es gibt, da ist/sind

hay que hacer algo ‹4B, 9›; **5B** man muss etwas tun

una **herida 6A** eine Wunde, eine Verletzung

hecho 6B gemacht

una **hermana 2A**, 3 eine Schwester

un **hermano 2A** ein Bruder

los **hermanos 2A** die Brüder; die Geschwister

una **hija 2A** eine Tochter

los **hijos 2B**, 7 die Söhne; die Kinder

tener un **hijo 8B** ein Kind bekommen

(estar) **hinchado,-a 6B** geschwollen (sein)

un **hipermercado 4A** ein (großer) Supermarkt

hispano,-a ‹4B, 9› spanisch, spanischsprachig

Hispanoamérica *f* **8C** das spanischsprachige Lateinamerika

una **historia** ‹5A, 10›; **8B** eine Geschichte

(la) **historia** ‹5C› (die) Geschichte

¡**Déjate** de **historias**! **M2** Erzähl keine Märchen!

histórico,-a ‹5A, 3› historisch

¡**Hola**! **0**, 2 Hallo!

Holanda *f* ‹M2, 4› Holland

un **holandés M2** ein Holländer

un **hombre 6B**, 4 ein Mann

el **hombre 7A** der Mensch

una **hora 2A** eine Stunde

¿Qué **hora** es? **2A** Wie viel Uhr ist es?

¿A qué **hora**…? **2A** Um wie viel Uhr …?

un **horario 5C** ein Stundenplan

una película de **horror** ‹5C, P› ein Horrorfilm

horroroso,-a 8A entsetzlich

un **hospital 6A** ein Krankenhaus

un **hotel 0** ein Hotel

hoy 1B heute

humano,-a ‹7B, P› menschlich

I

ibérico,-a M2 iberisch

una **idea 3B** eine Idee

ideal 4A ideal

idéntico,-a ‹2B, P› gleich, identisch

identificar algo ‹7A, 7› etw. identifizieren

un **idioma 2B** eine Sprache

una **iglesia 0** eine Kirche

igual 2A der-/die-/dasselbe

Da **igual. 7B** Es ist egal.

ilegal 8B illegal, ungesetzlich

ilustrado,-a ‹5C, P› bebildert, illustriert, *hier:* veranschaulicht

la **imaginación** ‹6A, 9› die Fantasie

imaginarse algo **6B** sich etw. vorstellen

un **imperativo** ‹M1, 6› ein Imperativ

un **imperio** ‹M2, 1› ein Reich

un **impermeable 7B** ein Regenmantel

la **importancia** **3A** die Bedeutung, die Wichtigkeit
importante **1B** wichtig
importar **4A** wichtig sein
No **importa**. **4A** Das macht nichts.
imposible **4B** unmöglich
una **impresión** ‹M1, P› ein Eindruck
inca **8A** Inka-
los **incas** **8A** die Inka
incómodo, -a **6B** unbequem
increíble **4B** unglaublich
independiente **5B** unabhängig
las **Indias** **M2** (Vorder- und Hinter-)Indien
una **indicación** ‹5A, 3› eine Angabe, ein Hinweis
un / una **indígena** **7A** ein(e) Ureinwohner(in)
un **indio** **8A** ein Indio, ein Indianer
la **industria** **3A** die Industrie
industrial **7A** industriell, Industrie-
una **información** **3A** eine Information
dar **información** (a alguien) (sobre algo) **3A** (jdn.) (über etw.) informieren
informar a alguien de algo ‹4B, 9› jdn. über etw. informieren
informarse **5B** sich informieren
(la) **informática** **5B** (die) Informatik
un **informe** **5B** ein Bericht
un **ingeniero** **1A** ein Ingenieur
una **ingeniera** ‹2B, 7› eine Ingenieurin
Inglaterra ‹M2, 4› England
inglés, **inglesa** ‹M2, 4› englisch
un **inglés** **2A**, 3 ein Engländer
el **inglés** **1A** Englisch, die englische Sprache
inmenso, -a ‹7B, 9› riesig, immens
una **instalación** deportiva ‹5A, 3› eine Sportanlage
un **instituto** **1A**; **5B** ein Gymnasium; ein Institut
el **Instituto** de la Juventud **5B** *Staatssekretariat für Jugendfragen*

una **instrucción** ‹4B, 3› eine Anweisung
intercambiar algo ‹7B, 4› etw. (aus)tauschen
un **intercambio** **5A** ein Austausch
el **interés** ‹5C, P› das Interesse
un centro de **interés** ‹5C, P› ein Interessenschwerpunkt
interesante **1B** interessant
interesar a alguien ‹5C, P› jdn. interessieren
interesarse por algo ‹7A, 2› sich für etw. interessieren
interior **7A** innere(r/s), Binnen-
el **interior** **1B** das Innere
inventar algo ‹7B, 6›; **M2** etw. erfinden
el **invierno** **8A** der Winter
ir **2A** gehen
ir de excursión **2B** einen Ausflug machen
ir de vacaciones **5B** Ferien / Urlaub machen
ir en bicicleta **6A** mit dem Rad fahren
ir por la ciudad **6A** durch die Stadt fahren
ir a hacer algo **3B** etw. tun werden
Vamos. **2A** Gehen wir.
¡Qué **va**! **7A** Ach was!
ido **6A** gegangen
fue **8A** er/sie/es ging
irse **5B** weggehen
¿Adónde os **fuisteis**? **8A** Wo gingt ihr hin?
Irlanda *f* **7A** Irland
las **Islas** Canarias ‹M2, 9› die Kanarischen Inseln
un **italiano** ‹7B, 9› ein Italiener
izquierdo, -a **6B** linke(r/s)
a la **izquierda** de **2A** links von
a la **izquierda** **6A** nach links

J

un **jaguar** ‹4B, 9› ein Jaguar
(el) **jamón** **4A** (der) Schinken
Japón *m* ‹4B, 9›; **8A** Japan
un **jardín** **3A** ein Garten
un **jersey** **4B** ein Pullover
joven (*pl* **jóvenes**) **2B** jung
un / una **joven** **5B** ein junger

Mann / ein junges Mädchen, eine junge Frau
los **jóvenes** ‹2B, 5›; **5B** (die) Jugendliche(n)
judío, -a **M2** jüdisch
un **judío** **M2** ein Jude
un **juego** ‹5A, 7› ein Spiel
los **Juegos** Olímpicos ‹8A, 6› die Olympischen Spiele
jueves *m* **3B** Donnerstag
jugar (-ue-) **3B** spielen (*Sport und Spiele*)
jugar al tenis **3B** Tennis spielen
julio *m* **5A** Juli
junio *m* **5A** Juni
junto(s), -a(s) **8B** zusammen
justo, -a **M1** gerecht
justamente (*adv*) **M1** genau, gerade
la **juventud** **5B** die Jugend

K

un **kilo** **4A** ein Kilo
un **kilo** y medio **4A** eineinhalb Kilo
un **kilómetro** **4A**, 6 ein Kilometer
estar a … **kilómetros** de … **4A**, 6 … km von … entfernt sein

L

l (*Abkürzung für* litro) ‹7A, 2› Liter
la (*best. Artikel*) s. **el**, **la**
la (*Pronomen*) **7B** ihn/sie/es
al **lado** de **2A** neben
largo, -a ‹6B, 8› weit, lang
las (*Artikel*) **1A** die
las (*Pronomen*) ‹4B, 9›; **7B** sie
No **las** conozco. **7B** Ich kenne sie nicht.
latino, -a ‹M2, 4› lateinisch
Latinoamérica *f* **8A** Lateinamerika
latinoamericano, -a **7B** lateinamerikanisch
lavarse **6B**, 5 sich waschen
le **4A** ihm/ihr/Ihnen (*sg*)
leer (algo) **2B** (etw.) lesen
lejos **5A**, 3 weit weg, entfernt

una **lengua** ‹5C›; **7A** cine
  Sprache; eine Zunge
un **león** ‹4B, 9› ein Löwe
les 4A ihnen/Ihnen *(pl)*
levantarse 5A aufstehen
un **libro 2A** ein Buch
un **limón 4A** eine Zitrone
  (el) **limón 4A** (die) Zitronen-
  limonade
limpiar algo **3A** etw. reinigen,
  etw. saubermachen
limpio, -a 3A sauber
lindo, -a 8A *südam.:* hübsch
una **línea** ‹4A, 1; 8A, 3› eine
  Zeile; eine Linie
una **lista** ‹4A, 5› eine Liste
(estar) **listo, -a 7B** fertig (sein)
(la) **literatura** ‹5C›; **7A** (die)
  Literatur
llamar 2A rufen
  llamar (por teléfono) **2B** an-
  rufen
  llamar a la puerta **4B** (an der
  Tür) läuten
llamarse 5A heißen
  ¿Cómo te **llamas? 1A** Wie
  heißt du?
  Me **llamo** … **1A** Ich heiße …
llegar 1A (an-)kommen
(estar) **lleno, -a 5A** voll (sein)
llevar algo/a alguien a un sitio
  6A etw./jdn. an einen Ort
  bringen
  llevar algo **6A** etw. tragen
  (auch Kleidung)
llover (-ue-) **7B** regnen
la **lluvia 7B** der Regen
lo *(Artikel)*
  a **lo** mejor **3B** vielleicht
lo *(Pronomen)* **7B** ihn/sie/es
  ¿Por qué **lo** sabéis? ‹6B, 2›
  Woher wisst ihr es?
  No **lo** creo. **8B** Ich glaube es
  nicht.
  lo que dice **M1** (das) was er
  sagt
  nada de **lo** que se dice ‹5C, P›
  nichts von dem, was gesagt
  wird
un **local** ‹7B, 8› ein Lokal
loco, -a 6A verrückt
lógicamente *(adv)* ‹8B, 2›
  logisch
un/una **londinense** ‹5B, 2›
  ein(e) Londoner(in)
Londres ‹4B, 7› London
los *(Artikel)* **1A** die *(pl)*

los *(Pronomen)* **7B** sie *(pl)*
  ¿**Los** ponemos? **7B** Legen
  wir sie auf?
una **lucha M2** ein Kampf
luego 2A dann, später
  hasta **luego 2A** Bis nach-
  her/später!
un **lugar** ‹8A, 7› ein Ort
  el **lugar** de nacimiento ‹2B,
  2› der Geburtsort
lunes *m* **3B** Montag

M

una **macedonia 4A** ein Obstsalat
la **madre 1A** die Mutter
(el) **maíz** ‹8B, 6› (der) Mais
mal *(adv)* **1A** schlecht
maldito, -a M1 verdammt,
  verflucht
malo, -a 3B schlecht
  tener **mala** suerte **4B** Pech
  haben
  mal + *m sg* **7B** schlecht
  el **malo** ‹7B, P› das
  Schlechte
mamá 2A Mama
mañana 2B morgen
una **mañana 2B** ein Vormit-
  tag; ein Morgen
  las diez de la **mañana 2B**
  zehn Uhr morgens
mandar algo a alguien **5A**
  jdm. etw. schicken
una **mandarina 4A** eine
  Mandarine
una **manga 6B** ein Ärmel
una **mano 5B** eine Hand
un **mantel 7B** ein Tischtuch
mantener ‹4B, 9› erhalten
  mantenerse ‹4B, 9› sich
  erhalten, bleiben
una **manzana 4A** ein Apfel
un **mapa** ‹7B, 4› eine Landkarte
el **mar 0** das Meer
  el **mar** Cantábrico **7A** der
  Golf von Biscaya
una **marca** ‹7A, 2› eine Marke
¡En **marcha! 4A** Auf geht's!/
  Los!
el **marido 4B** der Ehemann
(los) **mariscos 7A** (die)
  Meeresfrüchte

martes *m* **3B** Dienstag
marzo *m* **5A** März
más 4A mehr
  más pequeño que **5A** kleiner
  als
  más de un tercio **5B** mehr als
  ein Drittel
  con **más** años **8B** (ein paar
  Jahre) älter
  No pienses **más** en ella. **M1**
  Denke nicht mehr an sie.
una **mascota 1B** ein Mas-
  kottchen
(la) **matemática M2** (die)
  Mathematik *(als Wissen-
  schaft)*
(las) **matemáticas** ‹5C; M1, 3›
  (die) Mathematik
el **material** ‹7B, P› das Material, der Stoff
maya ‹8B, 6› Maya-
  los **mayas** ‹M2, 8› die Maya
mayo *m* **5A** Mai
mayor 5B; 7B älter; alt, betagt
  el hermano **mayor 5B** der
  ältere Bruder
  la Plaza **Mayor 1B** der
  Marktplatz
la **mayoría 8A** die Mehrheit
me 4A mir; mich
  Me llamo… **1A** Ich heiße…
la **mecánica** ‹8B, *Un texto
  más*› die Mechanik
un **mecánico 5B** ein (Auto-)
  Mechaniker
una **mecánica** ‹5B, 9› eine
  (Auto-)Mechanikerin
una **médica 5B** eine Ärztin
un **médico 5B** ein Arzt
el **medio** ambiente **3A** die
  Umwelt
un **medio** de transporte ‹6B, 8›
  ein Transportmittel
medio, -a 4A (ein/eine)
  halbe(r/s)
  Es la una y **media. 2A** Es ist
  halb zwei (Uhr).
  un kilo y **medio 4A** eineinhalb Kilo
  la Edad **Media M2** das
  Mittelalter
el **mediodía 2B** der Mittag
mediterráneo, -a 7A südlän-
  disch, zum Mittelmeer(raum)
  gehörend
mejor 5A besser
  a lo **mejor 3B** vielleicht

un **melocotón** ‹4B, 2› ein Pfirsich

la **memoria** ‹7A, 2› das Gedächtnis; *(beim Computer)* der Speicher

menos 2A weniger

las dos **menos** veinte **2A** zwanzig vor zwei

menos (conocido) que **5A** weniger (bekannt) als

… **menos** en español **6B** … schon gar nicht auf Spanisch

al **menos 8B** wenigstens; mindestens

echar de **menos** algo/a alguien **5A** etw./jdn. vermissen

el **mercado 4A** der Markt

un **mes 2B** ein Monat

una **mesa 2A** ein Tisch; ein Schreibtisch

poner la **mesa 6B**, 2 den Tisch decken

quitar la **mesa 4B** den Tisch abräumen

una **meseta 7A** eine Hochebene

un **mestizo 8A** ein Mestize *(Mischling zwischen Weißen und Indios)*

meter algo en algo **7B** etw. in etw. stecken; etw. in/auf etw. stellen/legen

México 8A Mexiko (*Land und Stadt*)

mezclar algo ‹4B, 2› etw. mischen

mi 1A mein(e)

(para) **mí 5B** (für) mich

el **miedo 6B** die Angst

¡Qué **miedo**! **6B** Wie schrecklich!

un **miembro** ‹4B, 9› ein Mitglied

miércoles *m* **3B** Mittwoch

mil 4A, G tausend

un **millón 8A** eine Million

7 **millones** de habitantes **8A** 7 Millionen Einwohner

un **minidiálogo** ‹6B, 7› ein Minidialog

un **ministerio M1** ein Ministerium

el **Ministerio** de Educación **M1** das Kultusministerium

un **minuto 4B** eine Minute

mirar 2A (an-/hin-)schauen

¡**Mira**! **1A** Schau/Sieh' mal!

mirándolo creí … ‹M2, P› als ich es sah, glaubte ich …

mis 2A meine *(pl)*

el **mismo**, la **misma 7A** der/die/das gleiche

ahora **mismo 1B** sofort, jetzt gleich

al **mismo** tiempo **7A** gleichzeitig

él **mismo** ‹5C, P› er selbst

mm (milímetros) **M1**, 2 mm

una **mochila 7A** ein Rucksack

un **modelo** ‹M2, 3› ein Modell

moderno, -a 4A, 4 modern

de todos **modos M1** auf alle Fälle, jedenfalls

un **momento 2A** ein Augenblick

una **montaña 3A** ein Berg; ein Gebirge

montañoso, -a ‹7B, 9› gebirgig

un **montón 7A** ein Haufen

un **montón** de veces *(fam)* **7A** unzählige Male, sehr oft

un **monumento 1B** ein Monument, eine Sehenswürdigkeit

un **moratón 6A** ein blauer Fleck

moreno, -a 4B dunkelhaarig

morir (-ue-/-u-) **6B**, 2 sterben

ha **muerto 6B**, 2 er ist gestorben

un **motivo** ‹6B, 2› ein Motiv

mover algo (-ue-) **6B** etw. bewegen

mucho *(adv)* **1A** viel; sehr

mucho(s), -a(s) 3A viel(e)

muchísimo(s), -a(s) 7A sehr viel(e)

muchísimo ‹6B, 8› sehr, sehr gut

mudarse (a …) **M1** umziehen (nach …)

la **muerte M1; M2** der Tod

ha **muerto 6B**, 2 er ist gestorben

un **muerto 6B**, 2 ein Toter

una **mujer 4A**, 4 eine Frau

mi **mujer 6A** meine (Ehe-)Frau

un **multimillonario** ‹6B, 2› ein Multimillionär

el **mundo** ‹4B, 9›; **8B** die Welt

un **museo 0** ein Museum

(la) **música 2A** (die) Musik

una cadena de **música 2A** eine Stereoanlage

musical ‹M2, P› musikalisch, Musik-

muy *(adv)* **1A** sehr

N

nacer M2 geboren werden

el **nacimiento** ‹8A, 7› die Geburt

la fecha de **nacimiento** ‹2B, 2› das Geburtsdatum

el lugar de **nacimiento** ‹2B, 2› der Geburtsort

nacional ‹7B, 9› national

nada 6A nichts

nadar 3B schwimmen

nadie 6B niemand

una **naranja 1B** eine Orange

un zumo de **naranja 1B** ein Orangensaft

(la) **naranja 4A** (die) Orangenlimonade

la **naturaleza 3A** die Natur

naturalmente M1 natürlich

necesario, -a 6A notwendig, nötig

necesitar algo **2B** etw. benötigen, etw. brauchen

negro, -a 4B schwarz

lo **negro** ‹7B, P› das Schwarze, die schwarze Farbe

nervioso, -a ‹6B, 4› nervös

ni ‹M1, P› nicht einmal

un **nieto M1** ein Enkel(sohn)

ningún/ninguno, ninguna 6B; **7B** kein(e)

un **niño 8B** ein Kind; ein Junge

no 1A nein; nicht

¿**no**? **1A** nicht wahr?

una **noche 0** eine Nacht

esta **noche 4A** heute Abend

de **noche** ‹M2, P› nachts

la **Nochevieja 4B** Silvester (abend)

un **nombre 1B** ein Name

el **nombre** y los apellidos **2B** der Vorname und die Nachnamen

normal 3A normal

normalmente ‹2B, P› normalerweise

el **norte 7A** der Norden

nos 4A uns

nosotros, -as 1A wir

una **nota** ‹2B, 2›; **5A** eine
Note, eine Zensur
tomar **nota** ‹3B, 8› sich
Notizen machen
una **novela** M2 ein Roman
noventa **2B**, G neunzig
noviembre *m* **5A** November
un **novio** **4A**, 4 ein (fester)
Freund
una **novia** **4A**, 7 eine (feste)
Freundin
una **nube** **7B** eine Wolke
nuestro, -a **2A** unser(e)
nueve **2A**, G neun
nuevo, -a **1B** neu
numerar algo ‹M1, 4› etw.
nummerieren
un **número** **2A** eine Nummer,
eine Zahl
un **número** ordinal ‹8A, 6›
eine Ordnungszahl
nunca **6B** niemals; noch nie

O

o **2B** oder
ó *(zwischen Ziffern)* **4A**
oder
u **6B** oder *(vor [o])*
un **objeto** ‹M2, 3› ein Objekt
obligatorio, -a ‹5C› verpflich-
tend, Pflicht-
una **obra** ‹8A, 7›; **M2** ein
Werk
observar algo **3A** etw. be-
obachten
observado, -a ‹5C, P› beob-
achtet, betrachtet
el **Océano** Pacífico ‹8A, 3› der
Pazifische Ozean
ochenta **2B**, G achtzig
ocho **2A**, G acht
octubre *m* **5A** Oktober
una **ocupación** ‹8A, 7› eine
Beschäftigung
ocuparse (de) ‹4B, 9› sich
kümmern um
el **oeste** **7A** der Westen
al **oeste** (de) **7A** im Westen
(von)
una **oficina** **7A** ein Büro
una **oficina** de turismo **7A**
ein Fremdenverkehrsamt
ofrecer algo a alguien (-zco)
4B jdm. etw. anbieten

al **oírnos** hablar ‹M1, P› als sie
uns sprechen hörten
los Juegos **Olímpicos** ‹8A, 6›
die Olympischen Spiele
olvidar algo **7A** etw. vergessen
once **2A**, G elf
una **opinión** ‹6B, 8› eine
Meinung
optativo, -a **5C** nicht verbind-
lich, Wahl-
una **asignatura** optativa **5C**
ein Wahlfach
optimista ‹5B, 7› optimistisch
oral **6B** mündlich
un **ordenador** **2A** ein Computer
un **ordenador** personal ‹2B,
4› ein PC
ordenar algo ‹7A, 1› etw.
ordnen
un número **ordinal** ‹8A, 6›
eine Ordnungszahl
una **organización** **8B** eine
Organisation
organizar ‹7A, 2› organisieren
un **oriental** **8A** ein Orientale;
ein Asiate
el **origen** **7A** die Herkunft, der
Ursprung
(el) **oro** M2 (das) Gold
os **4A** euch
el **otoño** **8A** der Herbst
otro, -a **3B** (ein) anderer/-s,
(eine) andere
otra cosa **5A** etwas anderes
de **otra** forma **8B** auf andere
Art
oye **6B** hör mal; na so was!

P

la **paciencia** **6B** die Geduld
el Océano **Pacífico** ‹8A, 3› der
Pazifische Ozean
el **padre** **1A** der Vater
los **padres** **2A** die Eltern
una **paella** **0** eine Paella
(span. Reisgericht)
pagar **4A** (be)zahlen
una **página** ‹8A, 6› eine Seite
la **Pampa** ‹7B, 9› die Pampa
*(Grassteppenlandschaft in
Argentinien)*
un **panda** ‹4B, 9› ein Panda
(bär)

un **país** **7A** ein Land
el **País** Vasco **7A** das Baskenland
los **Países** Bajos ‹M2, 1› die
Niederlande
un **paisaje** **7A** eine Landschaft
una **palabra** ‹2B, 5› ein Wort
(el) **pan** **4A** (das) Brot
una **panadería** **4A** eine
Bäckerei
una **pandilla** **6B** eine Clique,
eine Bande
los **pantalones** **4B** die Hose
el **papá** *(fam)* ‹5B, 2› der
Papa
mis **papás** *(fam)* **8A** meine
Eltern
(el) **papel** **3A** (das) Papier,
ein (Blatt/Stück) Papier
intercambiar los **papeles** ‹7B,
4› die Rollen tauschen
para **2B** für
para *(+ inf)* **6A** um … zu
para eso ‹M2, P› deswegen,
dafür
parcial ‹2B, 2› Einzel-
parecer **4A** (er-)scheinen
¿Qué os **parece**? **4A** Was
haltet ihr davon?
¿Qué te **parece** Rubén? **4B**
Wie findest du Rubén?
Parecen simpáticos. **4A** Sie
scheinen nett zu sein.
Me **parecen** simpáticos. **4A**
Ich finde sie nett.
parecer algo **7A** aussehen
wie etw.
nadie **parece** haberse dado
cuenta ‹5C, P› niemand
scheint es bemerkt zu haben
una **pareja** ‹2B, 6› ein Paar
un **paréntesis** ‹8A, 2› eine
Klammer
entre **paréntesis** ‹8A, 2› in
Klammern
París ‹M2, 4› Paris
un **parque** **3A** ein Park
una **parte** ‹8A, 4›; **M1** ein Teil
ser **parte** de algo **M1** ein Teil
von etw. sein, zu etw. gehören
Da recuerdos a … de mi **parte**.
6B Grüße … von mir.
participar (en algo) **3A** (an
etw.) teilnehmen, (bei etw.)
mitmachen
un **participio** ‹M2, 3› ein
Partizip

un **partido** **3B** Spiel, Match
un **partido** de baloncesto **3B** ein Basketballspiel
pasado,-a **8A** vergangene(r/s), letzte(r/s)
el **pasado** **8B** die Vergangenheit
pasar **2B**; **8A** geschehen; (Zeit) verbringen
¿Qué **pasa**? **2B** Was ist los?
¿Qué te **pasa**? ‹6B, P› Was ist los mit dir?
pasar algo a alguien **2B** jdm. etw. reichen/geben
pasar a un lugar **M2** zu einem Ort weitergehen, an einen Ort gelangen
pasar a un tema **M2** zu einem Thema übergehen
un **paseo** **6A** eine Promenade; eine breite Straße
la **Patagonia** ‹7B, 9› Patagonien
una **patata** **4A** eine Kartoffel
(las) **patatas** fritas **4A** (die) Kartoffelchips
el **patio** **3A** der (Schul-)Hof
la **paz** **M2** der Friede
un **peatón** ‹6B, 8› ein Fußgänger
pedir algo (-i-) **6A** um etw. bitten; nach etw. fragen
una **pega** **6B** eine Schwierigkeit
poner **pegas** (a alguien) **6B** (jdm.) Schwierigkeiten bereiten
pelar algo **4A** etw. schälen
una **película** **0** ein Film
una **película** de horror ‹5C, P› ein Horrorfilm
un **peligro** ‹4B, 9›; **8B** eine Gefahr
peligroso,-a **7A** gefährlich
una **península** **7A** eine Halbinsel
pensar (en algo) (-ie-) **3A** (an etw.) denken
pensar hacer algo **3B** vorhaben etw. zu tun, etw. tun wollen
peor **5A** schlechter; schlimmer
pequeño,-a **1B** klein
una **pera** **4A** eine Birne
perder algo (-ie-) **5B** etw. verlieren

Perdón. **1A** Entschuldigung.
perfecto ‹7B, P› perfekt
perfectamente **M1** vollkommen; genau
un **periódico** **2B** eine Zeitung
una **perla** ‹M2, 1› eine Perle
pero **1A** aber
un **perro** **1B** ein Hund
una **persona** **1B** eine Person
personal ‹5B, 7› persönlich
un ordenador **personal** ‹2B, 4› ein PC
un **personaje** **M2** eine Persönlichkeit, eine (Roman-) Figur
una **personalidad** ‹8B, 6› eine Persönlichkeit
Perú m **4B** Peru
un **peruano** ‹8A, 1› ein Peruaner
pesar **4A** wiegen
pesimista **5B** pessimistisch
pesquero,-a **7A** Fischer-, Fischerei-
una **pierna** **6A** ein Bein
un **pingüino** ‹7B, 9› ein Pinguin
un **pintor** **M2** ein Maler
la **pintura** **M2** die Malerei
una **piscina** **1B** ein Schwimmbad
un **piso** ‹2B, 2›; **8B** ein Stockwerk; eine Wohnung
la **pista** **4B** die Tanzfläche
una **pizza** ‹7B, 8› eine Pizza
un **plan** ‹3B, 1, 9› ein Plan
un **planeta** ‹4B, 9› ein Planet
un **plano** ‹6B, 4› ein Plan, eine Zeichnung
una **planta** **3A** eine Pflanze
plantar (un árbol) **3A** (einen Baum) pflanzen
(el) **plástico** ‹6B, 5› (das) Plastik, (der) Kunststoff
un **plátano** **4A** eine Banane
un **plato** **4B** ein Teller
una **playa** **0** ein Strand
una **plaza** **1B** ein Platz
la **Plaza** Mayor **1B** der Marktplatz
la **población** **8A** die Bevölkerung
pobre **4B** arm
¡**Pobre**! **4B** Du Ärmste(r)!
poco (adv) **3A** wenig; zu wenig
un **poco** **4B** ein bisschen
poco(s),-a(s) **3A** wenig(e)

poder hacer algo (-ue-) **4B** etw. tun können (in der Lage sein oder die Möglichkeit haben)
no **puedes** hacer algo **5B** du darfst/man darf etw. nicht tun
se **puede(n)** ‹7B, P› man kann
poderoso,-a **M2** mächtig
la **policía** ‹6A, 2›; **8B** die Polizei
un **polideportivo** **1B** eine Sporthalle, ein Sportstadion
poner (pongo) **4A** setzen, stellen, legen
Ponen una película. **2A**, 2 Es läuft ein Film.
¿Qué **ponen** en la radio? **2B**, 5 Was kommt/läuft im Radio?
¿Qué **pone** (en el folleto)? **7A** Was steht (in der Broschüre) drin?
¿Qué te/os/le/les **pongo**? **4A** Was darf's sein?
poner la mesa **6B**, 2 den Tisch decken
poner pegas **6B** Schwierigkeiten bereiten
poner una condición a alguien **8B** jdm. eine Bedingung stellen
poner una escayola **6B** einen Gipsverband anlegen
poner un disco **7B** eine Schallplatte auflegen
poner algo a alguien **6B** jdm. etw. anziehen
ponerse con alguien **7B** sich zu jdm. setzen
puesto **6B** pp von poner
popular **0** volkstümlich, populär
una fiesta **popular** **0** ein volkstümliches Fest; ein Volksfest
por ‹4B, 9›; **7A** wegen
llamar **por** teléfono **2B** anrufen
por la tarde **2B** nachmittags
ir **por** la ciudad **6A** durch die Stadt fahren
ir **por** su carril **6A** auf seiner Spur fahren
el segundo **por** la derecha **8A** der zweite von rechts
Tomas una coca-cola **por** mí. **6B** Trinkt ein Coca-Cola für mich/an meiner Stelle

por última vez **6B** zum letzten Mal

ser conocido, -a **por** algo **7A** bekannt wegen / für etw. sein

por desgracia **5A** leider

por ejemplo **3A** zum Beispiel

por eso **6B** deshalb, daher

por favor **2A** bitte

por fin **0** schließlich, endlich

presentado **por** ‹5C, P› präsentiert von

el precio **por** noche ‹5A, 3› der Preis pro Nacht

¿**por** qué? **3A** warum?, weshalb?

porque 3A weil

un **póster 2A** ein Poster

un **postre 4A** ein Nachtisch

practicar ‹7B, 9› (aus-)üben

el **precio 4A**, 5 der (Kauf-) Preis

precioso, -a 1B (wunder-)schön

preferir algo (a algo/alguien) (-ie-/-i-) **3A** etw. vorziehen, etw. lieber mögen (als etw./jdn.)

una **pregunta** ‹2B, 6› eine Frage

preguntar (algo) (a alguien) **2B** (jdn.) (etw.) fragen

un **premio** ‹8A, 7› ein Preis

preparar algo **2A** etw. zu-/vorbereiten

presentar a alguien **4B** jdn. vorstellen

  presentado por ‹5C, P› präsentiert von

el **presidente 8A** der Präsident

una **prima 8A** eine Cousine

la Educación **Primaria** ‹5C› *entspricht ungefähr der Grundschule*

la **primavera 8A** das Frühjahr

primero *(adv)* **2B** zuerst

primer(o), -a 8A erste(r/s)

  primero de ESO **5C** *7. Schuljahr/Klasse*

  el **primero**/la **primera 6B** der/die Erste

un **primo 7A** ein Cousin

  una **prima 8A** eine Cousine

el **principio 5A** der Anfang

  al **principio 5A** am Anfang

  a **principios** de agosto **M1** Anfang August

la **prisa 7B** die Eile

  darse **prisa 7B** sich beeilen

probablemente M1 wahrscheinlich

un **problema 3A** ein Problem

producir algo (-zco) **M1** etw. herstellen, etw. erzeugen

un **producto** ‹M2, 4› ein Produkt

el **profe** *(fam)* **6B** *kurz für* profesor

una **profesión** ‹2B, 2›; **5B** ein Beruf

  de **profesión M2** von Beruf

la formación **profesional 5B** die Berufsausbildung

un **profesor 1A** ein Lehrer

una **profesora 1A** eine Lehrerin

un **profesor** de inglés **1A** ein Englischlehrer

un **programa** ‹2B, 5› eine Sendung

una **programadora 5B** eine Programmiererin

un **programador** ‹5B, 9› ein Programmierer

una **promesa M1** ein Versprechen

prometer algo **M1** etw. versprechen

un **pronombre** ‹4A, 3› ein Pronomen

pronto *(adv)* **5A** bald; früh

proponer algo (a alguien) (propongo) **3B** (jdm.) etw. vorschlagen

una **provincia 7A** eine Provinz

próximo, -a 6B nächste(r/s)

en los **próximos** meses **6B** in den nächsten Monaten

un **proyecto** ‹6B, 4›; **8A** ein Projekt, ein Vorhaben

publicar algo **5B** etw. veröffentlichen

la **publicidad 7A** die Reklame, die Werbung

un **pueblo 3A** ein Dorf

se **puede(n)** ‹7B, P› man kann

un **puente 1B** eine Brücke

una **puerta 2A** eine Tür

un **puerto 7A** ein Hafen

pues 4A also, nun

puesto 6B *pp von* poner

Q

que *(Konjunktion)* **5A**; **8B** als; dass

Pienso **que** no son suficientes. **8B** Ich finde, dass es nicht genug davon gibt.

¡Claro **que** no! **1B** Natürlich nicht!

Es **que** … ‹3B, P›; **6A** Es ist (nämlich) so / Das kommt daher, dass …

a **que** ‹8B, *Un texto más*› *hier:* damit

así **que** ‹M1, P› so dass

más **pequeño que 5A** kleiner als …

que *(Relativpronomen)* ‹3B, 4›; **5B** der, die, das

¿**qué** …? *(+ subst)* **2B** was für ein(e) …?

¿**Qué** hora es? **2A** Wie viel Uhr ist es?

¿A **qué** hora…? **2A** Um wie viel Uhr …?

¿**qué**? *(Pronomen)* **1B** was?

¿**Qué** os parece? **4A** Was haltet ihr davon?

¿**qué**? **4B** na? / und?

¿**Qué** tal? **1A** Wie geht's?

¿**Qué** tal la visita? **1B** Wie ist/Was macht die Besichtigung?

¿**Qué** tal las clases? **2A** Wie war der Unterricht?

¿**Qué** tal estáis? **5A** Wie geht es euch?

¡**qué**…! **5B** Wie …!, Was für …!

¡**Qué** graciosa! **6B** Wie witzig (du bist)!

¡**Qué** fastidio! **6B** Wie unangenehm!

¡**Qué** miedo! **6B** Wie schrecklich!

¡**Qué** rabia! **6B** Wie ärgerlich!

¡**Qué** rollo! **5B** Wie langweilig/öde!

¡**Qué** va! **7A** Ach was!

el **quechua** *(Sprache)* **8A** Ketschua *(eine Sprache der Ureinwohner von Peru)*

quedar 3B sich verabreden; sich treffen

quedarse (en un sitio) **5A** (an einem Ort) bleiben

  quedarse fuera **8B** draußen bleiben

querer (-ie-) **3A** (gerne) wollen, gerne haben
  querer ser algo **5B** etw. werden wollen
  querer a alguien **6B**, 2 jdn. lieben; jdn. gern haben
(el) **queso** **4A** (der) Käse
¿**quién**?, ¿**quiénes**? **1A** wer?
  ¿De **quién** es? **1B**, 2 Wem gehört er/sie/es?
quien *(Relativpronomen)* ‹3B, P› der, die
(la) **química** ‹5C› (die) Chemie
quince **2A**, G fünfzehn
quinientos,-as **4A**, G fünfhundert
quinto,-a **8A** fünfte(r/s)
quitar la mesa **4B** den Tisch abräumen

R

la **rabia** **6B** die Wut, der Zorn
  ¡Qué **rabia**! **6B** Wie ärgerlich!
la **radio** ‹2B, 5› das Radio, der Rundfunk
una **rana** **1B** ein Frosch
raro,-a **1B** seltsam, außergewöhnlich
una **razón** **8B** ein Grund
  tener **razón** *f* **6A** Recht haben
razonable **M1** vernünftig
reaccionar ‹5A, 10› reagieren
la **realidad** ‹3B, P›; **M2** die Wirklichkeit
  en **realidad** **M2** in Wirklichkeit
realista **5B** realistisch
la **recepción** ‹7B, 3› die Rezeption, der Empfang
una **receta** ‹4B, 2› ein Rezept
recibir algo **8B** etw. erhalten, etw. bekommen
un **recipiente** ‹4B, 2› ein Behälter
la **reconstrucción** **M1** der Wiederaufbau
reconstruir algo ‹M1, 5› etw. rekonstruieren
un **récord** ‹M1, 2› ein Rekord
un **recreo** **2B** eine Pause *(in der Schule)*

seguir todo **recto** **6A** immer geradeaus fahren/-gehen
recuerdos *m pl* **6B** Grüße
  dar **recuerdos** a alguien **6B** jdm. Grüße ausrichten
un **refresco** **4B** ein Erfrischungsgetränk
una **región** **3A** ein Gebiet, eine Region
la **regularidad** **8B** die Regelmäßigkeit
un **reino** **M2** ein (König-) Reich
relativamente *(adv)* **8B** relativ, ziemlich
un pronombre **relativo** ‹M1, 7› ein Relativpronomen
(la) **religión** ‹5C› (die) Religion, (der) Religionsunterricht
un **remitente** ‹2B, 2› ein Absender
repetir algo (-i-) **6A** etw. wiederholen
un **reportaje** ‹5C, P› ein Bericht, eine Reportage
un **reportero** ‹4B, 8›; **8B** ein Reporter
  una **reportera** ‹4B, 8› eine Reporterin
representar algo ‹4A, 5› etw. aufführen, etw. spielen
representar a alguien ‹8B, 4› jdn. darstellen, jdn. spielen
la **residencia** ‹2B, 2› der Wohnort
resolver un problema (-ue-) **M1** ein Problem lösen
responder (a alguien) **2B** (jdm.) antworten
una **respuesta** ‹6A, 5› eine Antwort
un **restaurante** **0** ein Restaurant
el **resto** ‹4B, 9› der Rest
un **resultado** ‹4A, 5›; **8B** ein Resultat, ein Ergebnis
resultar diferente ‹5C, P› sich als anders erweisen, anders sein
un **resumen** ‹8A, 6› eine Zusammenfassung
un **rey** **M2** ein König
rico,-a **4A** lecker, schmackhaft
un **río** **0** ein Fluss
una **rodilla** **6A** ein Knie
rojo,-a **4A** rot
  la Cruz **Roja** ‹2B, 2› das Rote Kreuz

¡Qué **rollo**! **5B** Wie langweilig/öde!
Roma **2B** Rom
(estar) **roto,-a** **6A** gebrochen/zerbrochen (sein)
rubio,-a **4B** blond
una **ruina** **8A** eine Ruine
una **ruta** ‹M2, 9› ein Weg, eine Route

S

sábado *m* **3B**, 2 Samstag
saber algo **3B** etw. wissen
  saber hacer algo **3B** etw. tun können *(gelernt haben)*
sacar algo **5B** etw. herausziehen, -nehmen, -holen
  sacar buenas notas **5B** gute Noten bekommen
  sacar una foto **8A** ein Foto machen
una **sala** **4B** ein Saal, ein Raum
  una **sala** de estar ‹5A, 3› ein Aufenthaltsraum
la **salida** ‹7B, 3› die Abreise
salir (salgo) **3B** weg-,hinaus-, ausgehen
  salir con un chico/una chica **4B** mit einem Jungen/Mädchen gehen
  salir de casa **8B** aus dem Haus gehen
un **salón** de televisión ‹5A, 3› ein Fernsehraum
la **salud** **M1** die Gesundheit
un **saludo** ‹7B, 9› ein Gruß
un **sándwich** **4A** ein Sandwich
(estar) **satisfecho,-a** **5A** zufrieden (sein)
se **5A** sich
seco,-a **3A** trocken
una **secretaria** ‹5B, 10› eine Sekretärin
un **sector** ‹5B, 10› ein Sektor
secundario,-a ‹5C› *hier:* weiterführend
seguir (-i-) **6A**; **8B** fortfahren, weitergehen; bleiben, weiterhin bestehen
  seguir todo recto **6A** immer geradeaus fahren/-gehen
según ‹6A, 5›; **7A** nach, gemäß
segundo,-a **5B**; **8A** zweite(r/s)
  estar en **segundo** de bachille-

rato **5B** *in der Abschluss-klasse des Gymnasiums sein*
segundo de ESO **5C** *8.Schul-jahr/Klasse*
el **segundo** por la derecha **8A** der zweite von rechts
seguro *(adv)* **2A** sicher(lich)
seguro,-a 5B sicher
estar **seguro,-a** de que ‹5C, P› sicher sein, dass
seis 2A, G sechs
la **selectividad 5B** *Aufnahme-prüfung an der Universität*
una **selva 8A** ein (großer) Wald; *südam.:* Urwald
un **semáforo 6A** eine Ver-kehrsampel
una **semana 3A** eine Woche
un fin de **semana 3A** ein Wochenende
señalar algo **6A** (auf) etw. zeigen
un **señor 2A**, 3 ein Herr *(Abkürzung* Sr.)
el **señor** Pérez **2A**, 3 Herr Pérez
una **señora 2A** eine Dame *(Abkürzung* Sra.)
la **señora** Petersen **2A** Frau Petersen
señoras y **señores 4B** meine Damen und Herren
una **señorita** ‹5C, P› ein Fräu-lein, ein junges Mädchen
sentarse (-ie-) **7A** sich setzen
una **separación M1** eine Trennung
separado,-a M1 getrennt
separar algo de algo **3A** etw. von etw. trennen
septiembre *m* **5A** September
ser 1A sein
Son las dos menos veinte. **2A** Es ist zwanzig vor zwei.
Quiere **ser** médica. **5B** Sie will Ärztin werden
¿De quién **es**? **1B**, 2 Wem gehört er/sie/es?
Es que … **6A** Es ist (näm-lich) so/Das kommt daher, dass …
sido 6A gewesen
fue 8A er/sie/es war
servir para algo (-i-) **6A** für etw. taugen; zu etw. dienen
sesenta 2B, G sechzig
setenta 2B, G siebzig

sevillanas *f pl* **6B** *Tanz aus Sevilla (Flamenco)*
sexto,-a 8A sechste(r/s)
sí 1A ja; doch; tatsächlich
Sí son de Salamanca. **1A** Sie sind (schon) aus Salamanca.
Sí hay problemas **3A** Es gibt sehr wohl Probleme.
si 4B ob
siempre 1B immer
siete 2A, G sieben
un **siglo 7A** ein Jahrhundert
significar algo **M1** etw. be-deuten
siguiente ‹6B, P› folgende(r/s)
una **silla 2A** ein Stuhl
un **símbolo 1B** ein Symbol, ein Wahrzeichen
simpático,-a 1B nett, sympa-thisch
sin 3A ohne
sin embargo **5B** trotzdem; (je)doch
sino 8A sondern
un **sinónimo** ‹7A, 2› ein Synonym, ein bedeutungs-gleiches Wort
un **sitio 3B** ein Platz, ein Ort
una **situación** ‹3B, 6› eine Situation
estar **situado,-a 7A** liegen, sich befinden
sobre 2A über
sobre la cama **2A** über dem Bett
hablar **sobre** algo **2B** über etw. sprechen
sobre todo **3A** vor allem
el **sol 7B** die Sonne
Hace **sol. 7B** Die Sonne scheint.
sólo 3B nur
(estar) **solo,-a 8A** allein (sein)
una **solución 3A** eine Lösung
una **sopa 7B** eine Suppe
sorprender (a alguien) ‹M1, P› (jdn.) überraschen
su 2A sein(e), ihr(e)
subir 4B *(in ein Fahrzeug)* einsteigen; hinaufgehen
sucio,-a 3A schmutzig, dreckig
Sudamérica *f* ‹4B, 9› Süd-amerika
el **suelo 3A** der Boden
la **suerte 4B** das Schicksal; das Glück

tener **suerte** / mala **suerte 4B** Glück/Pech haben
por **suerte** ‹M2, 1› zum Glück
suficiente(s) 8B genügend, ausreichend
super 7A *(fam)* super, höchst, hoch…
un **superlativo** ‹7A, 2; M2, 8› ein Superlativ
un **supermercado** ‹4A, 7› ein Supermarkt
suplementario,-a ‹5A, 3› zu-sätzlich, ergänzend
el **sur 7A** der Süden
sus 2A seine/ihre
un **sustantivo** ‹M2, 3› ein Substantiv

T

¿Qué **tal**? **1A** Wie geht's?
¿Qué **tal** la visita? **1B** Wie ist/Was macht die Besich-tigung?
¿Qué **tal** las clases? **2A** Wie war der Unterricht?
¿Qué **tal** estáis? **5A** Wie geht es euch?
un **taller 8B** eine Werkstatt
también 1A auch
tampoco 6B auch nicht
tanto(s),-a(s) 4A so viel(e)
tarde 4B spät; zu spät
una **tarde 2B** ein Nachmittag
por la **tarde 2B** nachmittags
una **tarta 4A** ein Kuchen
una **taza 7B** eine Tasse
te 4A; 7B dir; dich
¿Cómo **te** llamas? **1A** Wie heißt du?
(la) **tecnología** ‹5C› (die) Technologie, (der) Werkunter-richt
un **telefilme** ‹5C, P› ein Fern-sehfilm
un **teléfono 2B** ein Telefon
llamar por **teléfono 2B** an-rufen
la **televisión 3B** das Fernsehen
ver la **televisión 3B** fern-sehen
un **tema** ‹4B, 9› ein Thema
temprano *(adv)* **6B**, 5 früh
una **tendera 4A** eine Laden-besitzerin, eine Händlerin

tener 2B haben

(no) **tener** tiempo **2B** (keine) Zeit haben

Tengo 17 años. **2B** Ich bin 17 Jahre alt.

tener clase **3B** Unterricht haben

tener cuidado **4B** achtgeben, aufpassen

tener familia **7A** Verwandte haben

tener futuro **8B** eine Zukunft haben

tener ganas (de hacer algo) **3B** Lust haben (etw. zu tun)

tener novia **4A**, 7 eine (feste) Freundin haben

tener razón **6A** Recht haben

tener suerte/mala suerte **4B** Glück/Pech haben

tener la culpa **6A** schuld sein

tener un hijo **8B** ein Kind bekommen

tener que hacer algo **5B** etw. tun müssen

el **tenis 3B** Tennis

jugar al **tenis 3B** Tennis spielen

tercer(o),-a 8A dritte(r/s)

tercero de ESO **5C** 9. Schuljahr/Klasse

un **tercio 5B** ein Drittel

terminar (algo) **1B** (etw.) (be)enden, (mit etw.) aufhören; (etw.) austrinken

un **test** ‹4B, 9› ein Test

un **texto 2A**, 5 ein Text

para **ti** ‹7B, 7› für dich

el **tiempo 2B**; **7B** die Zeit; das Wetter

(no) tener **tiempo 2B** (keine) Zeit haben

al mismo **tiempo 7A** gleichzeitig

¿cuánto **tiempo**? ‹8A, 2› wie lange?

Hace buen **tiempo**. **7B** Es ist schönes Wetter.

el **tiempo** del verbo ‹M1, 2› das Tempus, die Zeit

la **tierra M2** die Erde; das Land, das Gebiet

un **tío**/una **tía 7A** ein Onkel/eine Tante

los **tíos 7A** Onkel und Tante

un **tío** (fam) **M1** ein Typ, ein Kerl

típico,-a 8A typisch

un **tipo** (de) **7A** eine Art, eine Sorte, ein Typ

tirar algo ‹4B, 9› etw. (weg-) werfen

un **título 5B** ein Titel, eine Überschrift

tocar (algo) **3B** (etw.) spielen (Musik)

todavía 3B noch (immer)

todo 1B; **6A** alles; ganz (adv)

Eso es **todo**. **1B** Das ist alles.

sobre **todo 3A** vor allem

todo recto **6A** immer geradeaus

todo(s),-a(s) 5A ganz(e/er/es); alle(s); jede(r/s)

toda la clase **5A** die ganze Klasse

toda la gente **5A** alle Leute

todos los días **5A** jeden Tag

todo el año ‹5A, 3› das ganze Jahr

de **todos** modos **M1** auf alle Fälle; jedenfalls

una **toma** de contacto **8B** eine Kontaktaufnahme

tomar algo **1B** etw. nehmen; etw. essen/trinken

tomar nota ‹3B, 8› sich Notizen machen

tomarse algo **6B** etw. essen/trinken

tonto,-a M1 dumm

un **toro 1B** ein Stier

una **tostada 6A** ein(e Scheibe) Toast

trabajar 1A arbeiten

un **trabajo 2B** eine Arbeit

una **tradición 7A** eine Tradition, ein Brauch

tradicional 7A traditionell; traditionsbewusst

una **traducción** ‹7A, 7›; **M2** eine Übersetzung

traducir algo (-zco) ‹7A, 7›; **M2** etw. übersetzen

un **traductor** ‹M2, 4› ein Übersetzer

traer algo a alguien (traigo) **6B** jdm. etw. mitbringen

el **tráfico 6A** der Verkehr

tranquilo,-a 6A ruhig, still

transformar algo en algo ‹5A, 8› etw. in etw. umwandeln

un medio de **transporte** ‹6B, 8› ein Transportmittel

trece 2A, G dreizehn

treinta 2A, G dreißig

treinta y … **2B**, G …unddreißig

un **tren** ‹5A, 3› ein Zug

tres 2A, G drei

triste 8A traurig

tropical ‹7B, 9› tropisch

tú 1A du

tu 1B, 8 dein(e)

el **turismo 7A** der Tourismus

una oficina de **turismo 7A** ein Fremdenverkehrsamt

una **turbina** ‹7B, P› eine Turbine

un/una **turista 2B** ein(e) Tourist(in)

tus 2A deine (pl)

la casa **tuya** ‹7B, P› dein Haus

U

u 6B oder (vor [o])

último,-a 6B, 2 letzte(r/s)

por **última** vez **6B**, 2 zum letzten Mal

un, una (unbestimmter Artikel) **0** ein, eine

unirse 7A sich vereinigen

una **universidad 1B** eine Universität

el **universo** ‹5C, P› das Universum

uno 2A, G eins

unos,-as 4A; **4B** ‹5A, 4› ungefähr; einige

unos sesenta **4A** ungefähr 60

unos minutos **4B** ein paar Minuten

usted, ustedes 2B Sie (höfliche Anrede)

utilizar algo ‹4A, 5›; **7B** etw. benutzen

una **uva 4B** eine Weintraube

V

(las) **vacaciones 0** (die) Ferien

ir de **vacaciones 5B** Ferien/Urlaub machen

Vale. 1B In Ordnung./OK.

Vamos. 2A Gehen wir.

variado,-a ‹7B, 9› verschiedenartig, abwechslungsreich

varios, -as ‹6B, 8› verschiedene

vasco, -a **7A** baskisch
el País **Vasco** **7A** das Baskenland
el **vasco** **7A** die baskische Sprache
un **vasco** **7A** ein Baske

un **vaso** **4B** ein (Trink-)Glas

veinte **2A** zwanzig

veinti... **2A** ...undzwanzig

una **vendedora** **2B** eine Verkäuferin
un **vendedor** ‹5B, 9› ein Verkäufer

vender algo ‹7A, 2› etw. verkaufen

¡Venga! **4B** Los!/Mach(t) schon!

venir (vengo) **3B** kommen
la semana que **viene** ‹M1, P› kommende Woche

una **ventana** **2A** ein Fenster

ver algo (veo) **3B** etw. sehen
a **ver** **4A** mal sehen
ver la televisión **3B** fernsehen
ver un folleto **7A** eine Broschüre durchsehen
al **ver** ‹M1, P› als ich sah
visto **6A** gesehen

el **verano** ‹7B, 9›; **8A** der Sommer

un **verbo** ‹4B, 7› ein Verb

la **verdad** **3A** die Wahrheit
Es **verdad**. **3A** Es ist wahr.
de **verdad** **1A** wirklich

verdadero, -a **8A** wahr(haftig), echt

verde **3A** grün

vestirse (-i-) **6B** sich anziehen
vestido, -a (de) ‹M2, P› gekleidet (in), bekleidet (mit)

una **vez** **6A** ein Mal
alguna **vez** **6A** schon/irgend einmal
otra **vez** ‹8B, 1› noch ein Mal
de **vez** en cuando ‹7B, 4› ab und zu
esta **vez** ‹M1, P› diesmal
a **veces** ‹5C, P› manchmal

viajar ‹5A, 9› reisen

un **viaje** **2B** eine Reise
(estar) de **viaje** **8A** unterwegs/auf Reisen sein

un **viajero** ‹8A, 4› ein Reisender

una **víctima** (de algo) **8B** ein Opfer (von etw.)

la **vida** **4B** das Leben

el **vídeo** **M1** das Video, die Videotechnik

viejo, -a **1B** alt
la semana que **viene** ‹M1, P› kommende Woche

viernes *m* **3B** Freitag
los **viernes** **3B** freitags

(el) **vino** **7A** (der) Wein

una **visita** **1B** ein Besuch, eine Besichtigung

visitar **1B** besuchen, besichtigen

visto **6A** gesehen

vivir **2B** leben, wohnen

un **volcán** ‹8B, 6› ein Vulkan

volver (-ue-) **4B** zurückkehren
vuelto **6B** zurückgekehrt

vosotros, -as **1A** ihr

la **voz** **7B** die Stimme

las **vueltas** **4A** das Wechselgeld

vuestro, -a **2A** euer(e)

Y, Z

y **0** und

e **6B** und *(vor [i])*

ya **2A** schon
Ya, **ya** sé. **6B** Sicher/Ja, ich weiß schon.

ya no **5B** nicht mehr

yo **1A** ich

una **zona** ‹4B, 9› eine Zone, ein Gebiet

un **zumo** **1B** ein Saft
un **zumo** de naranja **1B** ein Orangensaft

Namensverzeichnis

Verzeichnet ist jeweils nur das erste Vorkommen jedes Namens. Ausnahmen wurden nur gemacht, wenn an einer späteren Stelle wichtige zusätzliche Informationen über die Person oder den Ort enthalten sind. Übersetzt sind nur geographische Namen und Bezeichnungen, die sich deutlich vom Deutschen unterscheiden.

Weibliche spanische Vornamen

Alexa (=Alejandra) →**M2**
Ana **1A**, 7
Ángela **5**→**6**
Beatriz **1A**, 2
Bea (= Beatriz) **3A**
Carola (= Carolina) **4A**, 7
Carmen **1A**, 2
Charo (= Rosario) **1A**, 2
Clara **1A**, 7
Consuelo **2B**, 2
Cristina **1A**, 2
Elena **1B**, 2
Estefanía **6B**, 8
Irene **M1**, 7
Isabel **0**, 2
Juana **2A**, 3
Julia **5A**, 11
Laura **2B**
Luisa **1B**, 2
Manuela **6B**, 4
Mari Carmen →**M2**
María **1A**, 6
Maribel (= María Isabel) **0**
Marina **5A**, 9
Marisol **1A**, 2
Marta **1A**, 2
Martina **3B**, 9
Maruja **4B**, 7
Merce (= Mercedes) **2A**, 6
Miren **7A**, 7 *baskisch für*
 María
Montse (= Montserrat) **6A**, 6
Olga **6B**, 7
Paloma **2A**, 6
Paula **1A**, 6
Pilar **1A**
Rosa **3A**, 7
Rosalía **7A**, 7
Rosana **7B**, 9
Rosi (= Rosa) **3A**, 5

Sara **1A**, 2
Sofía **2B**, 2
Sole (= Soledad) **1A**, 7
Tina (= Faustina) **3B**, 9
Toñi (= Antonia) →**M2**
Yolanda **2A**, 3

Männliche spanische Vornamen

Alberto **2A**, 6
Alex (= Alejandro) **4A**, 7
Alfredo **7A**, 7
Antonio **1A**, 2
Arturo **5B**, 5
Bernardo **4A**, 5
Carlos **0**, 5
Chema (= José María) **1A**
Daniel **1A**, 6
David **1B**, 2
Eduardo **4A**→**B**
Emilio **4A**, 7
Fede (= Federico) **3B**
Felipe **1A**, 6
Fernando **8B**
Gabriel **6B**, 7
Gaspar **4A**→**B**
Germán **2B**, 2
Iñaki **7B** (*baskisch*)
Javier **2A**, 3
Jesús **1A**
Jorge **1A**, 9
José **5A**, 11
Juan **1A**, 2
Julián **1A**, 7
Julio **1A**, 2
Luis **0**
Manuel **6A**, 6
Mario **2A**, 3
Martín **4A**, 7
Miguel **2A**, 3
Nacho (= Ignacio) **3A**, 7

Oscar **8B**
Pablo **1B**, 2
Paco (= Francisco) **6B**, 4
Patxi **M1** (*baskisch*)
Pedro **1B**, 2
Pepe (= José) **4A**, 8
Ramiro **4B**
Ramón **1B**, 2
Raúl **6B**, 8
Roberto **2A**, 6
Rubén **3B**
Tomás **7A**, 2
Toni (= Antonio) **7A**, 2
Toño (= Antonio) **3A**

Spanische Familiennamen

Alba Romero **2B**, 2
Amaya **4B**, 7
Caselles **6B**, 8
Fernández **4A**→**B**
García **1**→**2**
Gómez **2B**, 4
Gómez Patrón **2B**, 2
González Nieto **2B**, 2
Gutiérrez **8B**, 3
León **6B**, 8
Olívar **8B**
Pérez **2A**, 3
Pérez Vela **2B**, 2
Rodríguez **2B**, P
Rodríguez Romero **2B**, P
Rodríguez Sánchez **2B**, P
Romero **1**→**2**
Romero Alonso **2B**, P
Sánchez Suárez **2B**, 2
Sanz Rojo **2B**, 2
Somoza **7A**, 7
Soriano **4A**→**B**
Talavera **8B**
Ventura Aráuz **8B**

Städte- und Ortsnamen

Alba (de Tormes) **1A**
Alicante **1A**, 2
Almería **6B**, 4
Ancón **8A**, 3
Arequipa **8A**, 3
Ávila **5A**, 3
Badajoz **4B**, 7
Barcelona **0**
Béjar **5A**, 3
Bilbao **2A**, 3
Bogotá **8B**
Buenos Aires **7B**, 9
Burgos **1A**, 2
Cáceres **1A**, 2
Chavín de Huantar **8A**, 3
Cuzco **8A**
Dresde **M2**, 4 Dresden
El Juyo **M1**, 2
Estelí **8B**
Génova **M2**, 1 Genua
Gerona **6B**, 8
Gijón **M1**
Granada **0**
Granadilla **M1**, P
Guadalajara **4A**, 6
Hamburgo **1A** Hamburg
Huanchaco **8A**, 3
Iguazú **7B**, 9
La Coruña **0**, 5
Lima **8A**
Londres **4B**, 7 London
Madrid **1A**, 2
Málaga **1A**, 2
Medina del Campo **M1**, P
México **8A**
Mindanao **M1**, 2
Navarredonda de Gredos **5A**, 3
Nazca **8A**, 3
Oñate **7A**
Ourense **7A**, 7 *galicisch für Orense*
Oviedo **6B**, 7
Palos **M2**, 9
Pamplona **0**
París **M2**, 4
Peñarada **5A**, 3
Pisac **8A**, 3
Roma **2B** Rom
Salamanca **1A**; **1B**
San Sebastián **1A**, 2
Santander **1A**
Santiago de Compostela **1B**, 4; **7A**
Sevilla **0**, 5

Soria **4A**, 6
Toledo **4A**, 6
Trujillo **8A**, 3
Utrecht **M2**, 4
Valencia **0**
Valladolid **M1**, P
Zamora **1B**, 6

Geograpische Bezeichnungen

Alemania *f* **1A** Deutschland
América *f* **M2** Amerika
los Andes **7B**, 9 *Gebirge in Südamerika*
la Antártida **7B**, 9 die Antarktis
Aragón *m* **0** *eine der Comunidades Autónomas (= Region mit eigenen politischen Institutionen)*
Argentina *f* **7B**, 9 Argentinien
Brasil *m* **7B**, 9 Brasilien
las Islas Canarias **M2**, 9 die kanarischen Inseln
el mar Cantábrico **7A** der Golf von Biscaya
Cataluña *f* **0**, 5 Katalonien
Catalunya **7A**, 7 *katalanisch für* Cataluña
Chile *m* **M1**, 2
Colombia *f* **8B** Kolumbien
la Costa Brava **0**, 5 *Küstenregion in Nordostspanien*
Costa del Sol **0** *Küstenregion in Südspanien*
Cuba *f* **M2** Kuba
el (río) Duero **1B**, 6 *Fluss in Nordspanien*
el (río) Ebro **0** *Fluss in Nordspanien*
EE. UU. (s. Estados Unidos)
España *f* **0** Spanien
los Estados Unidos (EE. UU.) **8B** die Vereinigten Staaten von Amerika, die USA
Europa *f* **4B**, 9
Euskadi **7A** *baskische Bezeichnung für das Baskenland*
Filipinas *f pl* **M1**, 2; **M2** die Philippinen
Francia *f* **M2**, 4 Frankreich
Galicia *f* **3A** Galicien
Gibraltar **M2**, 4
Guatemala *f* **8B**

el Himalaya **M1**, 2
Hispanoamérica *f* **8C** *die spanischsprachigen Länder Lateinamerikas*
Holanda *f* **M2**, 4 Holland
Inglaterra *f* **M2**, 4 England
Irlanda *f* **7A** Irland
Japón *m* **4B**, 9 Japan
Latinoamérica *f* **8A** Lateinamerika
Mallorca *f* **0**, 5
la meseta castellana **7A** *Hochland in Zentralspanien*
Nicaragua *f* **8B**
el Océano Pacífico **8A**, 3 der Pazifische Ozean
el País Vasco **7A** das Baskenland
los Países Bajos **M2**, 1 die Niederlande
la Pampa **7B**, 9 *Steppenlandschaft in Mittelargentinien*
Patagonia *f* **7B**, 9 *südlicher Teil des südamerikanischen Kontinents*
Perú *m* **4B**
Portugal *m* **4B**, 7
el (río) Tormes **1B** *Fluss, der durch Salamanca fließt*
Sudamérica *f* **4B**, 9 Südamerika

Verschiedene andere Namen

la Alhambra **0** *maurische Palastanlage in Granada*
el barrio gótico **7A** *historisches Stadtviertel in Barcelona*
el Camino Inca **8A** *alter Inka-Weg, heute Trekkingpfad durch den Nationalpark Machu Picchu*
el grupo Cárabo **3A** *Umweltschutzgruppe im Instituto Fray Luis in Salamanca*
la Casa de las Conchas **1B** *Sehenswürdigkeit in Salamanca*
CEDIC **8B** Centro de Desarrollo Integral Comunitario *guatemaltekisches Hilfsprojekt für Straßenkinder*
el parque Güell **7A** *Parkanlage in Barcelona*

la batalla de Lepanto **M2**, 1 *Ort der Seeschlacht am Golf von Korinth, bei der die Heilige Liga (Kirchenstaat, Spanien, Venedig, Genua) 1571 die türkische Flotte vernichtend schlug*

el Instituto de la Juventud **5B** *dem spanischen Sozialministerium angegliedertes Sekretariat für Jugendfragen*

la fiesta del Intiraymi **8A** *traditionelles Inka-Fest zur Wintersonnenwende*

Machu Picchu **8A** *Ruinenstadt der Inka in den Anden*

el Puente Romano **1B** *„römische Brücke" in Salamanca*

las Ramblas **7A** *berühmte Straße in Barcelona*

el ribeiro **7A** *Wein aus Galicien*

la Sagrada Familia **0** *berühmte Kirche in Barcelona*

San Fermín **0** *populäres Fest in Pamplona Anfang Juli*

Persönlichkeiten

Asturias, Miguel Ángel **8B**, 6 *guatemaltekischer Schriftsteller (1899–1974)*

Arrazola, Bartolomé **5A→B** *Held einer Erzählung von Augusto Monterroso*

Arzú Irigoyen, Álvaro **8B**, 6 *Präsident Guatemalas*

Buñuel, Luis **1B**, 3; **2A**, 2 *spanischer Filmregisseur (1900–1983)*

Caballé, Montserrat **2B**, 4 *spanische Opernsängerin (*1933)*

Carlos I **M2** *spanischer König (1500–1558)*

Celtas Cortos **3B**, 2 *spanische Popgruppe*

Cervantes Saavedra, Miguel de **2B**, 2; **M2** *spanischer Schriftsteller (1547–1616)*

Colón, Cristóbal **8A**, 7; **M2** *Christoph Kolumbus (1451–1506)*

Cortés, Hernán **8A**, 8 *spanischer Eroberer (1485–1547)*

Domingo, Plácido **2B**, 4 *spanischer Opernsänger (*1941)*

Don Quijote **M2** *Figur aus dem gleichnamigen Roman von Cervantes*

Felipe IV **M2** *spanischer König (1605–1665)*

Fray Luis de León **1A**; **1B** *spanischer Schriftsteller (1527–1591)*

García Lorca, Federico **2A**, 3 *spanischer Schriftsteller (1899–1936)*

Gaudí i Cornet, Antoni **7A** *spanischer Architekt, u. a. der Sagrada Familia (1852–1926)*

Héroes del Silencio **2A** *spanische Popgruppe*

Julieta **M2**, 8 *Julia (Heldin eines Dramas von Shakespeare)*

Luz Casal **2A** *spanische Popsängerin*

Madrid, Juan **2B**, 4 *spanischer Schriftsteller (*1947), bekannt besonders für seine Kriminalromane*

Mecano **2B**, 7 *spanische Popgruppe*

Menchú, Rigoberta **8B**, 6 *Menschenrechtlerin und Friedensnobelpreisträgerin aus Guatemala (*1959)*

Monterroso, Augusto **5A→B** *guatemaltekischer Schriftsteller (*1921)*

Nebrija, Antonio de **M2**, 4 *(eigentlich: Antonio Martínez de Cala) spanischer Gelehrter (1444–1522)*

Ortega y Gasset, José **2A**, 3 *spanischer Philosoph (1883–1955)*

Parra, Violeta **7B** *chilenische Sängerin und Texterin (1917–1966)*

Pérez Galdós, Benito **5B**, 5 *spanischer Schriftsteller (1843–1920)*

Picasso, Pablo **0** *spanischer Maler (1881–1973)*

los Reyes Católicos **M2** *das spanische Königspaar Isabel I (1451–1504) und Fernando II (1452–1516)*

Romeo **M2**, 8 *(Held eines Dramas von Shakespeare)*

Sabatini, Gabriela **7B**, 9 *argentinische Tennisspielerin (*1970)*

Sancho Panza **M2** *Diener des Don Quijote im Roman von Cervantes*

Saura, Carlos **2A**, 2 *spanischer Filmregisseur (*1932)*

Serrat, Joan Manuel **7B** *spanischer Sänger und Texter (* 1943)*

Sosa, Mercedes **7B** *argentinische Sängerin (*1935)*

Triana, Rodrigo de **M2**, 9 *Mitglied von Kolumbus' Mannschaft*

Trueba, Fernando **0** *spanischer Filmregisseur (*1955)*

Unamuno, Miguel de **M2** *spanischer Schriftsteller und Philosoph (1864–1936)*

Vargas Llosa, Mario **8A**, 6; **8A**, 7 *peruanischer Schriftsteller (*1936)*

Velázquez, Diego Rodrigo de Silva y **M2** *spanischer Maler (1599–1660)*

Para hacer los ejercicios del libro

Die folgende Aufstellung enthält wichtige wiederkehrende Übungsanweisungen, von denen du noch nicht alle Wörter gelernt hast. Sie sind in den Übungen in der Regel nur beim ersten Auftauchen übersetzt. Hier kannst du die Bedeutung nachschlagen, falls du dich nicht mehr erinnerst.

Anota la información.	**Notiere** die Information.
Busca palabras del **campo semántico** «...».	Suche Wörter aus dem **Wortfeld** „...“
Combina las frases.	**Kombiniere** die Sätze.
Comparad.	**Vergleicht.**
Completa el texto/las frases/el artículo.	**Vervollständige** den Text/die Sätze/den Artikel.
¡Continúa! / ¡Continuad!	**Mach weiter! / Macht weiter!**
Continuad la historia.	**Schreibt** die Geschichte **weiter**.
Controlad las respuestas.	**Kontrolliert** die Antworten.
las respuestas/formas **correctas**	die **richtigen** Antworten/Formen
Cuenta (la historia). (← contar)	**Erzähle** (die Geschichte).
Describe el **dibujo**/la situación.	**Beschreibe** die **Zeichnung**/die Situation.
Escucha los **diálogos**.	Höre dir die **Dialoge** an.
Discutid los resultados.	**Diskutiert** die Ergebnisse.
como en el **ejemplo**	wie im **Beispiel**
Responde con la información **entre paréntesis**.	Antworte mit den Informationen **in Klammern**.
Escribe una (pequeña) **historia**.	Schreibe eine (kurze) **Geschichte**.
¡Explica!	**Erkläre!**
Utiliza estas **expresiones**.	Verwende diese **Ausdrücke**.
una frase **falsa**	ein **falscher** Satz
Forma frases.	**Bilde Sätze.**
Formad diálogos.	**Bildet** Dialoge.
Formad parejas.	**Bildet Paare.**
Completa con las **formas** correctas de ...	Vervollständige mit den richtigen **Formen** von ...
Utiliza ... **en cada frase**.	Verwende ... **in jedem Satz**.
Haced una lista.	**Macht** eine Liste.
Busca la **información** sobre ...	Suche die **Informationen** über ...
Intercambiad los papeles (de vez en cuando).	**Tauscht** ab und zu **die Rollen**.
Inventa una historia/el final.	**Erfinde** eine Geschichte/das Ende.
Ordena la información/las frases.	**Ordne** die Informationen/die Sätze.
Lee **otra vez** el texto.	Lies **noch einmal** den Text.
Busca (todas las) **palabras**.	Suche (alle) **Wörter, Begriffe**.
Trabajad **en parejas**/grupos.	Arbeitet **in Paaren**/Gruppen.
Responde a las **preguntas**.	Antworte auf die **Fragen**.
Representad el diálogo.	**Spielt** den Dialog.
Busca las **respuestas** correctas.	Suche die richtigen **Antworten**.
las palabras/expresiones **siguientes**	die **folgenden** Wörter/Ausdrücke
Escribe un (pequeño) **texto**.	Schreibe einen (kurzen) **Text**.
Toma nota.	**Schreibe auf, mache dir Notizen.**
¡Traduce! (← traducir)	**Übersetze!**
Transformad las frases **en** instrucciones/la entrevista **en** un artículo.	**Wandelt** die Sätze **in** Anweisungen/das Interview in einen Artikel **um**.
Utiliza/Utilizad ...	**Verwende/Verwendet** ...

Otras expresiones útiles en clase

Lo que te dice tu profesor/profesora

Was dir dein Lehrer/deine Lehrerin sagt

...si tenéis que hacer un ejercicio

...wenn ihr eine Übung machen sollt

Abrid los libros en la página ...	Schlagt die Bücher auf Seite ... auf.
Empezamos con la unidad ... / el texto ... / el ejercicio ...	Wir beginnen mit der Lektion ... / dem Text ... der Übung ...
¿Quién quiere empezar a leer?	Wer möchte anfangen zu lesen?
¿Quién empieza con el ejercicio?	Wer will mit der Übung beginnen?
¿Quién quiere continuar?	Wer möchte weiter machen?
¿A quién le toca?	Wer ist dran?
..., lee el texto de la página ..., por favor.	..., bitte lies den Text auf Seite ...
..., haz el ejercicio número ... / la frase número ... del ejercicio ...	..., mache die Übung Nummer ... / den Satz Nummer ... der Übung ...
¿Tenéis alguna pregunta?	Habt ihr eine Frage?
Cerrad los libros y escuchad la cinta.	Schließt die Bücher und hört die Kassette an.
¿Entendéis todo? / ¿Qué palabras (no) entendéis?	Versteht ihr alles? / Welche Wörter versteht ihr (nicht)?
Contestad a las preguntas de la página ... por escrito / de forma oral.	Beantwortet die Fragen auf der Seite ... schriftlich / mündlich.
Escenificamos el diálogo. ¿Quién hace de ...?	Wir lesen/spielen den Dialog mit verteilten Rollen. Wer liest /spielt ...?
¿Quién quiere salir a la pizarra / escribir en la transparencia?	Wer will an die Tafel kommen / auf Folie schreiben?

...si algo (no) está bien

... wenn etwas (nicht) gut ist

Tú lo puedes hacer mejor. Inténtalo otra vez.	Du kannst es besser. Versuch's noch einmal.
Eso es. Muy bien. Excelente.	Genau. Sehr gut. Ausgezeichnet.
Habla más alto. No se te entiende.	Sprich lauter. Man versteht dich nicht.
Has cometido un error gramatical / de vocabulario / de pronunciación.	Du hast einen Grammatik- / Wortschatz- / Aussprachefehler gemacht.
Esto no es correcto. / Esto no está bien.	Das ist nicht richtig.
Repite la palabra / la frase.	Wiederhole das Wort / den Satz.

...para poner los deberes

... um die Hausaufgaben zu geben

Los deberes para el próximo día son los ejercicios ...	Die Hausaufgaben für nächstes Mal sind die Übungen ...
En casa hacéis el ejercicio ... / leéis el texto ... / repasáis / preparáis el vocabulario de ...	Zuhause macht ihr die Übung ... / lest ihr den Text ... / wiederholt ihr / bereitet ihr das Vokabular von ... vor.

Lo que tú puedes decir al profesor

Was du zum Lehrer sagen kannst

...si no sabes qué hay que hacer

...wenn du nicht weißt, was du tun musst

¿En qué página está el texto?	Auf welcher Seite steht der Text?
¿Dónde estamos? ¿En qué página / párrafo estamos?	Wo sind wir? / Auf welcher Seite / in welchem Abschnitt sind wir?
¿Qué ejercicio estamos haciendo?	Welche Übung machen wir gerade?
¿Qué deberes tenemos?	Welche Hausaufgaben haben wir auf?

...si no sabes algo	... wenn du etwas nicht weißt
Tengo una pregunta.	Ich habe eine Frage.
¿Qué significa ... / quiere decir ...?	Was bedeutet / heißt ...?
No sé.	Ich weiß nicht.
¿Cómo se dice ... en español?	Wie sagt man ... auf Spanisch?
Se puede decir también ...	Kann man auch ... sagen?
¿Cómo se pronuncia esta palabra?	Wie wird dieses Wort ausgesprochen?
¿Cómo se escribe ...? / ¿Se escribe con *b* o con *v*? / ¿Se escribe con o sin acento? / ¿Lleva acento?	Wie schreibt man ...? Schreibt man es mit *b* oder mit *v*? Schreibt man es mit oder ohne Akzent? / Hat es einen Akzent?
¿Es correcto? / ¿Está bien?	Ist das richtig?
¿Puede escribir la palabra en la pizarra?	Können Sie das an die Tafel schreiben?
No entiendo la expresión en la línea ...	Ich verstehe den Ausdruck in Zeile ... nicht.
¿Puede traducir, por favor?	Können Sie das bitte übersetzen?
¿Puede repetir / explicarlo otra vez, por favor?	Können Sie das bitte wiederholen / noch einmal erklären?
¿Puede poner otro ejemplo?	Können Sie noch ein Beispiel geben?
¿Puede hablar más despacio?	Können Sie langsamer sprechen?
¿Podemos escuchar la cinta otra vez?	Können wir das Band noch einmal hören?

Los signos de puntuación

.	el punto	:	los dos puntos	«	se abren las comillas
,	la coma	¿ ?	el signo de interrogación	»	se cierran las comillas
;	el punto y coma	¡ !	el signo de exclamación		

Bildquellen:

ALFA-OMEGA, Barcelona: 8/o. re. (Walter Goma), 9/mi. li., 9/mi. re., 10/Ej.: o. li. (Elisa Sarria), 10/a: u. li. (Gontscharoff), 10/c: re. (Francisco Goma), 10/d: mi (Escudo de Oro), 19 (Kurimoto), 74/li., kl. Foto (J. Griera), 78, 99/2 (Lebu); ANTENA 3: 70/2; BAVARIA, Gauting: 9/u. li., 10/a: u. re. (Rudolph), 74/li., gr. Foto, 84/o. re. (Wolfang Meier), 85/u. li., 87/re. (tcl), 99/1 (Mau); BILDERBERG, Hamburg: 57/re. (Tino Soriano), 84/u. re., 87/li. (Rainer Drexel); CANDY, Salamanca: 12, 16, 17/1, 17/3, 17/4, 25/1, 27, 36/2, 36/3, 36/4, 42, 48, 107; GRUPO ECOLOGISTA CÁRABO, Salamanca: 40; DPA, Frankfurt/Main: 88; FOCUS, Hamburg: 57/li. (Peter Menzel); DAS FOTOARCHIV, Essen: 74/re., kl. Foto (Thomas Mayer); JOSÉ FRANCISCO GONZÁLEZ GARCÍA, Salamanca: Umschlag, 15, 17/2, 36/1, 60; IFA BILDERTEAM, München: 8/mi. re. (Weststock); 10/d: li. (age), 84/u. re. (wps), 85/o. re.(ddb), 106 (K. Lehmann); INSTITUT FÜR AUSLANDSBEZIEHUNGEN, Stuttgart: 8/mi. li., 10/Ej.: o. re., 10/a: o. re., 10/c: o. re., 81/1, 90/re.; JÖRG JENRICH: 93/1; JOSEFA JIMENO, Stuttgart: 10/Ej.: u. li.; MAURITIUS, Stuttgart: 8/u. re., 9/o. li., 9/o. re., 10/b: o. li. (Pigneter), 10/b: u. li. (Hubatka), 74/re., gr. Foto (Torino); MISEREOR, Aachen: 85/u. re. (KNA-Bild), 93/2; JAVIER NAVARRO, Würzburg: 8/o. li., 85/o. li.; REPSOL: 70/1; RIOJA (ediciones El Jueves): 95/re.; LOTHAR ROTHER, Schwäbisch Gmünd: 81/2; HARTMUT K. SELKE, Weil der Stadt: 32; SPANISCHES FREMDENVERKEHRSAMT: 8/u. li. + 10/d: re. (© Succession Picasso/VG Bild-Kunst, Bonn 1997), 10/Ej.: u. re. (Pere Vivas Ortiz), 10/a: o. li. (López-Alonso), 10/a: mi., 10/b: re., 10/c: mi. (F. Ontañon), 70/3, 99/3 (C. Pérez Siquier); SÜDDEUTSCHER VERLAG, München: 90/li., 93/3; Fernando Trueba Producciones Cinematográficas, Madrid: 9/u. re.; MONIKA TÜRK, Stuttgart: 95/1; DANIEL URBINA, Würzburg: 84/o. li.; MIGUEL VENCES: 97; VOLLER ERNST, Berlin (Maltête): 67. Notensatz S. 50: Norbert Gertsch, Heidelberg.
Karten: Vorsatz vorne: © Diáfora, Barcelona; 53: Instituto de la Juventud, Madrid; S. 93: © Bibliograf, Barcelona; Vorsatz hinten: © Amarú Ediciones, Salamanca.

La moneda española hasta el 2001

SALAMANCA

Leyenda

P	Aparcamiento
b	Biblioteca
c	Centro de Enseñanza
	Centro de Salud
	Cine y Teatro
	Correos
	Estación de Autobuses
	Estación de Servicio
	Hospital
	Iglesias
i	Información
	Instalaciones deportivas
76	Museos
54	Patrimonio Histórico - Art.
	Policía
	Renfe
	Zona peatonal